教育部人文社会科学研究项目基金资助（09YJA630083）

我国民营企业家胜任力结构及其跃迁机理研究

宋培林 著

阅读改变气质
知识改变命运

★★★★★
出版人的良知，五颗星的品质

企业管理出版社
ENTERPRISE MANAGEMENT PUBLISHING HOUSE

目 录

前言 \ 1

第一章 导论 \ 1
第一节 我国民营企业的发展历程与现状特征 \ 1
第二节 我国民营企业家胜任力课题的提出 \ 4
第三节 本课题研究的意义、框架内容与方法 \ 7

第二章 胜任力与企业家胜任力研究状况 \ 11
第一节 胜任力概念、内涵和流派 \ 11
第二节 胜任力理论研究和应用概述 \ 17
第三节 企业家与企业家胜任力结构相关研究 \ 24

第三章 基于企业成长不同阶段的企业家胜任力结构研究 \ 35
第一节 企业成长阶段理论综述 \ 35
第二节 企业成长不同阶段的难题与企业家焦点活动 \ 41
第三节 企业家的焦点活动与企业家胜任力结构 \ 60

第四章 企业家胜任力结构的实证分析 \ 69
第一节 企业家胜任力结构的预测试 \ 69
第二节 企业家胜任力结构的正式测试 \ 84
第三节 企业家胜任力结构的差异分析 \ 98
第四节 企业家胜任力结构实证分析小结 \ 112

第五章 企业家胜任力结构的自我跃迁机理研究 \ 117
第一节 企业家学习与企业家胜任力结构的自我跃迁 \ 117
第二节 企业家胜任力结构的第一次自我跃迁与企业家学习 \ 129
第三节 企业家胜任力结构的第二次自我跃迁与企业家学习 \ 134

第六章　企业家胜任力结构的叠加跃迁和替代跃迁机理研究 \ 141

　　第一节　企业家胜任力结构的叠加跃迁机理研究 \ 141

　　第二节　企业家胜任力结构的替代跃迁机理研究 \ 151

　　第三节　企业家胜任力结构叠加跃迁与替代跃迁的影响因素及其相互关系 \ 159

第七章　基于企业成长过程的企业家胜任力结构及其跃迁方式案例分析 \ 169

　　第一节　贵阳南明老干妈风味食品有限责任公司案例分析 \ 169

　　第二节　山东魏桥创业集团有限公司案例分析 \ 178

　　第三节　万向集团（工业）公司案例分析 \ 189

　　第四节　四川新希望集团有限公司案例分析 \ 204

　　第五节　红豆集团有限公司案例分析 \ 214

第八章　本课题研究的结论、不足与未来研究展望 \ 221

参考文献 \ 235

附录一：民营企业家胜任力结构访谈大纲 \ 249

附录二：企业成长不同阶段民营企业家胜任力结构调查（预试问卷）\ 251

附录三：企业成长不同阶段民营企业家胜任力结构调查（正式问卷）\ 257

前言

伴随着改革开放走过的三十多个年头,我国民营企业从无到有、从小到大、从弱到强,其经营规模不断扩大,经营范围持续扩展,管理质量也正在逐步提升。今天,我国民营企业已经从改革开放初期经济的辅助补充力量转变成为国民经济中的重要组成部分,正在我国社会经济发展进程中扮演着越来越重要的角色。

毫无疑问,民营企业在我国能够取得长足的发展,是我国改革开放"时势"塑造的结果,也是我国经济制度创新驱动的结果,但更是我国民营企业家们顺应"时势"和体悟"制度"艰苦兴业的结果。在很大程度上,正是民营企业家们以其敏锐的洞察力和顽强的拼搏精神在历史的大潮中把握时机、奋发图强,才演绎了一个又一个商业传奇,并促进了我国商业形态的有序演化和国民经济的飞速进步。然而,并不是每一位敢于冒险拼搏的人,都能获得成功并最终成为传奇的创造者,那么,那些成功的民营企业家们究竟是依靠什么样的内在素质取得成功的呢?

在考察我国民营企业家的成功之路时,人们往往会将眼光聚焦于企业家的成长环境、奋斗经历等显性因素上,而相对容易忽略企业家在商业经营活动中所表现出来的企业家群体所共有的不易观察的一些独有特质。在理论上,一些学者已经通过科学的研究方法证实,正是这些不易观察的、隐匿在民营企业家身上的独有特质促使他们从事商业经营活动并最终获得了成功。也就是说,成功的企业家之所以成功,是因为他们具有某些区别于他人(不成功者)的、不易观察的、隐匿在他们身上的独有特质。这些特质被学者们称之为胜任力。迄今,不少学者针对企业家胜任力相关课题展开了各自独到的探索,但学者们在企业家胜任力一系列问题的研究上还远未达成共识。

本书在已有相关研究核心文献的基础之上构建了一个新颖的研究框架,吸收企业家胜任力结构的现有研究成果,从企业成长过程阶段理论研究出发,在将企业成长划分为创业、守业和展业三个阶段的基础之上,对我国民营企业家胜任力结构及其跃迁机理进行了理论探讨、实证分析和案例揭示。

我们的研究力图阐明这样几个主要观点:第一,企业家胜任力结构是指企业家在从事创业、守业和展业活动中所表现出来的个性、能力和行为等特征的集合。第二,企业家胜任力结构跃迁是为了满足企业成长不同阶段企业家焦点活动的需要,而企业家焦点活动的目的则在于解决企业成长过程中不同阶段所面临的难题。第三，如果企业家实际拥有的胜任力结构与企业家焦点活动所需要的胜任力结构不匹配，则企业家焦点活动过程会给企业家施加压力，要求其通过学习培训机制或组织安排机制实现其胜任力结构的跃迁；如果企业家在企业家焦点活动过程中没有意识到这种压力，那么，企业的成长结果会给企业家施加压力，要求其通过学习培训机制或组织安排机制实现其胜任力结构的跃迁。第四，如果企业家不能通过学习培训机制实现其胜任力结构的跃迁，就要通过组织安排机制在企业家周围增设岗位（如分管副职或助理），用叠加的方式实现胜任力结构跃迁，或更换企业家而实现企业家胜任力结构的替代跃迁，以满足企业家活动的需要，进而推进企业成长。

为了辨明上述观点，本书主要研究了如下内容：①对胜任力与企业家胜任力研究状况进行回顾，并综合、归纳形成了本书的企业家胜任力定义。②针对本书的研究主题，将企业成长过程分为创业、守业和展业阶段，对企业成长创业、守业和展业阶段的难题与企业家焦点活动进行了系统分析，而后基于企业成长不同阶段的企业家焦点活动和已有的企业家胜任力结构研究观点，建立了企业家胜任力结构模型，这个模型由企业家通用胜任力结构、创业型胜任力结构、守业型胜任力结构和展业型胜任力结构组成。③通过问卷调查和统计分析，对前述提出的企业家胜任力结构模型，即企业家通用胜任力结构、创业型胜任力结构、守业型胜任力结构和展业型胜任力结构进行了实证检验，同时还检视了企业家各项胜任力结构的区域差异和行业差异。④从企业家学习的角度对企业家胜任力结构的自我跃迁机理进行了辨析。⑤基于企业组织机制，揭示了企业家胜任力结构的叠加跃迁机理和替代跃迁机理。⑥选择5个民营企业作为案例，在分析各企业成长过程不同阶段的基础上，对各企业成长过程的企业家通用胜任力结构、创业型胜任力结构、守业型胜任力结构和展业型胜任力结构的体现以及企业家胜任力结构的跃迁方式进行了简要揭示。

本书所研究的课题得到了教育部人文社会科学研究项目基金的资助，但由于在接受和研究本课题的一段时间里，本人响应教育部"教育帮扶西部"相关精神，受厦门大学党组织的委派，前往贵州省挂职担任贵州师范大学经济与管理学院院长一职，所以，时间不可避免地被大量增加的行政事务工作所挤占。尽管自己利用工作之余全力推进课题研究，但本书的完成还是比计划预期的迟了一些。

在规划和写作本书的两年多时间里，本课题的研究牵连和拖累了很多人。所以，在书稿付梓之际，首先，要感谢在本课题研究过程中欣然接受访谈和问卷调查的各位（在此不便一一提名）企业家，如果没有他（她）们在百忙之中抽出宝贵时间提供他们在创业、守业和展业过程中的真实体会和想法，本课题研究将难以展开，本书也就无从谈起。其次，要感谢我的研究生康培阳、高璠、董婉婕、包菲菲、陈佳、曹禹含和郭奇等同学，他（她）们在课题研究的前期资料搜集、调查问卷整理与统计分析过程中，付出了辛勤的劳动。再次，要感谢为本书付梓提供竭诚帮助的企业管理出版社及其编辑部主任赵琳先生。另外，还要特别感谢厦门大学管理学院企业管理系对本书出版的鼎力资助。

如果本书能为企业组织建立企业家培养、选拔与更替机制提供指导，能为企业中高层管理者教育培训机构提供参考，能为民营企业主管部门进行相关政策制定提供借鉴，能为经济管理类专业各层次学生研修相关内容提供帮助，能为正在商业大潮中拼搏的企业家们以及立志将要进入商海从事创业、守业和展业活动并期望在未来成为企业家的奋斗者们提供启发，那正是本课题研究的初衷。

最后，需要特别说明的是，尽管作者已经勉力为之，但囿于作者的研究胜任力，书中可能存在错漏甚至谬误，恳望同行专家和读者批评、指正和赐教。

宋培林
2013年8月于厦门大学"智源工作室"

第一章
导　论

第一节　我国民营企业的发展历程与现状特征[1]

一、我国民营企业的发展历程

"民营企业"这个称谓，是在我国特殊的制度环境和历史背景下，相对于国有企业而产生的。迄今，学术界对民营企业这个概念的界定分广义和狭义两种。在广义上，民营企业是指除去完全国有和国有控股企业以外的所有企业，即非国有独资和非国有控股企业，包括"本土"私人独资和控股企业、港澳台独资和控股企业以及外商独资和控股企业等。本书采用的是狭义上的民营企业定义，即由国内民间资本构成，以私人投资为主的本土企业。

从1979年至今，我国民营企业的发展，总体上经历了从无到有的萌芽起步阶段，从小到大的波动增长阶段和从大到强的发展提升阶段等三个阶段。

（一）萌芽起步阶段（1979年~1988年）

1949年新中国成立后，我国开始了社会主义的三大改造，于是逐步消灭了私有经济。从1949年到1978年的近30年时间里，在我国，非公有制经济一直被视为"资

---

[1] 数据资料来源：除文中有注明外，其他数据资料均来自《中国统计年鉴》，或根据相关数据资料计算而得。

本主义的土壤"而遭到铲除，相应地，公有制经济则一统天下。

改革开发以后，我国重新确立了以经济建设为中心的强国纲领，从而拉开了从计划经济向市场经济转变的经济体制改革序幕，民营经济在解放和发展生产力的大潮下兴起，并以个体经济的形式在试探与疑虑的矛盾心态中悄然萌发。1981年底，我国工商个体户由"文革"后期的15万户增加到183万户，从业人员达到了227万人。1985年，我国工商个体户更是突破了1000万户，达到1171万户，从业人员1766万人。在政策的默许和支持下，我国个体工商业经济的强劲发展促进了私营经济的萌芽，于是私营经济在1988年4月获得了宪法赋予的应有地位，合法成为了"社会主义公有制经济的必要补充"。随后，国务院颁布了《中华人民共和国私营企业暂行条例》，这个条例首次对私营企业的性质、雇工人数等进行了明确的界定，至此，我国民营企业取得了宪法和法律提供的身份保障。截至1988年底，我国（西藏、山西、黑龙江除外）已注册的私营企业发展到4.06万家，雇工人数72.38万人。

（二）波动增长阶段（1989年~2002年）

1988年，我国宏观经济运行严重失衡，物价急剧上扬，通货膨胀率达到了18%，经济生活出现紊乱现象。于是，国家开始"治理经济环境、整顿经济秩序"，并实行宏观紧缩政策。在众多不利因素的影响下，民营企业的发展受到了重创。1989年6月底，我国私营企业为9.06万户，而次年同期，便锐减到了8.8万户。虽然1990年底略有回升并一度达到了9.81万户，但由于增长动力不足，到1991年6月底，也仅增长到9.88万户，而从业人员更是出现了下降的趋势，比1990年下降了0.53%。

1992年到1997年，伴随着邓小平南巡讲话所带来的改革信心，加之国家为了促进经济转型，相继出台的一系列扶持个体私营经济发展政策法规的推行，民营企业得到了迅速发展。在这一时期，民营企业年均增加12.1万户，增速达到了309.1%。但是，1996年下半年到1997年，由于内需不足和买方市场的形成，民营企业做出了自身的调整，从而出现曲折和波动，但总体仍然处于不断增长的态势。到2002年，我国私营企业增加到了243.5万户。从1992年到2002年的10年间，我国私营企业户数增长了17倍，年增长达33%；注册资金由221亿元增加到24750.6亿元，增长了112倍，年均增长更是达60%；从业人员也增加到了3409万人，增长近15倍。我国民营企业在曲折中不断发展壮大。

（三）发展提升阶段（2003年至今）

2002年后，在相关制度的进一步支持下，我国民营企业得到了长足的发展，成为推动经济发展的重要力量。根据《中国统计年鉴》的相关数据，截止2011年底，我国登记注册的私营企业户数为967.7万家，就业人数10353.6万人，个体工商户

3756.5万户,就业人数7945.3万人。另据《中国民营经济发展形势分析报告》的统计,到2011年4月,我国民营上市公司的数量首次突破1000家,达到1003家,民营经济对经济社会发展的"引擎"作用愈加凸显。

总之,伴随着改革开放走过的三十多个年头,我国民营企业的经营规模和经营范围不断扩大,经营管理质量也正在逐步提高。今天,我国民营企业已从改革开放初期经济的辅助补充力量转变成为国民经济中的重要组成部分,正在我国社会经济发展过程中扮演着越来越重要的角色,发挥着越来越重要的作用。

二、我国民营企业成长的现状特征

(一)主要结构特征

从地区结构看,我国民营企业主要集中分布在沿海省份。根据《2011年中国私营企业调查报告》的数据,全国私营企业户数超过10万户的地区有8个,主要集中在东部沿海地区,分别为:江苏、广东、浙江、上海、山东、北京、辽宁和四川,8个省市的私营企业户数占到了私营企业总户数的60%以上。

从行业结构看,在民营企业中,制造业仍占重要地位,服务业比重在上升,多元化趋势明显。同样,根据《2011年中国私营企业调查报告》的数据,截至2011年,在我国民营企业中,制造业占比为38.2%,批发和零售业等服务行业占到31.6%,比2004年提高了3.6个百分点。另外,主营行业也出现了多元化趋势,被调查企业的主营行业有两项的比例为16.73%,有三项的比例为6.42%。也就是说,有近1/4的被调查企业主营业务已经走向多元化。

从产权结构看,在民营企业中,个人或家族控股占比较高。尽管近些年有不少民营企业因规模的不断扩张需要解决资金不足的压力而寻求上市,但从总体情况看,我国民营企业中个人或家族控股仍占优势地位,其他股东数目和股权比例都十分式微,一些民营企业个人或家族股权高达90%以上。

(二)主要管理特征

第一,我国民营企业的内部管理体制具有显著的"家族"和"亲缘化"特征,非法人治理方式占主要地位。目前,我国民营企业大多属家族企业或合伙企业,较少真正形成现代法人企业制度。尽管根据《2011年中国私营企业调查报告》,到2011年,我国民营企业中,拥有董事会、股东大会和工会的占比分别为74.3%、56.7%和50.5%,而且这些内部组织的发育对于完善企业治理结构可以起到有力的支撑作用。但实际在这些组织中,由于家族成员的广泛和深度参与,民营企业离真正的法人治理还有不小的距离。

一般说来,家族经营的信任优势对创业有利,但在企业进入守业和展业阶段以后，企业进一步成长所需要的复杂而专业的经营管理和组织营运技术，家族成员则不一定拥有。在企业成长初期，由于家族企业以血缘为纽带，人合的成分大于资合，如果企业规模小，即使在不清晰的产权结构下，亲缘关系形成的聚合力有利于创业并获得成功；当企业创业成功并快速发展形成一定规模后，一方面，家族成员组成的经营团队可能难以满足企业进一步成长所需要的管理能力，另一方面，以血缘为纽带形成的组织结构不够稳定，所有者和经营者的变动会直接对企业产生不利影响，并制约着企业的进一步发展。

第二，企业家主导下的家长式决策模式仍占主要地位。与"家族式经营，非法人治理方式为主"相适应，我国民营企业大多采用了企业家主导下的家长式决策模式。

根据我国工商联的调查数据，2011年底，受调查企业的销售额中位数为640万元，同一指标我国工商局的调查数据则为200万元。可见，我国民营企业的平均规模不大，不少民营企业仍处于创业和守业阶段，这些企业的成功在很大程度上仍然依赖于企业家的努力奋斗、善抓机遇和创新精神。所以，我国大多数民营企业很自然地以企业家为尊，唯企业家所是，这就形成了以企业家为核心的"家长式"管理模式，实行集权化领导、专制式决策。企业家既是资产所有者，也是资产经营者，在民营企业经营管理过程中扮演着极其重要和不可动摇的核心角色。

第三，在民营企业中，企业文化与管理制度的融合不深。据《2011年中国私营企业调查报告》，绝大多数企业已经认识到了企业文化的作用，特别是企业文化对"提高员工素质、增强企业竞争力的关键作用"，得到了八成以上企业的赞同。但是，绝大多数企业仍然停留在实用阶段，即更多的企业是从"加强管理层建设"（73.8%）、"着重加强培训"（70.8%）、"建立表彰激励机制"（68.3%）的角度来理解企业文化的。这可能与我国民营企业整体成长阶段仍然处于守业前期相关。

其实，企业文化是一个含有物质、精神、制度等哲学范畴的管理生态系统，这个管理生态系统的营建在于如何基于企业成长过程对企业家精神进行提炼和升华。企业一旦形成自己独特的管理生态系统，就意味着获得了一种重要的持续成长的竞争优势。

第二节 我国民营企业家胜任力课题的提出

一、是时势更是企业家推进了我国民营企业的成长

如前所述，我国自20世纪70年代末期开始现在仍在继续的改革开放大潮，促

进并见证了我国民营企业的产生、成长和发展。民营企业从无到有、从小到大、从弱到强,并最终成为我国国民经济的一支重要力量,固然离不开我国改革开放的"时势",但更是我国民营企业家顺应时势不断拼搏奋进的成果。在很大程度上,正是"英雄"的企业家们以其敏锐的洞察力和顽强拼搏的精神在历史的大潮中把握时机、奋发图强,才演绎了一个又一个商业传奇,并促进了我国商业形态的有序演化和国民经济的飞速进步。他们以不怕吃苦、敢为人先的企业家精神,创新性地将人、财、物组合起来形成企业,极大地创造着社会财富。正如美国经济学家熊彼特所指出的那样,企业家是促进创新和企业成长的引擎(熊彼特,1921)。

二、我国民营企业家群体的概要特征与轮廓

作为中国改革开放的探路者和实践者,民营企业家既是这个时代的先行者和"弄潮儿",又是推动中国经济发展、制度变革和时代进步的重要力量。受特殊的历史洗礼,我国民营企业家身上极为生动地印上了经济体制变革与社会环境演化的痕迹。最初为了生存而被迫走出"体制内圈",经营小本生意的个体工商户更像是一群草莽,由于缺乏任何可资借鉴的先前经验和规范,他们只能凭着直觉和冲动而行动,从而使他们这个群体显现出既鲜活而又无序的特征。后来,经过摸爬滚打,他们中的一些人成了佼佼者,但在这些佼佼者中,同一个人身上,往往既充满了赞扬,又充溢着贬斥,在他们所做的同一件事上,同样既可能充满荣誉,也可能充斥争议。长期以来,社会中的多数人不知道该怎样合理评价这些处于中国经济舞台中央的追梦人,怎样评价他们所做的那些不断映入大众视野的新鲜事。这样一幅图景,既反映了我国民营企业家正处于孵化衍生期这一特征,也是中国经济转型过程的阶段性真实写照。

随着市场经济的进一步发展,以及经济全球化影响的不断深入,中国经济顺势进入到持续发展的快车道,部分实力雄厚的民营企业逐渐走上多元化和海外扩张之路,可以说,中国的民营企业家们正面临新的机遇和挑战。为了应对来自各方强大竞争对手的威胁,在知识经济中寻求话语权和主动权,21世纪的民营企业家们正以前所未有的姿态,强烈地关注着业界动态,他们需要调整落后的理念、累积更多的知识、学习先进的经验,以顺利实现企业经营管理的转型或经营质量的提升,推进企业持续成长。

三、我国民营企业家成功的原因

当一些具有代表性的民营企业家走上荧屏和公众视野,向我们讲述他们的辛酸创业史,以及如何克服一个个困难并最终获得成功的故事时,不少人的创业热情都

我国民营企业家胜任力结构及其跃迁机理研究

会被点燃且跃跃欲试。但当我们冷静下来进行认真观察和思考以后,才猛然发现那些"大红大紫"的企业家们,只是众多商业大潮的有识之士中通过创业搏击、守业奋进、展业开疆后取得成功的为数不多的精英,在创业、守业和展业过程中更多的人并没有迎来成功的曙光,而是消失在了黎明前的征途中。他们虽然也努力过、拼搏过和期冀过,但却无法成为最后笑看风云的人。那么,为何在同一时代背景下,一些人创业、守业或展业失败了,另一些人则成功了呢?观察现实中的种种案例,一些显而易见的现象似乎能给我们思考相关问题提供某种帮助或启发。比如,在成功的民营企业家中男女比例严重失调,是一个典型的男性占主导地位的群体,据此我们自然会联想到,是不是男性所具备的某些比女性更独有的特质使他们更容易获得创业、守业或展业的成功呢?又如,我国民营企业家主要聚集在东部沿海地区,因此我们又自然会联想到,是不是我国不同地区的文化或机制差别导致了东部地区比西部地区更适于民营企业的成长呢?再如……不过,用我们可观察到的显而易见的这些现象去回答相关问题,远远不能让人信服。

纵观我国民营企业家的成功之路,虽然我们可以从企业家的成长环境、成长经历等显性因素上寻找到他(她)们成功的某种痕迹,但我们更应当注意到,他们在创业、守业和展业的过程中,所表现出的企业家这个群体所共有的某些独有特质,如他们似乎都偏爱冒险、富有激情和创造性,又如他们好像都对稍纵即逝的商业机会极为敏感,再如他们差不多都善于组织、协调和整合资源,且能够持之以恒地学习、总结和反思等。可能正是这些独有的特质驱使他们不满足于现状,奋不顾身地将自己投入到波涛汹涌的商海大潮中,经过无数次的拼力搏击,并最终扬帆商海,成为了时代的"弄潮儿"。站在学术的角度,学者们将这些"弄潮儿"所具有的独有特质称之为胜任力。通过科学的研究方法,一些学者们证实了正是这些不易观察的、隐匿在个人身上的某些特质促使人们从事某种特定的活动并走向成功。也就是说,成功的企业家之所以成为企业家,是因为他们具有某些区别于他人(不成功者)的、不易观察的、隐匿在他们身上的某些独有特质。迄今,不少学者针对企业家胜任力这个课题展开了各自独到的探索,但中西方有关企业家胜任力问题的研究仍然远未形成一致共识。

根据已有的研究,结合我国的实际,我们所面临的问题是:为什么一些企业家在创业时就沉沦?为什么一些企业家在凭借其善抓机会、敢拼不怕风险等特质创业成功后,却在面对如何将企业带上规范发展之路时倒下?为什么一些企业家在引领企业走向成熟的同时却无法使企业避免衰退,他们在面对二次创业甚至三次创业时却束手无策?为什么有的企业家则可以在创业、守业和展业活动中遨游"长生",直至"退隐"?

在理论上,我们可以将上述问题归纳为:企业家是通过什么样的胜任力结构来推进企业成长的？企业成长不同阶段对企业家胜任力结构的要求是否存在差异，存在怎样的差异？不同地区、不同行业的企业家胜任力结构是否存在差异，存在怎样的差异？在创业、守业和展业过程中，企业家的胜任力结构是怎样得以转换或提升的？这些问题无疑是推进我国民营企业持续成长所面临的焦点问题。本研究力图尝试性地对这些问题进行创新性探索和解答。

第三节 本课题研究的意义、框架内容与方法

一、本课题研究的意义

本课题研究是在我国民营企业已经取得长足发展和民营企业家群体已经形成的背景下展开的，一方面，已有的我国民营企业和企业家群体为本课题的理论研究和观点创新提供了较为丰富的素材，另一方面，本课题的研究成果可以为我国民营企业家和民营企业的进一步成长提供指导。

本课题力图在现有理论前沿文献的基础之上，构建一个新的研究框架，吸收企业家胜任力结构的现有研究成果，从企业成长阶段理论研究出发，在将企业成长划分为创业、守业和展业三阶段的基础上，对企业成长不同阶段所面临的难题和企业家焦点活动进行辨析，然后对我国民营企业家胜任力结构和类型进行探讨，并对不同地区、不同行业的企业家胜任力结构进行检视；而后结合企业家学习培训机制和组织安排机制研究企业家胜任力结构的跃迁机理；最后基于前面的研究结论进行案例分析。

在理论上，本课题的研究可以进一步帮助学者们厘清企业家胜任力相关领域的研究线索，进一步丰富和扩展企业家胜任力理论研究成果，进一步深化诠释企业家胜任力结构形成、转换或提升的机理。

在实践上，本课题的研究成果可以为企业、行业组织、教育培训机构和政府相关部门了解基于企业成长过程的我国民营企业家胜任力结构及其跃迁机理，有针对性地选拔、培养、考核和激励企业家，促进企业家成长，进而推进（民营）企业成长，提供切实可行的理论指导和政策建议。

二、本课题的研究框架和内容

基于前已述及的研究问题，本课题将围绕如下综合框架模型展开研究（如图1-1所示）。

我国民营企业家胜任力结构及其跃迁机理研究

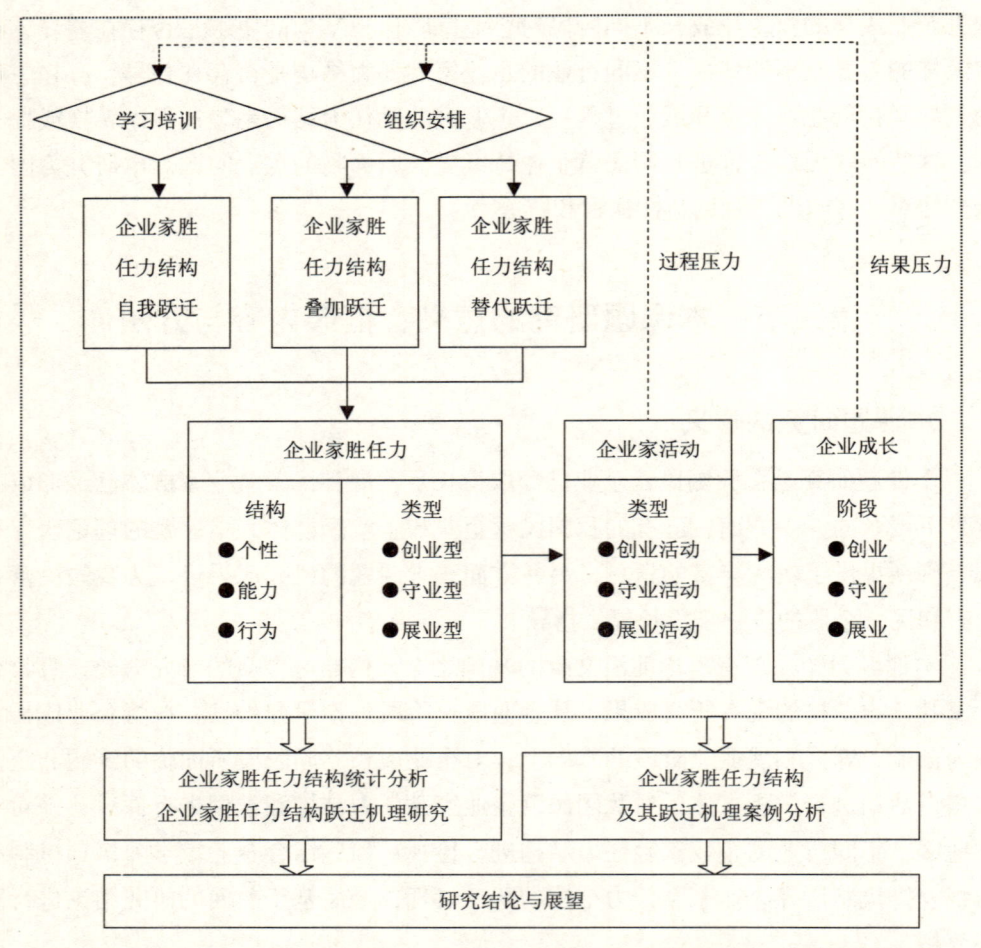

图1-1 基于企业成长过程的企业家胜任力结构及其跃迁机理研究框架模型

我们力图通过上述研究框架，综合采用各种研究方法，阐明这样几个主要观点：

第一，企业家胜任力结构是指企业家在从事创业、守业和展业活动中所表现出来的个性、能力和行为等特征的集合。

第二，企业家胜任力结构跃迁是为了满足企业成长不同阶段企业家焦点活动的需要，而企业家焦点活动的目的则在于解决企业成长过程不同阶段所面临的难题。

第三，如果企业家实际拥有的胜任力结构与企业家焦点活动所需要的胜任力结构不匹配，则企业家焦点活动过程会给企业家施加压力，要求其通过学习培训机制或组织安排机制实现其胜任力结构的跃迁；如果企业家在企业家焦点活动过程中没有意识到这种压力，那么企业的成长结果会给企业家施加压力，要求其通过学习培训机制或组织安排机制实现其胜任力结构的跃迁。

第四，如果企业家不能通过学习培训机制实现其胜任力结构的跃迁，就要通过组织安排机制在企业家周围增设岗位，如分管副职或助理，用叠加的方式实现胜任力结构跃迁，或更换企业家而实现企业家胜任力结构的替代跃迁，以满足企业家活动的需要，进而推进企业成长。

围绕怎样阐明上述观点，本课题主要研究如下几项内容：（1）胜任力与企业家胜任力研究状况回顾；（2）基于企业成长阶段的企业家胜任力结构研究；（3）企业家胜任力结构的实证分析；（4）企业家胜任力结构的自我跃迁机理研究；（5）企业家胜任力结构的叠加跃迁和替代跃迁机理研究；（6）基于企业成长过程的企业家胜任力结构及其跃迁方式案例分析。

三、本课题的研究方法和技术路线

本课题将针对前述研究内容，综合使用文献研究法、规范分析法、经验总结法、访谈法、小组焦点讨论法、问卷调查法、统计分析法和案例分析法等展开研究，研究的技术路线如图1-2所示。

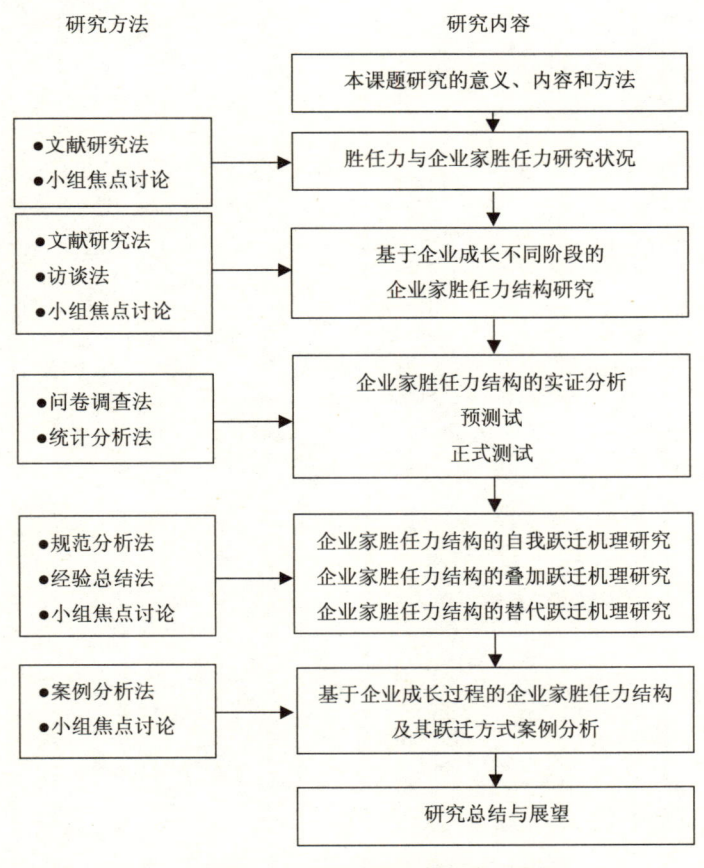

图1-2 本课题研究的技术路线

第二章
胜任力与企业家胜任力研究状况

第一节 胜任力概念、内涵和流派

一、胜任力概念的提出

有关胜任力（competence/ competency，又译为胜任特征或胜任素质等）的研究，最早可以追溯到20世纪初科学管理时期的泰勒基于"铁铲试验"的时间研究和吉尔布雷斯夫妇基于"砌砖分析"的动作研究。早在1911年，泰勒就认识到，优秀工人和普通工人在完成工作时是有差异的。泰勒使用时间和动作分析对优秀工人的工作方式和工作技法进行解剖，而后制定操作规范，并倡导据此对工人进行培训和发展。在1912~1917年的5年时间内，吉尔布雷斯把美国普罗维登斯市的新英格兰巴特公司作为自己的试验基地，对建筑工人进行砌砖时间和动作分析。在吉尔布雷斯死后（即1924年），他的夫人继续开展相关研究。吉尔布雷斯夫妇基于工人操作动作分解而制定的生产程序图和流程图，对规范工人操作和提高劳动生产率具有十分重要的作用，至今仍在建筑行业和制造业中被广泛应用。泰勒和吉尔布雷斯夫妇所进行的有关时间动作的研究，可以说就是胜任力研究的雏形。但直到20世纪70年代

我国民营企业家胜任力结构及其跃迁机理研究

初以前,胜任力概念并没有被明确提出和受到关注。

1973年,美国学者麦克里兰(McClelland)在经过大量深入研究后发现,在人员招聘和甄选中,传统的智力测验、知识测验、学术能力测验和分数等级制度等手段并不能有效反映那些从事复杂工作者和高层次职位工作者的绩效表现,也不能充分预测个体在工作或生活中是否能获得成功,不仅如此,这些传统的测试手段常常会对妇女、社会底层人士和少数民族等产生不公平。于是,麦克里兰在他(1973)发表的《Testing for competence rather than for intelligence》一文中首次提出了胜任力这一概念,并指出真正影响个人绩效的是个人所具有的诸如成就动机、人际理解、团队影响力等一些不易观察的特征,这些特征能够将绩优者与绩效平平者显著地区分开来,被称为胜任力。

随后,麦克里兰受美国国务院外事局之托,寻找新的研究方法以预测人的工作绩效,以减少传统智力和能力测试的偏见和误差。于是,他第一次将自己的理论运用于外交官和情报官员的选拔,设计了一项人力资源评价技术——"行为事件访谈法"(Behavior events interview, BEI),取得了很好的效果。自麦克里兰提出行为事件访谈法以后,这种方法便成为胜任力研究中一项十分重要和有效的方法,被学者们广泛采用。

在我国,胜任力研究首先起源于政府和大型国有企业经营者选任的需要,后来随着民营企业特别是家族企业的发展,民营企业也逐渐开始关注高管的胜任力问题,并且在国外现有研究成果的基础上进行了一些实践。但是与西方国家相比,目前我国在该领域的研究仍然处于初级阶段(赵曙明和杜娟,2007)。

二、胜任力内涵的界定

尽管自麦克里兰(McClelland)提出胜任力这个概念以后,学者们围绕胜任力问题展开了大量的研究,然而,迄今为止学术界仍然缺乏一个较为统一的、被学者们普遍认同的胜任力概念。按照麦克里兰(1973)提出的观点,胜任力是指与工作、工作绩效或生活中其他重要成果直接相似或相联系的知识、技能、能力、特质或动机。而Boyatzis(1982)则指出,胜任力是指一个人所拥有的导致在某个工作岗位上取得出色业绩的潜在特征,可能包括动机、特质、技能、自我形象、社会角色或其它所使用的知识实体等。在Spencer L.M. & Spencer S.M.(1993)看来,胜任力是指与有效的或出色的工作绩效相关的个人潜在特征,包括知识、技能、自我概念、特质和动机等5个层面。根据进一步提炼,Mirabile(1997)将胜任力定义为与一个职位的高绩效相联系的知识、技能、能力和特征。按照Green(1999)的概括,在本质上,胜任力是嵌入在个体之中的某种特征或特质,通过一定的条件可以转变为更为具体的表现形式,胜

第二章 胜任力与企业家胜任力研究状况

任力是对为达到工作目标所使用的可测量的工作习惯和个人技能的书面描述。21世纪初，Shippmann（2000）在对前人提出的定义进行分析总结后认为，前人对胜任力概念的诠释包涵了多个视角，如法律、临床心理学、职业特质、教育培训、工业心理学等，"胜任力"可以被定义为一项任务或者活动的成功绩效，或者是一个特定领域的知识及能力。Sandberg（2000）采用现象记录法的研究方法，通过对瑞典沃尔沃汽车公司引擎优化部门中的20名引擎优化师的访谈结果发现，人最基本的胜任力不是一些具体的属性，而是一些工作概念，即工作者构想工作的方式。以工作者的基本工作概念为基础产生、形成和组织他们的知识、技能等属性，并由此而胜任他们所从事的工作。Ennis（2008）则将胜任力定义为利用知识、技能、能力、行为和个人特质成功地完成工作任务、发挥特定作用或担当被赋予的角色或职位的本领。Koeppen、Hartig、klieme和Leutner（2009）对胜任力做了这样的诠释：在特定情境下和特定领域内，应付某种状况或完成某项任务拥有的或需要拥有的认知性的倾向。

国内学者对胜任力的定义基本沿用或综合了西方学者的观点，不同学者之间的观点差异与西方学者之间的观点差异也基本一致，故在此不予赘述。

由前述可见，在已有的研究中，学者们基于自己所选取的研究对象、领域的不同，对胜任力概念进行了不同的诠释。一些定义联系到工作、成效和结果；另一些界定则重在描述人们工作的特征、知识和技能等；还有的将前面两种定义混合成一种，称之为"特征集合"。如基于工作的胜任力，强调导致在工作上创造高绩效的员工个性特征（如动机、特质、技能、自我意向、社会角色和知识等）；基于成效的胜任力通常将能力加入成效里（如能产生利润的能力）进行胜任特征衡量（即产出加上能力就是胜任力）；基于综合视角的胜任力，主张胜任力为专业知识（如工程知识）、知识加工能力（如听的技巧）、态度、价值、倾向性和承诺（如诚实）等的集合。

概括起来，已有研究对胜任力概念的界定，主要有4种具有代表性的观点，即：知识技能观、潜在特质观、知识技能和特质观、工作概念观（如表2-1所示）。

通过比较已有研究，我们不难发现，尽管学者们对胜任力概念的定义存有差异，一些学者偏重知识技能，另一些学者侧重特质，还有的强调工作概念，但他们也具有某些共性，比如胜任力与特定工作或成效相关，并具有动态性，而且胜任力应当以绩效标准为参照。因此，在我们看来，胜任力是指人们在从事某项工作或完成某项任务时，绩效优秀者所具备的知识、技能、能力和特质等的集合。一般而言，胜任力可以分为通用胜任力和专用胜任力。通用胜任力是指个体顺利完成某项工作或任务所必须具有的一般性知识、技能、能力和特质等的集合，如企业家胜任力、管理者胜任力等。专用胜任力是指顺利完成某项特定工作或特定任务所必须具

我国民营企业家胜任力结构及其跃迁机理研究

有的特殊知识、技能、能力和特质等的集合，如企业家的创业型胜任力、守业型胜任力和展业型胜任力等。

表2-1　　　　　　　　　　　　　　　　　　　　　　　　对胜任力概念界定的4种代表性观点

观点	学者	时间	胜任力界定
知识技能观	McLagan	1989	足以完成主要工作的一连串知识、技能与能力
	Mirabile	1997	与职位高绩效相联系的知识、技能和能力
	Koeppen、Hartig、klieme & Leutner	2009	在特定情境下和特定领域内，应付某种状况或完成某项任务拥有的或需要拥有的认知性的倾向
潜在特质观	Boyatzis	1982	个人固有的满足组织环境内工作需求的潜在特质
	Spencer L.M. & Spencer S.M.	1993	能可靠测量并能把高绩效员工区分出来的潜在的、深层次特征
知识技能特质观	McClelland	1973	绩效优秀者所具备的知识、技能、能力和特质
	Mansfield	1996	精确技能与特性行为的描述
	Ennis	2008	利用知识、技能、能力、行为和个人特质成功地完成工作任务、发挥特定作用或担当被赋予的角色或职位的本领
工作概念观	Green	1999	可测量的、有助于实现任务目标的工作习惯和个人技能
	Shippmann	2000	一项任务或者活动的成功绩效，或者是一个特定领域的知识及能力
	Sandberg	2000	产生、形成和组织知识、技能等属性的工作概念

三、胜任力研究的流派

Norris（1991）认为，关于胜任力的研究可以分为三个主要流派：认知胜任力流派、行为主义流派和通用性胜任力流派。其中，认知胜任力流派的研究主要集中于语言学方面的研究，与本书研究的核心内容关联性不大，故在此从略不予赘述。

行为主义流派主要以北美20世纪60年代末70年代初发起的基于胜任力的教育与培训运动（Competencies—Bsed Education and Training Movement，CBET）、20世纪80年代英格兰和威尔士的NVQs体系及新西兰的NQF体系为代表。在北美发起的那项胜任力运动，目的在于针对教师的工作任务进行任务分析，从而识别出优秀教师

第二章　胜任力与企业家胜任力研究状况

的胜任特征，并以此对教师进行职业教育，提高教师素质（Silver，1988;Tuxworth，1989）。之后，美英等国也展开了类似基于胜任力的教育与培训（CBET）活动。20世纪80年代后期到90年代，英国国家职业资格体系（National Vocational Qualification，NVQ）、澳大利亚国家培训局（National Training Board，NTB）认证的新西兰国家资格证书体系（National Qualifications Framework，NQF）以及美国发起的全国技能标准相继建立。

其中，英国国家职业资格体系（National Vocational Qualification，NVQ）具有一定的代表性和参考价值，故此做简要讨论。1986年，英国一个管理认证机构MCI（Management Charter Initiative）在英国政府开发本国人力资源思想的指导和主持下，通过对工业、公共事业和工业分支业大小组织中的雇员和经理人员进行广泛研究，识别出了雇主所期望的"胜任的"经理人员在不同职业阶段——高层、中层、一线管理和主管（负责人）应具备的绩效标准。后来这项研究逐渐扩展到其他各级职业和职位，并形成了150个行业和专业数千个职业的标准，这些标准构成了英国国家职业资格体系（NVQ）。MCI对胜任力的研究主要基于绩效的测量，采用职业功能分析法，对职业单元进行模块式描述，内容涉及4个方面：建立各行业职业胜任力标准；整合跨行业的职业胜任特征模型；建立国家职业资格数据库；职业胜任特征测评与培训。英国NVQ制度的职业标准体系以职业岗位需要的胜任力为基础，它测量的是一个人能做什么，而不仅仅是他知道什么。所有的NVQ证书标准都有一个共同的结构，包括5个部分：（1）等级——根据岗位对能力要求的不同，将职业资格标准划分为5个等级，逐级递进、提高，形成一个从基础到高级的完整体系。等级的划分体现了对应试者工作范围、难度要求的区别。（2）单元——该职业所包含的某一方面工作职能。每一个单元都指明了相应的"知识与理解"与关键的"相关工作胜任力"。（3）元素——每个单元的"相关工作胜任力"下又分为若干关键元素，它具体描述了岗位职责，确定了个人在实际工作中应该完成的工作任务或活动。（4）知识与理解——具备某种胜任力必须掌握的相关知识和技能。（5）相关工作胜任力——该单元在该级别上所要具备的，在工作场合可实操考核的工作能力，明确地规定了完成某一项具体任务包括的各种操作规程和行为要求。

作为一种职业资格证书制度，与美国的胜任力与胜任特征研究相比，MCI更倾向于绩效行为，即认为有效的工作所要求的行为才是重要的，而不是潜在的归因（Mever&Semark，1996）。NVQ中的职业资格主要是对从事某一职业所必备的学识、技术和能力的基本要求，是指劳动者达到的从事某种职业的最低和通用

我国民营企业家胜任力结构及其跃迁机理研究

要求，即起点标准。MCI的主要成就在于其得出了一个研究结论，即组织效率直接受个体管理绩效的影响。因此，开发一个方法来测量个体管理绩效是必须的（Jacobs，1989）。

通用性胜任力流派。与基于胜任特征的教育和培训研究关注如何对所有职业人员进行研究、教育和培训，从而使他们能够胜任所从事的工作所不同的是，通用性胜任力关注识别那些导致职业人员成为胜任者或者优秀者的特征。从McClelland（1973）提出"胜任力"概念以后，心理学家和管理学家们便致力于研究那些能将绩效优秀者和绩效平平者区分开来的特征。以后，对胜任力与胜任特征的研究范围逐渐扩展，综合起来，这类研究大致可分为宏观和微观以及静态和动态几个层面（如表2-2所示）。

表2-2　　　　　　　　　　　　　　　　　　　　　　　　　　　　通用性胜任力研究层面

胜任力研究	宏观		微观	
静态	国家	组织	职业	元胜任力
动态				

宏观层面的胜任力研究主要包括国家胜任力（National competencies）和组织胜任力（Organizational competencies）研究。国家胜任力是指一个国家之所以对其他国家保持竞争优势所具有的核心特征，包括资源、领导、文化等所有能够导致一个国家保持优势的潜在核心特征组合。组织胜任特征是指一个组织在某一行业中保持竞争优势和获取长期收益所具有的潜在核心特征组合。这些宏观战略层面的相关研究理论包括基于资源的理论（Resource-based theory）、动态能力发展理论和学习理论（学习型组织）等。微观层面的胜任力研究主要包括职业胜任力（Occupational competencies）和个体元胜任力（Individual meta-competencies）研究。职业胜任力是指导致一个人在一个工作岗位或者一个职业上取得出色工作绩效的潜在特征组合。元胜任力主要是指个体所拥有的用来获取其他胜任能力的能力。Hall（1996）提出，与职业发展息息相关的两个关键元胜任力是识别能力（自我概念、自我评估、自我反馈、自我知觉等）和适应能力（灵活、探索、开放、自我调整等），两者缺一不可。

静态研究主要是指研究如何建立胜任力模型（Competency modeling）和胜任力体系（Competency framework）。动态研究则主要研究胜任力的发展阶段与胜任力的开发，其中对个人来说元胜任力起着重要作用，这类研究还引出了持续性胜任力（Continuing competency）和胜任力发展（Competency development）等概念。

第二节 胜任力理论研究和应用概述

一、国外胜任力理论研究概要

(一) 冰山模型

冰山模型由斯宾塞夫妇（Spencer L.M. & Spencer S.M.）于1993年提出。所谓"冰山模型"，就是将人员个体素质的不同表现形式划分为表面的"冰山上部分"和深藏的"冰山下部分"（如图2-1所示）。"冰山上部分"是表层胜任力，如知识、技能等；"冰山下部分"是深层胜任力，包括自我概念、特质和动机等。

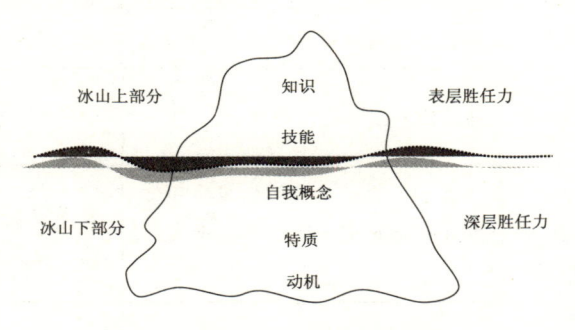

图2-1 胜任力冰山模型

冰山模型形象地将整个胜任力体系描述为漂浮在洋面的冰山，可以简单地分为知识、技能、角色定位、自我认知、人格特质和动机6个层次。其中知识、技能是属于裸露在水面上的表层部分。这部分是对任职者基础素质的要求，也称为基准性素质或显性素质。显性素质的观察和测评较为容易，因而相对可以通过针对性的培训习得。显性素质的差别能够影响绩效，但不是区别绩效的关键因素。社会角色、自我认知、性格特质和动机等属于潜藏于水面下的深层部分素质，这部分被称为鉴别性素质或隐性素质。相对于知识和技能而言，隐性素质的观察和测评较难，也难以改变，这部分素质很难通过后天的培训获得，但隐性因素恰恰是区分绩效优异者和绩效平平者的关键因素，且职位越高，隐性因素对在职者的绩效影响越大。冰山模型6个层次的胜任素质具体含义如表2-3所示。

表2-3　　　　　　　　　　　　　　　　　　　　　冰山模型中6个层次胜任素质的具体含义

胜任素质类型	含义	内容
知识	指一个人对某特定领域的了解	如人力资源管理知识、财务知识、IT知识
技能	指一个人能完成某项工作所具备的技巧和能力	如学习能力、口头表达能力、推销技巧、组织能力等
角色定位	指一个人对职业的预期，即一个人想要成为什么样的人	如教师、IT技术专家、职业经理人等
自我认知	指一个人对自己的认知和看法	如自信、乐观精神
人格特质（品质）	指一个人持续而稳定的行为特征	如正直、诚实、责任心
动机	指一个人内在的、自然而持续的想法和偏好，这些想法和偏好驱动、引导着个人的行动	如渴望在商业上获得巨大成就、强烈的人际交往需求

（二）洋葱模型

洋葱模型由美国学者R.博亚特兹（Richard Boyatzis，1982）提出。顾名思义，洋葱模型形象地将整个胜任力体系描述为洋葱状，洋葱可以从最外层一直剥到里层，层层存在差异，胜任力体系也是从表层到里层，层层有所不同。胜任力洋葱模型包括3个层面，分别为潜质层、变质层和显质层：（1）潜质层要素（如特质和动机等）最难以评价和后天难以习得；（2）变质层要素（如自我形象、态度和价值观等）是可以培养的；（3）显质层要素（如知识和技能等）是易于培养和评价的（如图2-2所示）。洋葱模型展示了胜任力构成的核心要素，并说明了各构成要素可被观察和衡量的特点。

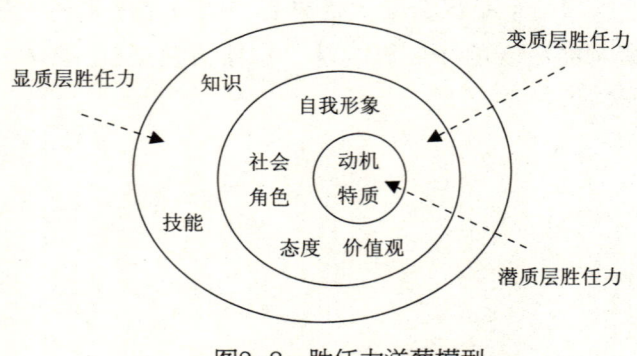

图2-2　胜任力洋葱模型

胜任力洋葱模型各层次要素由内至外分别是动机、特质、自我形象、价值观、社会角色、态度、知识、技能等：（1）动机（Motives）是推动个体为达到目标而采取行动的内驱力；（2）特质（Traits）是个体对外部环境及各种信息等的反应方式、倾向与特性；（3）自我形象（Self-image）是指个体对其自身的看法与评价；（4）价值观（Value）是社会成员用来评价行为、事物以及从各种可能的目标中选择自己合意目标的准则；（5）社会角色（Social-role）是个体对其所属社会群体或组织接受并认为是恰当的一套行为准则的认识；（6）态度（Aittitude）是个体的自我形象、价值观以及社会角色综合作用外化的结果；（7）知识（Knowledge）是个体在某一特定领域所拥有的事实型与经验型信息；（8）技能（Skills）是个体结构化地运用知识完成某项具体工作的能力。

（三）胜任力辞典

1993年，麦克里兰（McClelland）对二百多项工作所涉及的胜任力进行研究，经过逐步完善与发展，总共提炼并形成了21项通用胜任力要项，构成了胜任力辞典（Competency dictionary）。

在胜任力辞典中，麦克里兰将胜任力级别定义的维度确定为三项：（1）行为的强度与完整性。它是描述胜任力定义与级别的核心维度，展现了胜任力对于驱动绩效目标实现的强度。（2）影响范围的大小。影响范围表示受该胜任力影响的人员数量与层级以及规模的大小。（3）主动程度。包括行动的复杂程度与行为人主观的努力程度，即为达到某一目标而花费的人力、物力、信息与资源以及投入额外的精力或时间的多少。

依据描述胜任力的三个基本维度，麦克里兰将21项胜任力要项划分为6个基本的胜任力簇。在这6个胜任力簇中，同时依据每个胜任力簇中对行为与绩效差异产生影响的显著程度划分为2~5项具体的胜任力，而相对于每一项具体的胜任力都有一个具体的释义与至少1~5级的级别说明，并附以典型行为表现或示例。6个胜任力簇分别为：（1）动机与行动簇。反映一个人对设定的目标与采取驱动目标实现的行动的取向；（2）帮助与服务簇。主要体现在愿意满足别人的需要，使自己与他人的兴趣、需要相一致以及努力满足他人需要等方面；（3）影响力簇。反映一个人对他人的影响力大小；（4）管理簇。就是影响并启发他人的胜任力；（5）认知簇。帮助一个人了解和认识外界事物的基本条件；（6）自我概念簇。反映一个人在待人和工作上的成熟程度。

胜任力辞典6个簇群所对应的21项胜任力如表2-4所示。

我国民营企业家胜任力结构及其跃迁机理研究

表2-4　　　　　　　　　　　　　　　麦克里兰（McClelland）的胜任力辞典

簇群	胜任力
动机与行动	成就取向、关注秩序、质量与精确性、主动性、信息寻求
帮助与服务	人际理解、客户服务导向
影响力	冲击与影响、组织认知、关系的建立
管理	发展他人、决断性、团队合作、团队领导
认知	分析性思维、概念性思维、技术的／专业的／管理知识
自我概念	自我控制、自信、灵活性、组织承诺

根据胜任力辞典，胜任力模型（Competency model）便可以被构建，即胜任力模型就是为了完成某项工作，达成某一绩效目标，要求任职者具备的一系列胜任力要素的组合。

（四）职业群体通用胜任力

前Meber和Company咨询公司总裁L.M. Spencer（1989）对二百多种工种进行了研究，综合了360种行为事件，然后归纳出了21项胜任力，并据此建立了包括技术人员、销售人员、社区服务人员、经理和企业家在内的5大类职业群体通用胜任力模型（如表2-5所示）。

表2-5　　　　　　技术人员、销售人员、社区服务人员、经理和企业家通用胜任力模型

职业群体	胜任力
技术人员	成就欲、影响力、分析性思维、主动性、自信、人际洞察力、信息寻求、技术专长、团队协作、客户服务意识
销售人员	影响力、成就欲、主动性、人际洞察力、客户服务意识、自信、公关、分析性思维、概念性思维、信息寻求、权限意识、相关技术或产品专业知识
社区服务人员	影响力、发展下属、人际洞察力、自信、自我控制、个性魅力、组织承诺、技术专长、客户服务意识、团队协作、分析性思维、概念性思维、主动性、灵活性、指挥
经理	影响力、成就欲、团队协作、分析性思维、主动性、发展下属、自信、指挥、信息寻求、概念性思维、团队领导、权限意识、公关、技术专长
企业家	成就欲、主动性、捕捉机遇、坚持性、信息寻求、质量与信誉意识、系统性计划、分析性思维、自信、专业经验、自我教育、影响力、指挥、发展下属、公关

第二章　胜任力与企业家胜任力研究状况

（五）其他研究

除前述一些受到广泛关注的胜任力模型以外，还有不少学者基于不同行业或不同职位对胜任力课题展开了研究。

20世纪80年代初，Richard Boyatzis（1981）在对12个公共部门和私营企业中41个管理职位的两千多名管理人员的胜任力进行研究以后，得出了管理人员胜任力的通用模型，同时分析了不同行业、不同部门和不同管理水平的胜任力模型差异。Richard Boyatzis所提出的管理者通用胜任力模型包括了6个特征群和19项胜任力。这6个特征群是目标和与行动管理群、领导群、人力资源管理群、指导下属群、关注他人群、知识群；19项胜任力包括效率定向、主动性、关注影响力以及判断性的使用概念、自信、概念化、口才、逻辑思维、使社会权力、积极的观点、管理团队、正确的自我评价、发展他人、使用单向的权力、自发性、自控、自觉的客观性、精力和适应性、关注亲密的关系。

接着，Stark、Lowehter和Hagerty（1986）对儿童牙科医生的胜任力进行了研究，并指出儿童牙科医生的胜任力包括6个方面，即概念胜任力、情景胜任力、技术胜任力、人际沟通能力、整合能力和适应性能力。

后来，Dreyfus（1991）研究了科学家以及工程师类型管理者的胜任力，并得出结论。他认为，能够区别出有效管理者和一般管理者的胜任力分为两大类：管理团队的过程和人际敏感性。这两种能力都是在年轻时代以及工作前的时期发展起来的。Alpha Assoc和Waterloo（1993）以胜任力理论为基础考察了组织中的管理培训，并总结出管理人员所具有的五项基本胜任力，即要领技能与创造性、领导、人际技能、行政管理和技术。

再后来，按照Crady和Selvarajan（2006）的观点，胜任力应当被分为员工个体胜任力和组织胜任力。员工个体胜任力是个体拥有的包括知识、技能、经验和个性等。而组织胜任力则属于组织并根植于流程和结构中，即使个体离开，组织依然可以拥有它。但由于组织胜任力是建立在员工个体胜任力基础之上的，所以识别员工胜任力对组织获取竞争优势尤为重要。

Bbdullah、Musa和Ali（2011）提出了一个马来西亚人力资源从业人员胜任力模型。该模型由关系建立和流程驱动、个人信誉和贡献、资源及人才管理和员工关系及组织承诺4个胜任力域构成，包括14个胜任力要素，即流程管理、灵活性、信息搜寻、积极主动、工作自豪感、自发行为、变革能力、领导力、组织发展、职业规划、接班人计划、人力绩效提升、纪律性以及职业安全与健康。这项研究结果，进一步验证了美国和欧洲人力资源从业者胜任力模型的相关研究结论。

我国民营企业家胜任力结构及其跃迁机理研究

近年，Tutu和Constantin（2012）的一项研究则对胜任力模型预测绩效的效果提出了质疑，他们以200名罗马尼亚雇员为样本的研究得出了两个重要结论：

第一，员工的当前胜任力水平、符合标准工作要求的胜任力水平和胜任力适配指数与员工工作绩效都具有相关关系，但胜任力适配指数却对工作绩效没有任何的预测力。这个发现表明，即使员工在技能和知识上符合工作的要求，也并不能保证他会成为未来的高绩效者。

第二，长期目标追寻（Long term purposes pursuing）和当前目标追寻（Current purposes pursuing）这两个耐性（持久性）因素对绩效具有显著性影响。也就是说，高绩效者是那些不管任何困难，都会坚持追寻他们当前和长期目标的人。

该项研究告诉我们，在工作中要注重实际的胜任力及胜任力发展，而非一味强调胜任力和工作要求的适配度。

二、国内胜任力理论研究状况

相比而言，我国关于胜任力模型的研究起步较迟，目前大多数研究都集中于管理者胜任力模型的构建。

20世纪末，王重鸣、陈民科（1999）在对我国5个城市51家企业的220名中高层管理人员运用职位分析方法进行访问调查以后，得出了高级管理者的胜任力结构，并通过比较分析揭示了不同职位等级在胜任力结构上的差异，为我国建立高级管理者测评模型提供了依据。接下来，时勘、王继承和李超平（2002）采用行为事件访谈技术对我国通信业高层管理者的胜任力进行了研究。他们的实证结果表明，优秀组和普通组在10项胜任力的平均分数上存在差异，并由此提出了高层管理者的胜任力模型，该模型的10项胜任力包括影响力、组织承诺、信息寻求、成就欲、团队领导、人际洞察力、主动性、客户服务意识、自信和发展他人。在王重鸣和陈民科（2002）看来，管理胜任力模型由管理素质和管理技能两部分组成，不同层次的管理者具有不同的胜任力。他们利用自己编制的《管理综合素质关键行为评价量表》对220名中高层管理者进行了调查，然后对调查结果进行了要素分析和结构方程模型检验，研究结果表明，任管理者正职的管理素质包括价值取向、诚信正直、责任意识和权力取向，管理技能包括协调监控能力、战略决策能力、激励指挥能力和开拓创新能力；任管理者副职的管理素质包括价值取向、责任意识、权力取向，管理技能包括经营监控能力、战略决策能力、指挥协调能力。管理胜任力模型具有层次结构，在不同的层次，胜任力特征以不同方式组合成管理素质和管理技能两个维度，但是在层次结构上具有相似性，即管理胜任力模型具有共通性。

后来，仲理峰、时勘（2004）通过对家族企业高层管理者的行为事件访谈，构建了包括威权导向、主动性、捕捉机遇、搜集信息、独立学习、仁慈关怀、组织意识、指挥、自我控制、自信心和影响他人11项胜任力因子的家族企业高层管理者胜任力模型。姚翔、王垒和陈建红（2004）通过对某IT企业开发部门的322名项目经理和项目小组成员进行问卷调查，确定了IT企业项目管理者的胜任力要素及其内在结构。研究结果表明，IT企业项目管理者的胜任力模型包括个性魅力、应变能力、大局观、人际关系处理能力和品格。覃群臻（2006）提出了一个基于中国文化背景下职业经理人胜任模型，这个模型包括4个维度和11个构成要素。4个维度按递进和决定关系排序依次为人格特征、能力倾向、知识技能和绩效行为胜任力；11个构成要素按重要程度由高到低排序依次为学习转化能力、决策能力、发展下属能力、情绪智力、关系网络、知识应用水平、领导能力、沟通有能力、创新意识、自我效能和成就动机。刘学方、王重鸣、唐宁玉、朱健和倪宁（2006）所提出的家族企业接班人胜任力模型包括管理素质和关键管理技能2个维度以及组织承诺、诚信正直、决策判断、学习沟通、自知开拓、关系管理、科学管理和专业战略8项胜任力。此外，王桢、苏景宽、罗正学和时勘（2011）针对临床医学学科带头人的一项特别的研究发现，临床医学学科带头人的胜任力模型包括事业心、公心、正直诚实等18项胜任力，这些胜任力可以分为个性特征、认知技能和管理能力三个理论层次。

三、胜任力模型的应用

20世纪70年代初，麦克里兰领导的项目小组为美国外事局建立了驻外联络官（Foreign Service Information Officers，FSIO）胜任力模型，该模型包含三种核心胜任力特征：跨文化的人际敏感性、对人的积极期望和快速进入当地政治网络。经过不断修正，直到今天，美国外事局仍然将这些胜任特征作为选拔FSIO的主要依据。

20世纪80年代以来，不少欧美公司将胜任力模型应用于人力资源管理实践，世界500强企业中已有过半数的企业应用了胜任力模型。美国薪酬协会曾在2001年做了一项权威调查，在被调查的1844家企业中，有68%的企业已经或正在研究使用胜任力模型，31%的企业正在考虑使用胜任力模型（露西娅、莱普辛格，2004中文版）。各公司在使用胜任力模型时，一般会根据学者们所提出的通用胜任力模型，针对公司实际情况，进一步提炼和开发相应的胜任力模型，并以此指导公司的人员招聘、培训开发、绩效管理和薪酬管理等。

国内胜任力模型的应用相对较晚，且率先使用胜任力模型的也是在中国投资的跨国企业，如IBM、西门子和联合利华等。之后我国大型国有企业和有实力的民营企业也开始引入胜任力模型提升其人力资源管理水平，如中国移动、中国石化、华为和联想等。目前，国内公司大多只是针对公司高级管理人员或核心人才开发和应用胜任力模型，针对全员或全岗位的胜任力模型实践还十分缺乏。

今天，企业战略对胜任力模型开发与应用的影响越来越大。按照McClelland（1972）提出的胜任力概念，胜任力模型的开发和应用主要是帮助企业寻找那些与员工能力素质相关的并能促进员工和企业提高绩效的因素。那时，企业关注于找出能够在岗位上达成高绩效的因素，并针对员工的能力和素质进行评估，只有岗位所需要的胜任力与员工自身具备的能力相匹配时，员工才能创造优秀绩效。但是现在，由于企业面临日益剧烈的内外部环境，企业对胜任力开发与应用的关注焦点不得不发生相应变化，这种变化主要表现在对企业未来持续发展的关注。这样，企业开始关注战略对胜任力的影响，胜任力模型的开发应用从强调识别何种胜任力是岗位或工作成功的关键因素向注重识别何种胜任力是企业实现战略的关键因素转变。因此，现在的某类员工胜任力模型就是这类员工为实现公司战略目标所必须拥有的胜任力特征组合。

第三节 企业家与企业家胜任力结构相关研究

一、企业家概念的界定

（一）企业家概念的古典观点

在经济学领域，"企业家"的一般概念最早出现于理查德·康替龙（Richard Cantillon，1755）所著的《商业概况》一书中。在康替龙看来，凡是按不固定性价格从事买卖交易活动的人都是企业家，并由此把"Entrepreneur"定义为一个参与经济活动的主体，将具有不确定结果活动的工作过程称为"Entrepreneurship"。之后，萨伊（Say，1803）开创性地给企业家下了一个定义。他在其《政治经济学问答录》中写道："把经济资源从生产率较低、产量较小的领域转到生产率较高、产量更大的领域的人，便是企业家。"后来，马歇尔（Marshall，1890）在《经济学原理》一书中较为全面地从企业组织的领导者、协调者、中间商、创新者到风险的承担者等方面阐释了企业家的涵义。

第一个赋予企业家深刻含义的应当是熊彼特。熊彼特（Schumpeter，1912）在《经济发展理论》一书中，明确提出了企业家即创新者的观点，并在其后来的著作中对之进行了拓展和应用。在熊彼特看来，企业家并不是发明家，他决定如何配置资源，以便利用发明；企业家也不是风险承担者，承担风险的是向企业家提供资本的资本家；企业家通过建立新的生产函数，将一种从来没有过的关于生产要素和生产条件的新组合引入生产体系，从而成为打破市场均衡，推动经济发展的中心人物。显然，熊彼特强调的是企业家在企业决策与经济发展中的作用。

1921，奈特在其博士论文《风险不确定性和利润》中，开创性地对风险和不确定性进行了区分，并提出了企业家是不确定性决策者的观点。在奈特看来，风险是在已知发生概率条件下的随机事件，是可以保险的，风险问题和风险决策可以通过计算概率得以解决。不确定性是在完全未知、出现概率难以估算条件下的随机事件，它不能保险。面对不确定性，企业管理者无能为力，只有企业家才能够承担不确定性决策的职责。在不确定性世界中，企业家的首要职能是"决定干什么以及如何去干"。决策正确，企业家得到剩余或纯利润；决策失败，企业家承担相应的责任和损失。

（二）企业家概念的现代界说

现代企业理论的开创者科斯（Coase，1937，1988）站在与古典经济学家不同的角度，在对为什么会有企业这个问题提供答案的时候，论述到了企业家。科斯写道："在企业之外，价格变动指挥生产，它是由一系列市场上的交易来协调的。而在企业之内，这种交易被取消，复杂的市场结构连同交换交易被企业家这种协调者所取代，企业家指挥生产。"在科斯看来，通过一个组织（企业），让某个权威（企业家）支配生产要素，能够以较之市场交易更低的成本实现同样的交易时，企业就产生了。可见，科斯是从降低交易费用的角度去解释企业家的。后来，诺斯（North，1990）将科斯的经典理论应用于制度创新问题研究，赋予了企业家制度创新主体的角色。诺斯指出"企业家和他们的组织会对（可观察的）价格比率的变化直接作出反应，通过将资源用于新的获利机会或（在现有规则内变化无法实现时）间接地通过估计成本和收益以将资源用于改变规则或规则的实施"。企业家是能够预见到制度创新潜在利益的决策者和首创人。

20世纪50年代，彭罗斯（Penrose，1959）在企业家内在规定性的探索上做出了重要贡献，她从企业组织的角度来考察企业家，从而明确地提出了把领导企业组织的内在的企业家形象与使生产活动适合市场环境的外在的企业家形象结合在一起的观点。她认为，企业家与他在企业中的地位、职务毫不相干，他是指发挥"企业家服务"作用的人。之后，美国经济学家莱宾斯坦基于其所提出的X效率理论（Leibenstein，1966，1968，1987）指出，企业家的职责在于克服组织中的X低效率，企业家就是避免别人或他们所属的组织易于出现的低效率，从而取得成功的人。但莱宾斯坦没有将企业家与资本家、创新者加以区分。

20世纪70年代初，奥地利学派的柯兹纳（Kizner，1973）在其著作《竞争与企业家精神》中，将企业家定义为具有一般人所不具有的、能够敏锐地发现市场获利机会的洞察力（Alertness）的人。这种洞察力使企业家能够"发现哪里购买者的买价高，哪里销售者的售价低，然后以比其售价略高的价格买进，以比其卖价略低的价格卖出"。企业家这种典型的"中间商"逐利行为使市场逐渐趋于均衡，因此，企业家是市场的均衡器。后来，针对理论界对企业家讨论的混乱局面，卡森（Casson，1982）出版了《企业家：一个经济理论》一书，卡森在该书中的企业家定义是专门就稀缺资源的配置做出判断性决策的人。所谓判断性决策，是指完全依赖于决策者个人判断的决策，决策过程中不存在任何一条明显正确的判据，而且只有公开可获取信息的规则供决策者使用。判断性决策的精神在于决策的结果取决于由谁做出这一决策。卡森关于企业家判断性决策一般规定性的探索，的确抓住了以往经济理论对企业家研究的不同要素，抛弃了新古典主义将一切决策归咎于根据价格体系提供的公共信息进行边际计算的观点，这样，将熊彼特、柯兹纳等人的企业家观点都包括在其给出的概念中了，从而使他的企业家概念更具有一般性。

（三）本课题对企业家概念的界定

在我国，虽然自改革开放以来特别是20世纪90年代以后，企业家的理论研究得到了空前的重视，但总的说来，停留于借鉴西方研究成果阐释中国问题的理论较多，在一般层次上结合中国实际的创新探讨还不够。

张维迎（1995）遵循"资本雇佣劳动"的逻辑，强调资本作为"能力"传递信号的传递作用，认为只有具备资本产权的人才有可能成为企业家。另有学者则将企业家作为促进经济发展的力量称为"看不见的资源"（张胜荣，1995）或"无形资产"（徐志坚，1997）。看不见的资源是指站在市场无法窥见到的组织内特有的与人的主动性有关的蕴藏在劳动者身上的潜在资源，表现为：一是看不见的投资不发行对应债券；二是企业不存在看不见的投资所对应的会计账户和核算科目。还有学者则认为，一个人之所以占据企业家的地位，是因为他拥有与该职位相称的人力资本（假如企业生成合约中选择是理性的话）（周其仁，1996；方竹兰，1997），也即经营型人力资本（宋培林，2004）。

在中外学者的企业家理论中，对企业家的理解和阐释大多是从企业家职能或作用的角度展开的，而且具有明显的社会经济发展与其理论演绎交互作用的历史痕迹，以及服务于自身相关理论的功利特征。归纳起来，中西方学者们对企业家认识的差异产生于两个重要原因。原因之一是研究学者视角的限制。由于研究视角的不同，一些学者只注意到了企业家的生产性职能，而另一些学者则观察到的是企业家的交易职能。但现在看来，企业家的职能是两者合一的，即企业家一方面要在企业组织中从事配置资源、创造财富的生产性活动，另一方面还要进入市场参与实现财富价值的交易性活动。原因之二在于中西方学者没能从企业家人力资本角度对企业家及其能力、素

第二章　胜任力与企业家胜任力研究状况

质等进行区分。在他们的论著中,要么由于在当时十分注重物质资本的历史背景下,没有或不可能明确企业家与企业家人力资本的概念,要么只触及到了企业家人力资本的某些内容。从含义来看,企业家人力资本就是经营型人力资本,而经营型人力资本是指一个人所具有的凝结在其体内的为一定社会所需要的特殊的知识结构、能力结构、素质结构和经验经历等的价值总和。经营型人力资本在实践中有多种表现,比如企业家胜任能力就是其中之一。所以,关于企业中企业家的规定性,笔者认为应从企业的生产性和交易性以及企业家必须拥有的胜任力等角度入手加以界定。

首先,企业家作为生产组织的指挥者,要结合企业实际进行资源配置并在不断创新的基础上,达成企业目标。所以,从生产性角度看,企业家的主要任务是指挥生产活动、协调组织管理、开发人力资源、改革管理体制、建立激励机制和推进组织再造等,以最大限度地降低企业生产成本。这里企业家利用自身所拥有的胜任力所发挥的职能,既包括萨伊(Say,1803)的企业家将知识应用于具体目的和具体执行操作的职能,彭罗斯(Penrose,1959)的企业家利用企业内未被利用的能力突破经营限制的职能,又包括熊彼特(Schumpeter,1912)的企业家创新功能和科斯(Coase,1937,1988)的企业家在企业内的"权威"功能。

其次,企业家作为企业的代表,必然要代表企业面对市场,面对现实中存在的不确定性和诸多的生产要素所有者。所以,从交易性来看,企业家要根据市场的变化,利用自身所拥有的胜任力做出判断性决策,通过与生产要素所有者签订契约来克服不确定性并减少交易成本,且承担由此引起的风险和享受由此带来的收益。这时企业家完成交易职能所需要的胜任力,既包括柯兹纳(Kizner,1973)所说的企业家的敏锐洞察力,彭罗斯(Penrose,1959)所论述的企业家主动克服不确定性的精神,又包括奈特(Knight,1921)的不确定性决策者和卡森(Casson,1982,1991)的判断性决策者以及科斯(Coase,1937,1988)的交易成本降低者应具备的知识与能力。

需要注意的是,企业家内在规定性的生产性和交易性两个方面常常是交织在一起的,生产性与交易性同时又是互动的。通过交易的要求,在企业内部建立生产制度结构的行为是生产性的;挖掘企业内经营能力的这种生产性活动,又带来了在市场上兼并、收购其他企业或开拓新的市场等交易性活动。所以,我们很难严格区分企业家的哪一种作用是生产性的,哪一种职能又是交易性的。

基于上述讨论,我们对企业家给出这样一个定义:企业家是以经营企业为职业,通过利用所拥有的胜任力(结构),对企业生产性活动和交易性活动进行分析判断、综合决策、组织协调与学习创新活动并承担风险,最终实现了企业长远发展和自身最大利益有效结合的人。

二、企业家胜任力结构相关研究

（一）企业家胜任力结构的国外相关研究

国外对企业家（含企业高层管理者）胜任力结构的研究十分丰富。但即使到今天，仍有部分学者对企业家通用胜任力结构的研究持审慎或怀疑态度，并认为研究企业家通用胜任力结构是在浪费时间。因为"胜任力结构越是放之四海而皆准，那么在特定的情境中，可选择的行为反应就越没有效率"（Burgoyne，1990）。也就是说，虽然对企业家而言，他们所处位置的工作或职能性质可能存在某种大同，但是他们任职于不同的行业、地区（或国家）和企业成长阶段，所以，他们的胜任力结构可能存在着较大的差别。1998年，Hayes、Alison Rose-Quirie和Allinson利用结构化问卷调查的方法，在一家大型服务组织让处于4种不同工作环境下的企业高层管理者列出他们的岗位所需胜任力，对通用的高层管理者胜任力结构进行了验证。结果显示，4种环境中的高层管理者胜任力结构是不同的，只有"领导力"和"理解人际行为"两个胜任力在4种环境中都需要。其中，3种环境中都需要的胜任力有8种，至少两种环境中都需要的有24种。

但实际上，更多的学者还是执著于企业家胜任力结构的研究，而且不可否认的是，这些研究对指导创业、企业家培养和激励等活动具有十分重要的理论意义和实践价值。

首先，1982年，Bray和Mitchell利用评价中心技术，在AT&T进行了为期8年的研究，从能力、态度及个性等角度出发，总结提炼了25项影响经理人员工作成功的重要因素，这些因素包括人际关系能力、言语表达能力、社会敏感性、创造性、灵活性、组织能力、计划能力和决策能力等。同年，Boyatzis使用行为事件访谈和学习风格问卷，对12个工业行业的公共事业和私营企业的41个管理职位中两千多名管理人员进行访谈调查，全面分析了不同行业、不同部门、不同管理水平的胜任力差异，并得出了管理人员的胜任力通用结构，即6大特征群：目标和行动管理、领导、人力资源管理、指导下属、关注他人、知识，这6大特征群包括了19个子胜任力。

后来，Hayes（1989）所领导的美国管理协会（AMA）通过研究认为，企业家的胜任力结构应当包括责任感、影响力、预见性、沟通、应变力、多视角、自我意识、概念化等核心能力特征。

目前，中国学者引用较多的是由L.M.Spencer和S.M.Spencer于1993年提出的企业家胜任力模型。两位学者通过对216名企业家进行跨文化比较研究后发现，能够区分优秀企业家与一般企业家的胜任特征有4类，分别为成就（主动性、捕捉机遇、坚持性、关注质量）、个人成熟（自信）、控制与指导（监控）、体贴他人（关系建立）。同年，Durkan、Harrison、Lindsay和Thompson（1993）针对北爱尔兰各中小企业高级经营者，采用自我报告的方法研究后得出结论认为，企业经营者的胜任力要素包括团队建设、说服能力、教育、沟通、决心、承诺、愿景、战略、创新能力、灵活性、分析与理解复杂信息能力和风险决策能力等。

此外，Gasses et al（1997）对加拿大多家不同发展阶段和规模的中小企业进行了研究，认为企业家胜任力要素主要有明晰的公司愿景、使命设定、战略规划、人际技能、领导力、授权和指导、多方法培训、系统组织能力、直觉管理、决策制定、认知和信息处理、行业和企业背景知识、理财能力、专业技能、企业家精神和创新等。Hunt（1998）对美国家族企业的高级领导者运用关键事件访谈法进行研究，得出的结论是经营者胜任力要素由避免冲突、角色差异感知、灌能与授权、参与、经营风格、对事业执著感的维系、工作生活的平衡和持续工作的能力等组成。Dulewicz和Herbert（1999）则对大不列颠和爱尔兰的总经理职业生涯进行了7年的跟踪和实证性研究，之后通过因素分析法得出了12类胜任力要素，这些要素包括战略眼光、分析与判断、计划与组织、管理员工、说服、坚持性与果断、人际敏感性、口头沟通、毅力和适应能力、精力与主动性、成就动机和商业意识。

Jay和Douglas（2004）对企业经营者管理胜任力模型的开发进行了总结，他们认为有7种核心胜任力要素是每一个经营者都应当具备的，这7种核心胜任力要素包括建立公司价值导向、创造拓展点、预见并把握未来的变化、优秀的执行力、带领大家达成目标、评价与行动和分享学习。

另有学者还对国际领导者的胜任力模型进行了探讨，如Bueno 和 Antolin（2004）通过对来自不同国家的平均有48个月国际经验的26位国际领导者进行了结构性访谈，检验了Chin et al.（2001）所建立的全球领导力胜任力模型，从而明确了全球领导者的胜任力特征，即沟通技巧、学习动力、灵活性、开放性、尊重他人和敏感性。

从上述研究中不难看出，截止到今天，由于研究视角、对象、方法等的不同，相关研究所得出的结论存在着明显的差异，甚至究竟应当通过什么标准术语来表达企业家胜任力结构都还远未形成规范（如表2-6所示）。

（二）企业家胜任力结构的国内相关研究

相比而言，虽然国内有关企业家（含企业高层管理者）胜任力的研究和应用起步较晚，但其研究视角多样，文献也较丰富，并取得了一定进展。

首先，一些学者从某一具体行业出发，构建了基于特定行业的高层管理者胜任力模型。比如时勘、王继承和李超平（2002）以通信业的管理干部为被试者，通过访谈法得出我国通信业管理干部的10项胜任力，即影响力、社会责任感、调研能

我国民营企业家胜任力结构及其跃迁机理研究

力、成就欲、领导驾驭能力、人际洞察能力、主动性、市场意识、自信和识人用人能力。该研究结果与Spencer L. M. et al（1993）的研究结果基本一致。后来，黄勋敬、李光远和张敏强（2007）对我国金融业中的商业银行行长进行研究，发现优秀的商业银行行长必须具备以下几种胜任力：执行力、分析性思维、客户导向与市场意识、资源配置意识、创新与开拓意识、组织协调和领导能力、团队意识、公关能力、信息搜寻能力。另外，高建设、王晶、谢嗣胜和宁宣熙（2008）采用行为事件访谈技术对航空高科技企业 32 名党委书记区分性胜任特征进行了研究，并得出结论认为，优秀党委书记应具备的 12 项胜任特征是关心员工、成就导向、激情进取、合作意识、展示影响、关系构建、沟通能力、人才培养、参与决策、组织监控、战略思维、党务知识等。

表2-6　　　　　　　　　　　　　　　　　　　　　　　国外学者关于企业家胜任力结构的研究

作者	时间	胜任力结构
Bray & Mitchell	1982	人际关系能力、言语表达能力、社会敏感性、创造性、灵活性、组织能力、计划能力、决策能力
Richard Boyatzis	1982	目标和行动管理、领导、人力资源管理、指导下属、关注他人、知识
Hayes、Wheelwright	1989	责任感、影响力、预见性、沟通、应变力、多视角、自我意识、概念化
L. M. Spencer & S. M. Spencer	1993	成就（主动性、捕捉机遇、坚持性、关注质量），个人成熟（自信），控制与指导（监控），体贴他人（关系建立）
Durkan、Harrison、Lindsay & Thompson	1993	团队建设、说服能力、教育、沟通、决心、承诺、愿景、战略、创新能力、灵活性、分析与理解复杂信息能力和风险决策能力
Gasses et al.	1997	明晰的公司愿景、使命设定使命、战略规划、人际技能、领导力、授权和指导、多方法培训、系统组织能力、直觉管理、决策制定、认知和信息处理、行业和企业背景知识、理财能力、专业技能、企业家精神、创新
Hunt	1998	避免冲突、角色差异感知、灌能与授权、参与、经营风格、对事业执著感的维系、工作生活的平衡和持续工作的能力
Dulewicz & Herbert	1999	战略眼光、分析与判断、计划与组织、管理员工、说服、坚持性与果断、人际敏感性、口头沟通、毅力和适应能力、精力与主动性、成就动机和商业意识
Bueno & Antolin	2004	沟通技巧、学习动力、灵活性、开放性、尊重他人和敏感性
Jay & Douglas	2004	建立公司价值导向、创造拓展点、预见并把握未来的变化、优秀的执行力、带领大家达成目标、评价与行动和分享学习

第二章　胜任力与企业家胜任力研究状况

其次，另有学者基于家族企业对高层管理者胜任力模型进行了探索。比如仲理峰、时勘（2004）采用BEI方法，对家族企业高层管理者胜任特征模型进行了研究，研究结果显示，我国家族企业高层管理者应当具有11项胜任力，即威权导向、主动性、捕捉机遇、信息寻求、组织意识、指挥、仁慈关怀、自我控制、自信、自主学习和影响他人，其中，威权导向、仁慈关怀是我国家族企业高层管理者独有的胜任特征。在此基础上，何心展（2004）扩大研究样本数量，在浙江沿海的宁波和温州两地抽样。其在访谈调查和问卷测试后认为，家族企业高层管理者应当具备的胜任素质是组织意识、主动性、自信、自我控制、信息寻求、指挥和影响他人、知识学习、技术偏好、仁慈和关心员工、善于社交、捕捉机遇并正确决策等；同时，家族企业高层管理者具有一些与众不同的个性品质，突出表现在聪慧性、有恒性、世故性、敢为性、持强性和自律性等方面。后来，刘学方、王重鸣和朱建（2006）对二百多家已经完成继承的家族企业中高层管理人员进行访谈和问卷调查，然后通过探索性和验证性因子分析在国内首次建立了家族企业接班人胜任力模型。家族企业接班人胜任力包括组织承诺、诚信正直、决策判断、学习沟通、自知开拓、关系管理、科学管理和专业战略8个因子，其中，组织承诺、诚信正直等因子与家族企业的继承绩效具有更显著的相关关系。

再次，还有学者针对我国国有企业高层管理者对其胜任力结构进行了辨析。柯翔和程德俊（2006）通过对相关研究的综述和回顾以及对30名国有企业高层经营管理者的深度访谈，然后使用问卷调查，构建了包含控制力、解决问题能力、自信力、追求成就、对权威遵从、团队合作能力、人际省察力、影响力等8个因子的国有企业高层经营管理者胜任力模型。后来，周清（2009）的研究则表明，国有企业中高层管理人员的胜任特征应当归纳为5个因子，这5个因子分别为控制与影响能力、团队协作能力、情绪能力、成就感和创新学习能力。之前，王重鸣和陈民科（2002）的一项针对企业高层管理者正副职管理胜任特征的研究较为系统地揭示了高层管理者胜任力结构。他们的研究表明，正职的胜任力结构包括价值倾向、诚信正直、责任意识、权力取向、协调监控能力、战略决策能力、激励指挥能力和开拓创新能力；而副职的胜任力结构包括价值倾向、责任意识、权力取向、经营监控能力、战略决策能力、激励指挥能力。正副职层次职位在管理胜任特征上形成差异结构，正职的战略决策能力更为关键，而副职的责任意识更为重要；同时，正职岗位在诚信正直和开拓创新能力两个要素上有更高的要求。

此外，还有一些具有特色的研究和结论。比如苗青和王重鸣（2003）基于企业竞争力视角提出的企业家胜任力6维结构，即机遇能力、关系能力、概念能力、组织能力、战略能力和承诺能力。林泽炎、刘理晖（2007）则从个性、行为和能力三

我国民营企业家胜任力结构及其跃迁机理研究

个维度揭示了我国转型期企业家的胜任特征,即个性特征:责任心、韧性、创新精神;行为特征:协调与合作、决策行为、指导下属、个人表率;能力特征:决策能力、人才选用能力、沟通协调能力、创新能力。戴国富和程水源(2007)基于企业不同发展阶段辨析了我国企业家胜任力模型,并认为创业阶段的企业家胜任力结构包括机会能力、冒险能力、政府社会关系能力、承诺能力、概念能力、概念能力、组织能力、学习能力;守业阶段的企业家胜任力结构包括管理能力、关系能力、决策能力、概念能力、组织能力、学习能力;展业阶段的企业家胜任力结构包括创新变革能力、战略能力、决策能力、概念能力、组织能力、学习能力。

综上所述,我们将国内学者对企业高层管理者胜任力模型的研究情况总结如表2-7所示。

三、对已有企业家胜任力结构研究的一个总结

通过前文对国内外相关研究的概述我们不难看出,国内外学者对企业家(含企业高层管理者)胜任力结构进行了大量的探讨,但是截止到今天,学者们并未就这一问题形成共识,这可能是由这样三种原因引致的:

第一,研究对象的不同。如Durkan、Harrison、Lindsay和Thompson(1993)、Gasses et al(1997)是针对中小企业经营者所进行的探讨,而Lewis(2002)、时勘、王继承和李超平(2002)则是针对不同行业高层管理者进行的研究,Bueno和Antolin(2004)是以国际领导者为研究对象,Hunt(1998)、仲理峰和时勘(2004)又是对家族企业高层管理者所进行的剖析。

第二,研究方法的不同。有的学者采用的是BEI行为事件访谈法,如时勘、王继承和李超平(2002)以及仲理峰和时勘(2004)的研究;另有学者利用的是访谈法以及问卷调查法,如Lewis(2002);也有的学者采用了文献综述法和经验判断法,如戴国富、程水源(2007)等。

第三,表达方式不同。尽管前文概述了不同研究所得出的企业家或企业高层管理者不同胜任力结构,但实际上,不同学者所提出的很多胜任力要素的内涵是相同或者是接近的,只是选择了不同的术语进行表达。如时勘、王继承和李超平(2002)所说的"团队领导",与王重鸣和陈民科(2002)提出的"激励指挥能力"就非常接近。Bray(1982)言及的"人际关系能力"与L. M. Spencer和S. M. Spencer(1993)命名的"关系建立"相比较,其涵义也大抵一致。

我们认为,应当结合企业成长的不同阶段对企业家胜任力结构进行探索,因为在企业成长的不同阶段,企业家所要进行的企业生产性活动和交易性活动存在差异,其面临的难题也就不一样,所以,在企业成长不同阶段,对企业家胜任力的需

第二章 胜任力与企业家胜任力研究状况

求存在差异。只有企业家所拥有的胜任力与企业成长不同阶段所需要的胜任力相一致或相匹配时,企业家才能推进企业成长。

表2-7　　　　　　　　　　　　　　　　　　　国内学者关于高层管理者胜任力模型的研究

作者	时间	胜任力结构
时勘、王继承、李超平	2002	影响力、组织承诺、信息寻求、成就欲、团队领导、人际洞察力、主动性、客户服务意识、自信和发展他人
王重鸣、陈民科	2002	正职的胜任力模型:价值倾向、诚信正直、责任意识、权力取向、协调监控能力、战略决策能力、激励指挥能力和开拓创新能力
王重鸣、陈民科	2002	副职的胜任力模型:价值倾向、责任意识、权力取向、经营监控能力、战略决策能力、激励指挥能力
苗青、王重鸣	2003	机遇能力、关系能力、概念能力、组织能力、战略能力、承诺能力
仲理峰、时勘	2004	威权导向、主动性、捕捉机遇、信息寻求、组织意识、指挥、仁慈关怀、自我控制、自信、自主学习、影响他人
何心展	2004	组织意识、主动性、自信、自我控制、信息寻求、指挥和影响他人、知识学习、技术偏好、仁慈和关心员工、善于社交、捕捉机遇并正确决策、聪慧性、有恒性、世故性、敢为性、持强性和自律性
刘学方、王重鸣、朱建	2006	组织承诺、诚信正直、决策判断、学习沟通、自知开拓、关系管理、科学管理和专业战略
柯翔、程德俊	2006	控制力、解决问题能力、自信力、追求成就、对权威遵从、团队合作能力、人际省察、影响力
戴国富、程水源	2007	创业阶段:机会能力、冒险能力、政府社会关系能力、概念能力、组织能力、承诺能力、学习能力;守业阶段:决策能力、关系能力、概念能力、组织能力、管理能力、学习能力;展业阶段:战略能力、决策能力、创新变革能力、概念能力、组织能力、学习能力
黄勋敬、李光远、张敏强	2007	执行力、分析性思维、客户导向与市场意识、资源配置意识、创新与开拓意识、组织协调和领导能力、团队意识、公关能力、信息搜寻能力
林泽炎、刘理晖	2007	个性特征:责任心、韧性、创新精神;行为特征:协调与合作、决策行为、指导下属、个人表率;能力特征:决策能力、人才选用能力、沟通协调能力、创新能力
高建设、王晶、谢嗣胜、宁宣熙	2008	关心员工、成就导向、激情进取、合作意识、展示影响、关系构建、沟通能力、人才培养、参与决策、组织监控、战略思维、党务知识
张焕勇、杨增雄、张文贤、鲁德银	2008	创建期:发现机会能力、配置资源能力;成长期:整合资源能力;成熟期:整合资源能力、配置资源的能力;衰退/再生期:整合资源能力、配置资源的能力
周清	2009	控制与影响能力、团队协作能力、情绪能力、成就感和创新学习能力

33

第三章 基于企业成长不同阶段的企业家胜任力结构研究

第一节 企业成长阶段理论综述

一、企业成长阶段理论发展历程

（一）企业成长思想的萌芽

英国经济学家马歇尔最早发现企业成长存在阶段性特征，并用树木的生长规律来比拟企业的成长。一个企业生成、壮大，但以后也许会停滞、衰退，在其转折点，存在着生命力与衰朽力的平衡或均衡（Marshall，1920）。在马歇尔看来，企业的成长与衰败遵循大自然普遍规律，即物竞天择，适者生存。他留给后人一些问题：企业的生命规律与自然规律的区别和联系到底在哪里？什么样的企业才是"适者"？

后来，学者们对企业成长的阶段性特征进行了不同视角的探索，提出了为数众多的生命周期模型。

（二）企业成长阶段理论的构建

从20世纪50年代开始，企业成长阶段理论进入建构时期。这个时期，学者们开

我国民营企业家胜任力结构及其跃迁机理研究

始借鉴经济学、社会学、生物学等学科的理论，构建企业成长阶段模型，以揭示企业成长的大致规律和成长特征。依据理论来源，可以将相关理论划分为经济学派、组织学派、生命学派和企业学派（韦小柯，凤进，2005）。

经济学派认为，企业的成长与经济的发展有相同之处，都经历了由少到多的量变过程和由低到高的质变过程，这些过程又显现出阶段性特点。如传统社会经济发展缓慢、经济起飞时增长速度骤增、成熟阶段经济稳定，经济质优量多，经济分工专业性强、规范性高。同样，企业刚建立时规模较小，营业额较低；进入成长时期后销量开始增加，达到一定规模后，企业保持稳定。外部宏观经济环境对企业的成长又有直接的影响。当经济持续增长时，企业的成长较快；当经济萧条时，企业会萎靡不振，甚至破产倒闭。其中最有代表意义的是莫克圭模型（McGuire，1970）。莫克圭在罗斯托（Rostow，1960）的经济增长五阶段理论（即传统社会、起飞前提条件、起飞、走向成熟、大众高消费时代五个阶段）基础上提出了基于经济发展的企业成长四阶段模型，即传统的小企业阶段、计划成长阶段、专业化管理阶段、大规模生产阶段。

组织学派借鉴组织理论，把企业成长视为组织的变革过程，采用规范分析的研究方法，侧重于对企业组织结构复杂度、权力分配等方面的研究。组织学派的贡献在于用辨证的理论解释企业成长阶段中的问题，认为推动和阻碍企业成长的因素是随企业成长阶段不同而变化的，企业成长的问题主要在管理上。其代表人物有斯坦梅茨（Steinmetz，1969）、斯科特（Scott，1971）、葛瑞纳（Greiner，1972）。如葛瑞纳（Greiner，1972）提出的五阶段模型，描述了企业成长阶段中演变和变革的辨证关系。每个阶段既是前一阶段的发展结果，又是下一阶段的起始，它们由前期演进和后期变革或危机部分组成，这些变革和危机加速了企业向下一个阶段的跃进。每个演进阶段都有其主导的管理风格，同时又有其主要的管理问题，这些问题必须在持续成长之前得以解决，而变革则由企业面临的居支配地位的管理问题决定的。

生命学派借鉴生物学理论，将企业看作一种生命现象，用生物体生命规律来比拟企业的成长过程。在生命学派的文献中，经常可以见到学者们用拟人化的语言描写企业，如"婴儿期夭折"、"青春期多动症"、"未老先衰"等。生命学派的研究多采用实证分析，注重同企业的管理实践相结合。其代表人物有吉尔布雷斯（Galbraith，1982）、罗（Rowe，1994）、爱迪思（Adizes，1989）。如爱迪思（Adizes，1989）将企业的成长过程划分为孕育期、婴儿期、学步期、青春期、盛年期、稳定期、贵族期、官僚初期、官僚期和死亡期10个阶段。并指出企业在每一个生命阶段都有其特定的问题，规模和时间都不是引起企业成长和老化的原因，问题的实质在于管理。管理并不是营造一个根本没有"问题"的环境,而是把注意力集中到企业目前的生命阶段所存在的问题上去,引导企业进入盛年期。

企业学派的理论没有借鉴其他学科,而是直接来源于对企业管理实践的观察和总结。企业学派更注重研究的实用性,涉及的管理因素较为全面和细致。企业学派对成长初始阶段的研究比较深入,对各阶段的财务问题涉及较多。其代表人物为邱吉尔和刘易斯(Churchill & Lewis,1983)。邱吉尔和刘易斯模型根据管理决策风格、组织结构复杂性、运作系统、战略规划、业主与企业的关系这5个方面将企业成长分为5个阶段,即创业、生存、起飞、成功、成熟。该模型认为,随着企业的成长,业主的管理决策风格变得放权,参与管理的程度也在下降,而组织结构、战略规划和运作系统则变得越来越复杂。

(三) 企业成长阶段理论的深化

20世纪80年代以来,一些学者在吸收以往各派理论长处的基础上,提出了自己的模型,并尝试用统计分析方法对其模型进行实证检验,从而促进了企业成长阶段理论的深化。其代表人物主要有史密斯(Simth, Mitchell & Summer,1985)、蒂蒙斯(Timmons,1990)、飞利浦(Philip,1992)和萨若森(Sarason,2000)等。如奎因和卡梅隆(Quinn & Cameron,1983)在对9个生命周期模型综合分析的基础上,按照管理风格和组织结构的差异将企业成长分为4个阶段,即创业阶段、集体化阶段、规范化阶段、精细化阶段。创业阶段组织规模小,企业在市场中求生存,需要有力的领导。集体化阶段企业成长迅速,组织结构不规范,需要业主授权。规范化阶段组织层级与分工清晰,高层管战略,中层管经营,但官僚习气较重。精细化阶段规章制度完善,组织需要不断创新。

二、主要的企业成长阶段理论及其划分依据

(一) 主要的企业成长阶段理论

在众多的文献中,如何根据企业在成长过程中所表现出来的特点和差异,将企业成长过程划分为多少个阶段,一直是企业成长理论的一个焦点问题。由于研究目的和视角的不同,对于企业成长阶段数量的划分,学者们至今也未达成一致意见。阶段数最少的只有3个,最多的达到10个阶段,但可以确定的是,几乎所有研究人员都认为,企业从产生、成长、成熟、衰退以至死亡的整个生命周期过程,呈现出一个类似倒钟形的抛物线形状(如表3-1所示)。

表3-1　　　　　　　　　　　　　　　　　　　　　　　　　主要的企业成长阶段理论

作者	时间	企业成长阶段	划分依据或衡量标准
Chandler	1962	最初的扩张和资源积累、资源利用的合理化、进入新的市场和产品线、建立新的组织结构	以产品线和市场的扩展为标准
Scott	1963	小规模单一产品阶段、同一产业垂直整合阶段、产品多元化阶段	以产品线为标准
Steinmentz	1969	（小企业发展）直接控制、指挥管理、间接管理、部门化管理阶段	以企业销售收入、授权、规范管理、管理费用、企业内部非正式组织、投资回报率增长、企业成长的速度、中层的人员管理等关键因素为标准
Greiner	1972	创业、存活、成功、起飞、资源成熟	以组织规模、销售额为标准。每个阶段都由前期演进和后期危机交替进行；危机加速了企业的跃进
Churohill	1983	（小企业发展）存在、生存、成功、成长或起飞、资源成熟	以资金、盈利能力、融资、激励、授权与分权、企业家精神为标准
Kanzanjian	1984 1988	（以技术为基础的企业）设立前阶段、生产技术的发展、实现增长和获得利润、开发第二代产品	以获得财务支持、战略定位、企业的销售和市场、提高市场份额、提供产品支持、顾客服务、行政管理与创新的平衡为标准
Flamholtz	1986	新建、扩张、专业化、巩固、多元化、一体化、衰落和复兴	以规模、市场、产品、资源、经营系统、管理系统、企业文化、新产品、一体化等因素为标准
Scott & Bruee	1987	起始、生存、成长、扩大、成熟	以产业阶段、主要问题、高管人员角色、管理风格、组织结构、市场和产品研究、系统与控制、主要财务来源、现金流、主要投资、产品——市场为标准
Adizes	1989	孕育期、婴儿期、学步期、青春期、盛年期、稳定期、贵族期、官僚化早期、官僚期及死亡	以授权、投资、制度、激励等为标准。提出影响企业决策质量的4大因素：行动、行政管理、创新精神、整合
Chandler	1990	横向合并发展方式、纵向一体化发展方式、地区扩张发展方式、相关新产品生产发展方式	以产品线和市场为标准
Chell	1991	（小企业）设立、专业化管理、成熟	以选择与管理方式为标准
Churohill	1997	（小企业发展）存在、生存、盈利/稳定发展、盈利/成长发展、成长或起飞、资源成熟	以管理风格、组织结构、正规系统的范围、主要战略目标以及所有者参与企业的程度为标准
Bolton	1997	（以技术为基础的企业）婴儿、培育、初出茅庐和成熟	以团队支持、技术推动、市场需求拉动、开发与试验、开发资源基础、管理风格、管理模式、市场地位为标准
陈佳贵	1988 1995	孕育、求生存、高速成长、成熟、衰退和蜕变	以企业规模为标准
周郭际、李南和白奕欣	2006	危机潜伏、危机征兆、危机发生、危机总结和危机恢复	以企业危机管理为标准
任荣、徐向艺	2010	以环境要素为核心的协商期、以主体要素为核心的成长期、以客体要素为核心的成熟期和以沟通要素为核心的蜕变期	以管理核心为标准

（二）企业成长阶段划分的依据

之所以学者们对企业成长阶段的划分和对不同成长阶段特征的描述各不相同，是因为不同学者选取了不同的划分依据和衡量标准。

总体而言，学者们关于划分企业成长阶段的标准可以分为4类，一类是以产品线、市场为标准，如Chandler（1962，1990）、Scott（1963）、王革、吴练达和张波（2008）等的研究；另一类是以规模、销售额为标准，如Greiner（1972）、陈佳贵（1988，1995）等的研究；再一类是以管理特征为标准，如周郭际、李南和白奕欣（2006）、任荣、徐向艺（2010）等的研究；另有一类是以规模、管理风格等为标准，如Steinmentz（1969）、Churohill（1983，1997）、Flamholtz（1986）、Scott & Bruee（1987）、Adizes（1989）、Bolton（1997）等的研究。

事实上，不少学者对企业成长状态的研究都涉及到了规模因素和管理因素，只是具体提法或关注点存在一些差别，如规模因素可能用销售额、市场、投资额等因素表达，管理因素用管理风格、管理系统、管理特性、行政管理等因素来表述。而且，学者们的研究要么明示，要么暗含，企业的产生、发展和衰落像生物一样，具有一般的生、老、病、死成长规律。还有学者（陈佳贵，1988，1995）提出了企业可以通过"蜕变"实现重生而延长寿命的观点。

三、本研究对企业成长阶段的划分

前已述及，在西方，学者们选择企业规模、组织结构复杂程度、管理风格、销售收入或其他相关依据作为标准，对企业成长阶段做了不同的划分，有三阶段论（彭罗斯，2007；Smith，Mitchell & Summer，1985），也有四阶段说（Kazanjian，1984，1988; Miller & Friesen，1984），还有七阶段模型（Flamholtz，1986）等。其中Adizes（1989）的三阶段、十时期理论是迄今为止被广泛认可和应用的企业生命周期模型。按照Adizes的观点，企业与自然界的动植物一样不仅具有相似的"生命周期"现象，而且它们呈现出的性质也极为相似，也就是说，企业的成长与老化同生物体一样都是通过灵活性和可控性两大因素之间的关系来表现的。按照这两个因素，企业的生命周期可以划分为三个阶段、十个时期，即由孕育期、婴儿期、学步期构成的孕育阶段；由青春期、盛年期和稳定期构成的成长阶段，以及由贵族期、官僚化早期、官僚期和死亡期四个时期构成的老化阶段（Smith，Mitchell & Summer，1985）。我国学者陈佳贵（1988，1995）基于Adizes的三阶段十时期模型提出了企业周期蜕变模型，认为企业生命周期可以划分为孕育期、求存期、高速成长期、成熟期、衰退期和蜕变期等6个阶段，从而更加完整地概括了企业成长的生命轨迹。

我国民营企业家胜任力结构及其跃迁机理研究

根据我们的研究主题，结合已有研究，我们倾向于以规模因素和管理因素为标准，借鉴贾生华（2004）的表述，将企业成长过程划分为创业、守业和展业三个阶段（如图3-1所示）。

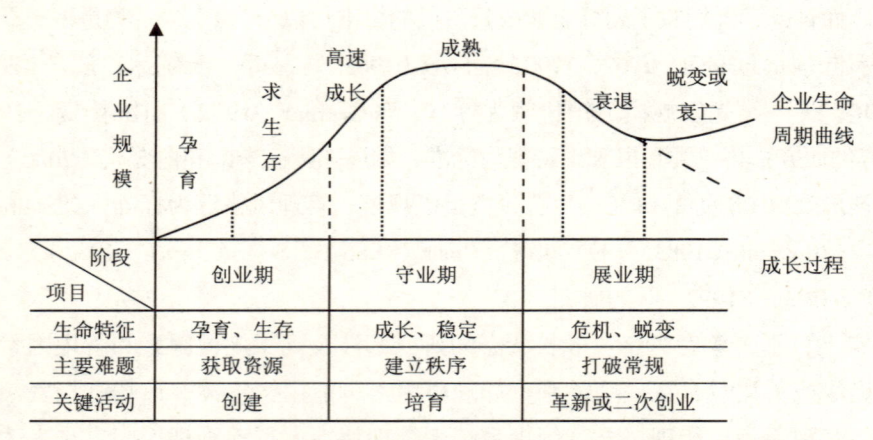

阶段 项目	创业期	守业期	展业期
生命特征	孕育、生存	成长、稳定	危机、蜕变
主要难题	获取资源	建立秩序	打破常规
关键活动	创建	培育	革新或二次创业

图3-1 企业成长过程与创业、守业和展业三个阶段

我们认为，创业阶段就是孕育和新建一个企业，并使企业在生存下来之后以一定速率继续成长的阶段，包含了企业周期蜕变模型中的孕育期和求生存期。在创业期，企业在解决了生存问题以后，推出了合适的产品，拓展了一定的市场。但这时候企业各方面条件都很不完备，或者说很不成熟，没有稳固的持续发展能力，所以怎样获取资源是这一阶段企业面临的主要难题。守业阶段是指企业制度化、规范化，并走向成熟，自动适应环境的阶段，即企业周期蜕变模型中的高速成长期和成熟前期。守业不是静态地固守积存的企业资产，而是要在进一步获取企业资源的动态过程中，通过规范化的管理使企业资源实现优化配置、企业能力得以充分发挥，因此，这一阶段企业面临的主要难题是如何建立有效的经营管理秩序。展业阶段则是指企业通过兼并、重组或二次创业，整合资源，寻找新的市场机会和增长点，突破瓶颈或起死回生，继续或再度成长的阶段。它是指企业通过拆分、调整、重组或兼并、创新和变革，应对生命老化或衰退，通过重建品牌、重塑市场或创新客户增强企业影响力或促使企业获得新生的过程，即企业周期蜕变模型中的成熟后期至蜕变或衰亡期，这一阶段企业遭遇的主要难题是如何打破常规，使企业摆脱僵化而持续成长或使企业扭转颓势而蜕变重生。

现有研究模型几乎都认为：企业存在生命周期现象，而且其生命周期都遵循大致相同的规律，在不同的生命周期阶段企业会面临不同的难题。然而，学者们却很少用这些难题的解决方法去考察企业家活动和探索企业家胜任力。按照贾生华（2004）的观点，企业的成长过程可以理解为企业家不断地克服其能力局限，从创

第三章 基于企业成长不同阶段的企业家胜任力结构研究

业能力到守业能力再到展业能力这样一个循环或者转换过程。但是他并没有进一步探讨企业家创业能力、守业能力和展业能力的具体结构。

本研究认为，企业成长过程不仅是企业家能力的循环转换过程，还包括企业家的知识、态度和价值观等特征因素的循环转换过程。也就是说，企业的成长过程更深层次的表现应当是企业家胜任力实现循环转换（我们称之为跃迁）的过程。在企业成长过程的不同阶段，企业家不是应当具有相应的能力，而是应当具有相应的胜任力（结构）。只有这样，企业家才能推进企业成长。

第二节 企业成长不同阶段的难题与企业家焦点活动

一、企业成长过程所面临的难题与企业家焦点活动

基于经济学的一般意义，Schumpeter（1937）给企业家活动下了这样一个定义：企业家活动主要是发现经济环境中的市场机会，洞察资源的价值，从外部获取资源或从内部对资源实行新的组合，开发和利用资源以创造并且占有（部分）组织租金。本研究关注的是包含"熊彼特企业家活动"在内的企业家活动的具体化，即倾向于从管理学意义的角度，首先分析企业在成长过程中可能面临哪些具体难题，然后揭示企业家为了发现和解决这些难题需要履行什么样的焦点活动。

关于企业成长不同阶段所面临的难题和企业家在各阶段所扮演的角色，不少学者基于自己所认同的企业生命周期理论提出了各自的看法。

20世纪70年代早期，Greiner（1972）以管理风格为变量，指出了组织在不同的发展阶段中应该关注的不同管理实践重点。其中高层管理风格分别为个体化和创业精神、直接领导、分权、监督、参与，组织在创业、存活、成功、起飞、资源成熟各成长阶段中的管理重点依次是制造与销售、生产效率、市场扩张、组织巩固和解决问题与创新。

后来，Quinn & Cameron（1983）确立了企业生命周期每个发展阶段的主要组织效率标准。企业成长初期，组织最重要的效率标准是开放系统模型以及人际关系模型。随着企业的发展，标准会发生改变，开放系统和人际关系的重要性逐渐弱化，而信息管理、沟通、稳定性、控制、生产力、效率以及目标制定变得更加重要。之后，Kanzanjian（1988）将成长阶段描述为一种组织设计变量的安排，各组织设计变量代表公司对它在各个时间段面临的主要问题的反应。通过105个公司的数据，探讨了成长阶段和理论化的问题模式之间的关系。其中企业成长阶段主要包括概念化和发展、商业化、成长和稳定阶段等4个阶段，各阶段的主要问题分别是资源获得和技术发展、开

我国民营企业家胜任力结构及其跃迁机理研究

始相关生产、销售/市场份额成长和组织的问题、收益性、内部控制和未来成长基础。

再后来，Smith等（1995）集中探索了高层管理活动的3个重点，分别包括专业效率、组织沟通协调和公司政策支持，他们在研究中也探讨了这些管理重点与企业生命周期的关系。他们认为企业高管在企业不同的生命周期阶段有不同的重点，并通过实证研究得出结论：组织的沟通协调在企业初始期很重要，但越往后期重要性越下降；专业效率在企业生命的各个阶段都很重要，而随着企业的成长其重要性也越来越凸现；政策支持在企业一开始的重要性并不高，但随着企业的成长而越来越重要。在成熟期的重要性要高于初始期和快速成长期。

国内学者对企业家活动与企业成长之间的关系也有颇多的关注。按照陈佳贵（1995）的观点，在孕育期，企业家应该把主要精力放在抓建设质量和生产的准备工作上；在求生存期，企业家的主要精力应放在做好基础工作，树立自己的形象和开拓产品市场上；发展期是企业的关键时期，企业家的重点应逐步转到争取有利的发展机会和各种发展资源上；成熟期，企业家的工作重点是如何保持创新精神，防止骄傲自满情绪，延缓衰退期的到来；而处于衰退期的企业家的工作重点则是尽量缩短衰退期，促进企业的蜕变。李艳双等人（2005）基于Greiner（1972）的观点，从战略的视角认为，在创业、聚合、规范化、成熟、再发展或衰退阶段，企业应分别采取专业化战略、多元化战略、蓝海战略和战略变革，对应上述阶段，企业会面临领导危机、自主性危机、控制性危机、硬化危机和衰亡危机。

汪良军（2006）在其博士论文《企业成长与企业家活动分析——兼论企业成长的路径依赖及其超越》中，对有关企业家活动的相关理论进行了整理和概括。他指出，纵览西方20世纪80年代至今的20多年时间里，对企业家活动这一领域的研究一直是在不断升温的，但众多国内外学者都是从各自的视角采用不同的术语来表示，有关企业家活动的内在研究存在相当大的不一致性。在汪良军看来，企业家活动可以分为3个最重要的活动，包括对机会的发现、实行新的组合或者创新以及承担风险。他指出，由于活动是对变化环境中市场机会的追求，在这一过程中资源配置结果的不确定性带来了风险，因此需要企业家承担这一风险；这种活动需要对资源实行新的组合和利用，这就需要创新活动。汪良军对上述3种活动分析后指出，企业家活动的本质是企业的战略活动，尤其是动态环境中的企业成长的战略活动。因为从对市场机会的发现到组织资源开发机会这本身就是企业的战略管理活动。

郭祥玉等人（2007）将企业管理从内容上分为经营战略、营销管理、生产管理、财务管理、人力资源管理5部分，并认为在生命周期的不同阶段，企业在这五个方面的侧重也有所不同。虽然企业中的实际工作远没有这么简单，但这种考察方式也为我们提供了一个不同寻常的视角。同年，李明玉（2007）提出，应该针对企业在不同

第三章 基于企业成长不同阶段的企业家胜任力结构研究

生命周期阶段的不同风险,采用相应的对策。孕育期企业家应该把主要精力放在抓建设质量和生产的准备工作上。创业期,企业存在的最大问题是资金不足,企业成长管理的重点在于如何通过市场渗透或者市场开拓,扩大市场占有率。成长期的问题与风险主要是市场的扩张与销售规模的扩大,管理者应该集中在关于如何开发新产品、是否走向多元化经营等重要决策方面。成熟期的主要问题是创新精神的衰退,由此导致企业发展缓慢。企业管理者应该关注如何开发新产品、是否走向多元化经营等问题。衰败期的企业所面临的最大问题是企业的"躯体"老化,包括硬件的老化和软件的老化,企业需要选择新的成长方向、准备进行脱胎换骨的蜕变。李明玉的研究对我们分析企业家活动和企业成长阶段之间的匹配关系具有借鉴意义。张焕勇等人(2008)则从企业家角色的角度出发,认为企业家在企业生命周期的创建期、成长期、成熟期、衰退/再生期4个阶段要分别担当创建者、加速者、维持者、变革者等不同角色。邱桂贤(2008)的研究则更进一步,从角色和人格两种角度考察了企业家在企业成长过程中的作用。他根据企业不同阶段具有的不同特征,提出了企业家在不同阶段所应承担的主要角色及应具备的人格。他指出在孕育期,企业往往面临很大的不确定性和风险,这个时候企业家凸现出来的最主要素质是灵敏的市场嗅觉和敢于冒险的本质。在生存期,企业家更多是以风险承担者及领导者的面目出现。在成长期,企业家的冒险精神和灵敏的市场嗅觉开始被经营管理才能、创新管理和能力等代替。在成熟期,企业家的角色是学习创新者。在衰退期,企业家的角色是如何通过组织的创新和再造,使企业突破原有的成长局限。

二、企业成长创业阶段的难题与企业家的焦点活动

创业阶段就是孕育和新建一个企业,并使企业在生存下来之后以一定速率继续成长的阶段,包含了企业周期蜕变模型中的孕育期、生存期和高速成长前期。在创业期,企业虽然解决了生存问题,也推出了合适的产品,拓展了一定的市场,但总体而言,企业规模不大,管理粗放,企业发展很不完备,或者说是很不成熟,没有稳固的持续发展能力。

(一)企业成长创业阶段的特征

1. 市场竞争——高度不确定性

企业从初创到适应环境开始成长,像婴儿一样缺乏免疫力。所以,处于创业阶段的企业通常会面临诸多不确定性因素,比如对消费需求的持久性、行业技术发展的方向、替代品出现的可能性及竞争对手的模仿速率等的把握,都可能由于企业缺乏经验而存在极大的变数,这些因素都会给企业进一步成长带来巨大风险。在创业初期,企业自身羽翼未丰,相较于其他生命周期阶段,自我抵抗风险的能力也很

弱，因此不少企业在创业阶段就会夭折。

但是从另一个角度分析，处于创业阶段的企业所面临的行业竞争通常相对是比较弱的。这一优势建立在初创企业的创新契机之上。在创业阶段，企业的产品往往处于产品生命周期的导入期和成长期，在一定时期之内，进入威胁和替代威胁较小。行业中的其他小企业由于信息相对闭塞，资源相对匮乏，有可能对新的业务视而不见。与此同时，行业内部大企业又可能因为市场"太小"而拒绝开发新涌现业务的产品和服务。因为这样，新的企业很有可能趁机赢得相对的市场地位，并在占据这一地位之后不易被驱赶和替代。

2. 组织结构——非正式化

通常，在创业阶段，企业员工数量较少，管理制度也不健全，组织结构相对简单，管理架构扁平，企业结构、制度和流程等处于快速变动过程中，几乎没有什么现成的工作程序、工作类别以及组织政策等规章制度。因为人员数量少，易于沟通，企业内部员工很容易彼此了解，多数人都能和睦相处，企业家与员工之间的关系是协作式的，而不是斤斤计较得失或者服从于企业家意志的对立式。在这一阶段，组织内部除极少数日常工作通过书面形式交流外，大多数事项都是以面对面的方式进行沟通。由于企业规模较小，面对面的沟通方式不但使员工之间传递信息便捷高效，而且十分经济。

此外，创业阶段的企业多采取集权式领导方式，而且大多数领导者都是凭借创业者的个人魅力和素质来对员工施以影响。企业家采取集权式领导方式亲自管理组织的一切事务，独立带领组织开拓和经营。集权式组织具有高度的权威性和命令的统一性，整个组织直接在企业家的操控之下，中层管理人员很少，这不但有利于降低管理成本，而且能够提高决策效率和反应速度。

3. 市场份额——由低渐高

在创业阶段，最初由于产品刚推向市场，顾客对新产品缺乏认知和不了解，加之企业营销能力和资源都十分有限，所以初创企业新产品的市场份额可能很低。但是，随着创业的成功，企业不断累积经验、获取资源和提升能力，在所从事行业内站稳脚跟，并逐渐发挥潜力，这样，企业的市场份额便越来越大。

4. 产品——新颖但不稳定

在企业创业阶段，产品处于产品生命周期中的导入期或成长期。所以，产品一般具有新颖性，也在产品功能和款式等方面与其他企业的产品有较大或显著区别，但由于产品的功能和质量还不尽完善，还需接受市场的检验，所以，产品发展方向可能不稳定。

此时产品的品牌根本无从谈起，可以说是一片空白。产品刚刚投入市场，其特点和用途尚未被顾客所广泛认识，更不可能存在顾客的品牌忠诚度。通常，顾客对新产品会产生偏见，人们认为购买新产品会面临着很大的风险。因此，产品最初只能吸引少数喜欢尝试且偏好风险的顾客。

另外，产品的研发能力不足。一般来说，创业期的企业还没有能力雇佣一支强大的科研开发队伍，而且也不具备科研开发所需要的雄厚资金实力，这两方面均制约着创业期企业的产品研发活动。

5. 财务状况——现金缺口大

现金之于企业就像是血液之于人，对企业的生存和成长起着至关重要的作用。企业可以承受暂时的亏损，但不能承受现金流的中断。资金问题往往是企业在创业阶段所面临的最大瓶颈，资金不充足可能制约企业家在创业规划方面的实施，甚至无法维持企业的正常运营。

在创业阶段，一方面企业需要大量的资金用于购买设备、招聘员工、市场前期投入、产品生产等，另一方面，企业的融资渠道又非常狭窄，资金支持最主要的来源就是自有资金、亲戚朋友投资或其他的私人（股权）投资，而这种以私人资本为主的资金来源通常十分有限。因此，尽管有的产品或项目市场前景不错，企业家可能苦于无资金而不能将产品产业化，或没有充足的资金保证产品在获得市场成功之前维持正常的运营。

（二）企业成长创业阶段的主要难题

基于上述对企业成长创业阶段特征的分析，不难发现，创业阶段企业的首要任务是如何让消费者认识和接受自己的产品，在市场竞争中求生存。实际上，创业阶段的企业主要面临三大难题。

1. 机会难握

创业阶段的企业，在资金、技术、品牌、经营能力等各方面都不能与行业内已经发展起来的大企业相抗衡。为了规避行业内激烈的竞争，成功渡过守业阶段，企业可以使用"蓝海战略"或"利基战略"。蓝海战略，强调将视线超越竞争对手移向买方需求，跨越现有竞争边界，将不同市场的买方价值元素筛选并重新排序，从给定结构下的定位选择向改变市场结构本身转变。利基战略指的是更精准地寻找和确定某些市场潜在群体（或者称之为"有获取利益的基础"），这种群体形成了一个小市场，并且它的需求没有得到满足。

这两种战略的相同点是两者都利于企业达到规避行业内激烈竞争的目的；不同点则在于，蓝海战略要求从关注消费者需求出发，打破现有产业边界、开发未知市场并制定新的游戏规则，最主要的目的是取得竞争优势；而利基战略则是在已知的市场空间内经营被大企业忽略的细分市场，或者说是"鸡肋"市场，目的是获取盈利空间。

显而易见，中小企业在蓝海或利基市场中能避开与大企业的直面冲突，从而能在该市场中立足以及扩张，最终实现更加快速、安全的发展和成长。然而怎么样才能够把握住正确的机会是企业在这一阶段面对的首要难题。

在创业阶段中，企业必须准确地进行机会识别，从而找到真正有价值的机会。机会识别是创业过程的起点。无论新创企业从事何种事业，机会识别都起着举足轻重的作用。

2. 资源匮乏

在创业阶段，企业在各个方面都是从零开始，此时，所面临的重大难题之一就是资源非常匮乏，特别是人力资源和资金资源。

先说说关于创业阶段人力资源的匮乏问题。美国考夫曼基金会创业领导中心的创始人考夫曼曾说过，伟大的创业具有三大原则：像你希望别人对你一样对待别人；与人分享共同创造的财富；回报社会。不难看出，这三大原则关心的核心并不是个人英雄主义的个体创业者，而是卓有成效的创业团队。尽管我们说到成功的企业家往往都会不自觉地强调某个创业者，并将其视为英雄，但实际上，在多数情况下，创业者是一个团队。因此，如何选择最有效的创业合作者，使创业所需的人力资源最优化，是企业家迫切需要解决的问题。

再说一下在创业阶段企业的资金资源十分短缺的问题。一方面，企业对资金资源的需求较大；另一方面，企业的融资条件不够丰富。正如我们所分析过的，企业一方面需要资金用于购买设备、招聘员工、市场前期投入、产品生产等，另一方面由于尚未起家，实力不足，很多企业都不具备良好的融资条件，从而面临"筹资难"的问题。这种局面不但会阻碍企业的成长与发展，而且会导致企业的提前夭折。缺乏足够的资金，使新创企业可能无法购买生产设备，无法进行技术研发，无法吸引高素质的专业人才，甚至连日常的经营活动都难以为继。

3. 市场弱小

在创业阶段，尤其是创业初期，企业急切需要出售自己所创造的产品或服务，以获得收入，实现应用的价值，同时为企业的进一步成长奠定基础。因此，产品如何打开市场局面成为新创企业面临的又一难题。

通常的情况是，在新产品刚投入市场时，顾客不了解，并认为购买新产品具有高风险或不确定性。所以，大多数人在开始时，对新产品一般都持不信任和观望态度。为了吸引顾客消费自己的产品和服务，即使不赚钱，甚至赔钱，企业也要坚持。这样，创立初期企业的销售收入可能增长很快，但由于成本增加更快，加上价格难高，因此，常常出现销量不少但却没有利润的现象。

第三章 基于企业成长不同阶段的企业家胜任力结构研究

（三）企业成长创业阶段企业家的焦点活动

1. 寻找、识别和捕捉创业机会

在创业阶段，企业家作为创业者，应该具有敏感的嗅觉，能够及时准确地识别对企业有利的成长机会。企业家只有识别出这样的机会，才能做出正确的创业决策，这直接影响了企业如何在市场中立足，也决定了企业在今后壮大发展的可能性。

识别机会首先要了解机会的来源在哪里。Druker（1985）指出，机会的来源有7种：（1）出乎意料的情况——意外成功、意外失败、意外的外部事件；（2）不一致——实际状况与预期状况之间的不一致或者与原本应该的状况不一致；（3）以程序需要为基础的创新；（4）产业结构和市场结构的改变；（5）人口的变化；（6）认知、情绪和意义的改变；（7）科学及非科学的新知识。其中，前4种机会来源于企业的内部，后3种则来自企业或产业以外的变化。

Robert、Gerald和Lumpkin（2004）在对机会识别过程的研究中提出，机会识别大致经过三个过程，分别是初始创意阶段、潜在机会阶段和决定阶段。首先，在创业阶段的初始创意阶段，即在决策有关创业的进入点、立足点和市场策略创意的时候，企业家必须密切关注7种机会的来源，并且在各种来源渠道中获取大量的信息。这些信息决定了做出上述决策的基础。其次，企业家必须有意识地在已经获取的知识之间架设"桥梁"，即将各个渠道所得的信息建立联系。这一方面要求企业家具有广博的知识基础，另一方面要求企业家具有创造性的"组合"能力。获得了信息之后，需要对创业环境进行分析。创业环境包括三方面，分别是技术环境、市场环境和政策环境。通过这样简单的评估，企业家心中就形成了一个潜在的机会。而对于已得出的潜在机会，企业家还必须经过详细的思考和评估，并在进行最后的考察后做出决策，决定是否进行开发。

在已有的学术研究成果中，一组经过挑选并得到广泛认可的机会的评价准则已经形成，它包括6个大的方面，共37项指标：（1）行业和市场（市场基本情况、市场结构、市场规模、市场增长率、可达到的市场份额、5年内成本结构）；（2）资本与获利能力（毛利、税后利润、所需要的时间、投资回报潜力、价值、资本需求、退出机制）；（3）竞争优势（固定和可变成本、对成本和价格与分销渠道的控制力、进入壁垒）；（4）管理团队（创业团队、行业和技术经验、整体性、知识上的诚实度、致命缺陷）；（5）个人标准（目标适合度、上限/下限问题、机会成本、愿望、风险/收益承受力、压力承受力）；（6）战略性差别（适合程度、团队等级、服务管理、时机、技术、柔性、商业导向、定价、分销渠道、错误容忍空间）。一般来说，具有良好创业机会的企业将在所列准则的大部分中表现出其巨大的潜力，或者将在一个或几个准则中拥有其竞争者望尘莫及的压倒优势。

2. 寻找并取得人力、财力资源

在创业时期，企业家需要获取两类人力资源，一类是创业合作伙伴，一类是核心员工。当然，创业初期的人力资源有可能既是合作伙伴，又是核心员工。

一般说来，谨慎的创业者们倾向于从同学、朋友和家族成员中优先挑选创业合作伙伴，但一个擅长社会交往的创业者，通常会强调要素互补而可能将初识者结为创业合作伙伴。如一个只是拥有创业点子的人，可能更会选择与拥有资金资源或技术实现能力的人合作，这些潜在合作者可能是自己的同学、朋友或亲戚，也有可能是通过某个中间人刚认识的人。

所以，除非特别需要，一般情况下，创业者们只有到了创业初见成效以后，才更有可能选择猎头、媒体等渠道去获取企业所需要的人才，但创业者不能忽视这些渠道给自己带来的优势。猎头公司是专门帮助企业或其他组织招募和选拔人才的机构。因此，创业初期的企业选择猎头公司来获取人才，既可以为创业者节省时间来从事其他更为重要的工作，还可以借助猎头公司的经验和关系网络去发现具有独特属性或能力的合适人选。报纸、电视、互联网等媒体传播的社会面广，便于创业企业在更大范围内去搜索并获取合作伙伴和核心员工。熟人举荐也是企业家自身利用社会资源，通过人际关系网络取得合适人力资源的常用渠道和方式。

在创业时期的资金资源获取和整合方面，企业家的融资过程通常包括这样几个步骤：编写创业计划书、测定资金需求量、确定融资来源并进行融资谈判。

创业计划书的编制有两个主要作用，一是能通过勾画未来的经营路线和设计相应的战略来引导企业的经营活动，计划会给企业家和员工提供方向感，尤其是在极为关键但又容易产生混乱的创业初期。二是创业计划可用于吸引借款人和投资者。资金所有者可以在对创业机会的价值、创业团队的合作能力和支撑企业运行的资源状况有一个全面了解的基础上，对是否予以资金支持做出决策。有时候，即便是面对家人，一份书面的计划书也比口头的交谈更有说服力。

接着，企业家可以参照已经成型的创业计划书，通过对创业成本估算和资金用途清单、预编财务报表、现金流量表和盈亏平衡分析这4个重要工具来计算创业时所需资金数量，以便投资者将此作为评估公司流程的一部分。通常情况下，企业家为企业筹资最大的问题不在于获得足够的资金以启动新企业，最为关键的是能够在新企业创业阶段的恰当时候获得足够的资金，并确保新企业不能将现金耗尽。

然后，要确定资金的来源，即融资渠道和融资对象。创业融资的渠道按融资对象可分为私人资本融资与机构资本融资。私人资本融资指创业者向个人融资，包括创业者自筹资金、向亲朋好友融资、个人投资资金等；机构融资指创业企业向相关机构融资，包括银行贷款、中小企业间的互助机构贷款、创业投资资金和政府的扶持资金

第三章 基于企业成长不同阶段的企业家胜任力结构研究

等。其中，创业企业的融资劣势使其难以通过传统的融资方式如银行贷款、发行债券等获得资金，所以，私人资本成为创业融资的主要组成部分。

在创业阶段的初期，企业处于不确定的发展环境中，面临高度的生存风险，在融资方面大多只能依靠自我融资或亲戚朋友的支持，或者从外部投资者处获得"天使资本"。此时，企业家可以利用自己创业前已形成的社会网络资源进行融资，主要针对的对象是有着血缘关系的亲人和已经建立信任关系的朋友。随着企业的不断发展，有了前期经营的基础，且发展潜力显现，而企业的资金需求量也比以前增大，此时，依靠个人资金已无法满足企业的需求，企业也逐渐具备了机构融资的条件。

最后是进行融资谈判，争取使潜在的投资者提供更多的资金资源。通常投资者在决定创业投资对象的时候，往往考虑两个要素：第一是优秀的创业团队；第二是良好的商业机会。在创业团队方面，投资者希望看见企业家诚实可靠、不断进取和对企业充满激情。在商业机会方面，投资者通常寻找那些能够证明新企业机会的价值和企业家获取这种价值的能力的证据。所以，在进行融资谈判的时候，企业家应该表现出自己的诚意和热情，向投资者展示其产品接受度、适当的战略、精心设计的生产计划和具有吸引力的产品描述等。

3. 推介产品和开拓市场

在企业创业阶段初期，应当尽快开拓正确的细分市场。只有有效进入到自己的目标市场，企业才可能实现自己的价值，并获得稳定的现金流。企业家此时的焦点活动之一就是怎么样开拓市场。

首先，市场开拓的基础在于对目标市场的定位。无论是生活消费品市场还是生产资料市场，企业家都得先对市场进行细分。接着，在此基础上，根据市场的吸引力和企业自身的生产经营能力，确定企业的服务范围和具体对象。如前文所述，在进行市场定位时，要采取利基策略或者蓝海策略，即选择一个需要没有被服务好或者没有被发掘的小市场。

在进行准确的市场定位后，可以通过科特勒提出的经典的4P组合策略进行产品的有效营销。4P策略分别为产品策略、价格策略、分销策略及促销策略。其中，产品策略是基础，而价格策略是最关键，分销策略是保证，促销策略是手段。

关于产品策略。在市场经济的条件下，市场已经从卖方市场转变为买方市场，任何一个企业只有提供满足顾客需求的产品，才能得以生存和发展。创业阶段的产品大多处于其生命周期的导入期或成长期，其质量通常不够稳定。此时，企业家应把注意力放在为顾客提供价值主张的优势上，保证顾客未满足的需求得到实现。因此，这就要求企业家要根据顾客的意见不断地对产品进行创新，以紧紧抓住自己的目标市场，吸引并且留住顾客。

我国民营企业家胜任力结构及其跃迁机理研究

关于价格策略。制定最优的价格策略对于企业家而言是一个严峻的挑战。定价太低可能对企业的长期效益产生不可预期的影响,甚至可能维持不了企业的日常经营。而定价太高也会导致严重后果,因为过高的价格会产生购买壁垒,对于新产品的影响尤其显著。在创业阶段,企业以创新优势为基础,壁垒较高,竞争激烈程度相对较弱,可以采用撇脂定价策略,在有限的市场份额上获取较高的利润。然后,随着竞争者的出现,企业家应当基于竞争对手的定价策略来修订自己的价格策略。

关于分销策略。在创业阶段的初期,销售渠道的建立通常十分困难,此时,企业家可以寻找合适而成熟的渠道商而不是自建销售渠道来销售自己的产品。企业家应当优先考虑与成熟的渠道商建立合作伙伴关系,渠道合作伙伴关系能够加速企业的发展,保护资源和转移风险,但企业家必须有效管理并监控与渠道合作伙伴的关系。随着市场的慢慢扩张,销售额的快速增长,企业必须逐渐弱化对合作渠道伙伴的依赖,以建立自己独立的销售渠道去消除潜在的市场风险。也就是说,企业家需要在渠道设计与渠道合作伙伴关系的决策之间寻求平衡点,实现企业自身利益最大化。

关于促销策略。在创业阶段,企业家需要高水平的促销努力,并投入大量的费用进行促销活动。积极进行促销活动可以达到三个目标:告诉潜在的顾客新的和他们不知道的产品、引导顾客试用该产品、使产品通过零售网点得以分销。企业家需要在资金资源有限的情况下,制定最有效的促销策略,为产品塑造出符合自身特点的产品形象,以吸引目标市场中顾客的关注。

三、企业成长守业阶段的难题与企业家的焦点活动

守业阶段是指企业规模达到一定程度并走向成熟,管理趋于制度化和规范化的阶段,即企业周期蜕变模型中的高速成长后期和成熟前期。守业不是静态地固守积存的企业资产,而是要在完善和优化企业资源的动态过程中,通过规范化的管理使企业资源实现优化配置、能力得以充分发挥。

(一)企业成长守业阶段的特征

1. **市场竞争——业内竞争加剧**

在创业初期,企业只需要找到并占领一个无人涉足的细分市场,就能很快取得成功,获得快速成长。但在守业阶段,企业的快速成长吸引了众多的竞争对手,改变了行业内的竞争状况。行业内的大企业可以凭借资金、技术优势,并依靠其固有的销售网络等条件向成长中的中小企业发起挑战,通过设置进入障碍、低价倾销、垄断中间商等方式来限制、阻止处在成长状态中企业的进一步发展。行业内众多的小企业则会"搭便车",对产品既不创新也不进行广告投入,只是一味地模仿,利用低成本和地域性销售优势抢占市场。众多竞争对手的加入使顾客及供应商有了更

第三章 基于企业成长不同阶段的企业家胜任力结构研究

多的选择,随着新产品在市场上经营时间的延长,顾客对产品成本、价格及众多企业间的竞争情况了解得越来越充分,竞价能力自然也会越来越强,此时的顾客往往要求较高的产品质量或索取更多的服务项目、更低的价格。顾客及供应商讨价还价能力的提高,使得企业实际已经处在一个日益激烈的竞争环境中。

初创企业一般是在行业内的某个细分市场进行经营,经过一段时间的运作,随着企业规模的扩大,初期的目标市场容量将无法支撑企业快速发展的需要,于是,企业家必须寻求经营拓展。一般说来,企业家会通过地域扩张或产业延伸等途径进行经营拓展。企业在地域方面的扩张往往受到区域文化、法律和市场环境的制约;产业延伸则会面临多元化经营相关障碍。这些情况都会使成长中的企业的运作环境变得复杂而难以预测,从而进一步增加了管理的复杂性。

2. 组织结构——趋于复杂

在守业阶段,无论员工数量、企业收入,还是企业资产,都已经达到一个较高的水平,与企业规模增大相伴,企业需要协调的事项增加,于是企业组织机构日趋复杂。

守业前期,单厂企业发展到一定规模,再扩大规模就会导致成本上升,效益降低,于是企业通过不断扩建新厂而成长,由单厂企业变成多厂企业。守业后期,企业规模越发庞大,并向集团化方向发展。随着分厂、分公司数量的增加,总公司的集权式管理便越来越不利于企业的成长,于是,一些业务或产品开始从总公司分离,成为独立的法人子公司,这些子公司会通过各种方式进一步发展。随着子公司、关联公司数量的不断增加,有些企业还跨出国门,在国外设立贸易、生产经营子公司,从而成为跨国经营的巨型企业。所以,企业管理模式也逐步由集权型向分权型发展。

由于经营领域的扩大、协调和沟通增多,专业化管理已成为主要管理方式。企业的规章制度也逐渐得以完善,管理日益规范化,一些先进的管理办法也受到重视。组织系统原来的创业者团队成员可能产生矛盾,其凝聚力开始削弱,保守思想滋生。企业内部逐渐形成一支具有专业素养、管理经验丰富的经理人队伍。企业高、中、基层管理者和不同职族岗位之间的分工趋于明确,如企业高层管理者主要从事经营战略、重大财务和人事决策以及公司例外事务的处理等。守业后期,伴随企业逐渐成熟,组织结构出现臃肿并滋长惰性,纵向各层次和横向各单位之间的沟通开始变得不顺畅,管理者的决策也变得有些迟缓。

3. 产品——量质稳定

守业期企业产品的生产销售进入稳定阶段,其量和质均达到并保持在较高水平。企业的产能高、产量大,要素资源投入达到一定规模后保持相对稳定水平。但如果品牌建设和产品更新换代策略不当,则产品市场前景不容乐观,因为一方面成熟老化的产品需要适时换代，否则难免出现衰败；另一方面，默默无闻的产品无法支撑企业持续成长。

4. 市场份额——快速增加

经过创业阶段的站稳脚跟，企业逐渐在市场上获得良好声誉，于是，企业销售业绩不断上升，市场份额快速增加。与此同时，企业建立健全了一个属于自己的营销网络。但随着众多竞争对手的进入，市场也逐渐趋于饱和，于是，在守业后期便会出现销售增长率下降，利润停滞不前甚至显著减少的局面。

5. 财务状况——稳定良好

相对于其它阶段，守业阶段企业的财务状况一般较为稳定良好。其一，守业阶段稳定的产品收入是企业重要的现金来源；其二，企业良好的业绩表现会自然拓宽其融资渠道；其三，趋于良好的企业预算和控制会帮助企业理财。所以，企业不但不会出现资金短缺，反而还可能会出现大量需要寻找投向的剩余资金。同时，企业资产达到一定规模后保持相对稳定，各种无形资产在资产配置中所有份额会不断增加，企业资产结构趋于科学合理。

6. 企业文化——渐趋规范

一般说来，创业阶段的所有活动都是以企业家为中心展开的。所以，企业家的行为风格代表了创业企业的文化。但随着企业规模的逐渐扩大，企业家的影响力逐渐下降，于是，企业家的创业精神和企业成长的历史沉淀，在企业家的倡导和推进下，以企业愿景、企业使命、企业精神等为表现形式的企业文化逐渐生成，并最终形成独特规范的企业物质文化、精神文化和制度文化。

（二）企业成长守业阶段的主要难题

1. 竞争优势缺乏

根据美国著名战略专家迈克尔·波特的观点："竞争优势来源于企业为顾客（消费者）创造的价值超过其成本的价值，价值是客户愿意支付的价钱，而超额价值产生于以地域对手的价格提供同等的效益，或者提供独特的效益以补偿高价而有余。"一般来说，提高产品价值有两种方式：一是提高现有产品的质量，降低现有产品的成本。但产品质量的提高和成本的降低都是有限的，因此，通过这一方式给消费者带来的价值提高也是有限的。二是着眼于产品本身的变化，不断地开发新产品，从而不断地适应并引导消费需求，这种方式给消费者带来的价值的增加则没有极限。在本质上，基于产品价值和顾客价值的竞争优势来源最终聚焦于企业主营业务的树立和产品品牌的打造。

需要注意的是，人力资源及其管理也是企业竞争优势的重要来源。首先，人力资源特别是携有异质型人力资本的人力资源，具有稀缺性和难以替代性，无疑，企

第三章　基于企业成长不同阶段的企业家胜任力结构研究

业获取和保留适于企业需要的人力资源可以增强企业的竞争优势；其次，人力资源管理是获取、保留和开发人力资源的活动，这类活动更具有稀缺性和难以替代性，是企业竞争优势的主要来源。

2. 运营效率递减

守业阶段企业所面临的难题之一是随着企业规模的不断扩展，企业运营效率递减。

创业型阶段的企业由于规模小，所以反应快，故企业即使在很大程度上存在不规范，如缺乏明确的目标、职责、计划或控制以及管理制度和流程，却依然能够灵活运转。然而，当企业发展超过了某种临界规模后，不规范的运作就会导致运营效率的下降。

急剧增大的企业规模，表面上使组织系统中职能部门的数量和功能显得不足，实质上是员工队伍和能力与组织的要求之间出现了差距。这些问题不加以重视，就会造成企业内外管理的困难，并导致企业难以适应外部环境的要求，体现为市场需求越旺盛，销量越大，企业的规模越大，管理越困难。这样，企业家可能会和普通员工一样，把全部精力都投入到了日常的事务之中，几乎没有时间思考企业的战略问题，从而使企业经营没有明确的计划，经营活动缺乏方向感。企业职能部门不断增多，但缺乏清晰的职能定位和责任划分，企业内部人员之间、部门之间的沟通协调不够顺畅，职责重叠和分工遗漏现象并存。

企业的进一步成长与组织能力不协调。或者说，随着企业规模的扩大，管理能力这种资源不像其它资源那样容易增加，从而可能导致规模不经济问题的出现。因此，如果企业的管理能力得不到提升，企业就无法驾驭自己正在高速成长的规模，从而掉入规模不经济的陷阱。

3. 创新精神减弱

企业初创成功以后的快速成长主要源于企业家或企业家团队创业设想的新奇，源于企业家及其团队在创业初期将创业计划付诸于实践。创业之后，企业家关注的核心问题是产品销售和生存，并将大部分精力和企业资源都投入到市场的拓展上，所以，会弱化甚至忽视基于创新的投入。

守业阶段创新精神的衰退一方面源于企业快速成长后经营思想的保守和惰性，另一方面还与企业规章制度的不断建立健全有关。成功可能滋生固守观念，制度则会强化按部就班，而这些都可能与创新强调灵活应变的精髓格格不入。

（三）企业成长守业阶段企业家的焦点活动

1. 培育核心竞争力

培育企业的核心竞争力实际就是打造或构建企业的长期竞争优势。

企业核心竞争力是指企业长期积累而形成的一种开发独特技术、发展独特产品和使用独特营销手段以维持企业长期的能力。它一般以企业的核心技术为基础，通过企业经营决策、生产制造、市场营销、组织管理等方面的协同作用，使企业获得持续竞争优势的能力。

企业核心竞争力对企业可持续发展有着重要意义。首先，它超越了具体的产品和服务，以及企业内部所有的业务单元，将企业之间的竞争直接升华为企业整体实力的对抗，其中核心竞争力是对抗的根本。企业核心竞争力可以增强相关产品市场上的竞争地位，促进相关的技术创新而获得利益。最后当市场不断变化，新技术层出不穷，竞争不断加剧时，核心竞争力能够维持企业的生存和发展。

企业核心竞争力的构建模式有两个，一种是自我发展构建内在企业核心竞争力。首先，企业要将资源集中于关键领域。核心竞争力的战略观念不鼓励企业进入那些与其核心优势缺乏较强战略关联的业务领域，只有建立在现存优势基础上的战略才会引导企业获取或保持持久的战略优势。所以，企业应更多地考虑自己现有的资源，在自己拥有一定优势的领域附近经营并创建品牌，而不是简单地考虑市场吸引力，盲目进入其它领域。其次，加快内部能力的积累。企业核心能力不是事先设计好的，而是通过无数与该核心竞争力相关的、自发的、高度不确定性的发生和成功的积累过程中产生出来的。因此，企业过去的能力积累将会对企业未来的核心竞争力发展产生重要影响。最后，以核心竞争力为依据，优化组织结构，强化核心竞争力。企业是一个能力的集合，而不是业务的组合，因而围绕核心竞争力的需要，进行组织设立和职责确定更有利于核心竞争力的形成及强化。

企业获取竞争力的另一种途径是兼并收购拥有企业所需要专长的企业，或与拥有核心技术的企业结成战略联盟。当受到企业内部资源和能力的约束及传统观念的束缚，通过自我发展构建核心竞争力困难很大或时间不允许时，企业可以吸收外部资源，以在较短时间内获得必要的能力要素。企业通过并购可以直接获得相应的核心竞争力，并实现核心竞争力在本企业的扩散，扩大核心竞争力的作用范围。如果企业已存在与被并购企业相类似的核心竞争力，并购能促进企业原有核心竞争力的发展。企业战略联盟可以使企业获得相应的学习机会，推动核心竞争力的研究与开发，促进企业形成新的核心竞争力或强化原有的核心竞争力。

2. **推进规范管理**

在守业阶段，企业家的活动还必须聚焦在如何通过建立健全管理的制度流程规范去提高企业运营效率上。通过创业阶段，企业家已经在外部市场运作和内部组织管理等方面积累了较为丰富的经验。但同时企业家也容易沉溺于过去的成功业绩中，慢慢形成认知刚性，由于对自身判断能力的过度自信，可能会越来越不重视和采纳他人的意见和建议，从而造成决策信息来源渠道趋于狭窄。这时决定企业成长

第三章　基于企业成长不同阶段的企业家胜任力结构研究

质量的重要因素是企业家的领导能力和经营管理能力，以及由此凝聚的管理资源。

在适应外部环境变化和规模不断壮大以后，企业由原来的自然人向法人身份转变，为了稳定经营，规范管理成为当务之急。于是，企业需要建立规范的治理结构需要和健全完善的管理制度与流程。

同时，随着企业的快速成长，企业会逐渐转变仅靠增加人、财、物进行扩张的成长方式，开始通过资本运作而扩展行业和业务空间。所以，企业需要在增强文化建设等软实力的基础上，明确自己的愿景、使命、精神以及战略规划等，并随时基于战略选择调整组织架构、界定组织角色、建立和完善组织管理和人才培养体系。此时，企业特别需要擅长计划、组织、激励、领导和控制等规范管理技能的专门管理人才。所以，企业在强调企业家精神的同时，必须面向社会广纳贤才。需要注意的是，"管理规范"并不等同于"官僚主义"，如果管理规范缺少文化的牵引和企业家精神的导向，就有可能导致组织快速臃肿和管理的官僚化。总之，企业实现从创业型企业到以企业家精神为导向的规范管理企业的转型绝不是一蹴而就之事，而是公司从混沌成长到有序发展的过程，转型涉及到文化建设和管理系统创建两个核心要项。

3. 激发创新精神

企业家在守业阶段还有一项焦点任务，就是如何防止和克服骄傲自满情绪，激发和保持企业的创新精神，千方百计挖掘企业潜力，持续提高企业的经济效益，以延缓企业衰退期的到来，并为企业展业做准备。

创新是企业发展的永续动力。按照熊彼特的创新理论，所谓创新就是建立一种"新的生产函数"，生产函数即生产要素的组合关系。也就是说，创新是将一种从来没有过的生产要素和生产条件的"新组合"引入生产体系，通过市场谋取潜在利润的活动过程（包括引入新产品、引进新技术、开拓新市场、开拓并利用新的原材料来源、采用新的生产组织和管理方式）。只有持续创新，企业才能不断发展。持续创新是指企业在一个相当长的时期内，持续不断地推出、实施新的创新项目（包括产品、工艺、原料、组织、管理、制度和市场等）的活动过程。通过持续创新，企业可以突破制约其持续发展的障碍，如通过观念创新，可以带来企业内部对传统固定思维模式的突破，以及对企业消费者和服务对象思维定势的改造；通过原材料创新，可以突破自然资源、原材料的限制；通过技术创新，可以获得技术上的优势；通过市场创新可以突破市场容量的极限等。因此，创新在时间上和效益上的持续性，决定着企业发展的持续性。

创新取决于创新能力，而创新能力又取决于获得知识及应用知识的能力，而这一切的基础则是如何有效地学习。鉴于知识和能力都具有一定的时效性，所以，企业应当通过不断的学习去提高、改进和累积新的能力。也就是说，学习是创新之源，不断提高企业的学习能力，使企业向学习型组织迈进，是企业成功实施持续创新，实现可持续发展的根本。

四、企业成长展业阶段的难题与企业家的焦点活动

（一）企业成长展业阶段的特征

正如人经过青年和中年的成长之后，会进入壮年达到鼎盛时期，然后逐渐呈现出生命力下降与衰退一样，企业成长在守业后期达到发展的顶峰以后便逐渐进入到成长乏力的阶段，于是遭遇发展停滞甚至倒退。展业阶段就是企业为应对生命周期衰退，对经营领域或经营业务进行调整或改造，或进行二次创业，拓展新领域，力图实现蜕变并进入新一轮生命周期循环的时期。

1. **市场竞争——加剧**

在经历了守业阶段的大力市场开拓以后，企业在逐渐拥有成熟市场的同时，更多的竞争对手进入到这个市场中，企业产品面临同类产品的激烈竞争。所以，就自己已有成熟产品而言，展业阶段企业所处的市场环境可以说是红海一片。此时，企业应对或摆脱激烈竞争的手段是升级老产品、开发新产品和开拓新市场，进行市场渗透或市场拓展。

2. **组织结构——臃肿官僚**

经过守业阶段的规范化运作，企业组织机构和管理制度得到了健全完善，企业各项事业在有序营运中成长。从创业初期到守业后期，企业的组织结构可能经历了从直线制到直线职能制，再到事业部制的演进。到展业阶段，原来为了促进各项事业发展而推行的事业部制，可能成为企业进一步成长的障碍，如体现分权优势的双层职能结构到后来演变为机构重叠臃肿，使组织沟通变得交错繁复，决策变得官僚缓慢。因此，可能产生多层领导甚至多头领导的局面，从而导致部门之间和员工之间的职权回归模糊，责任也越来越不清晰，管理效率低下。长此以往，甚至会形成保守、僵化和墨守成规的企业文化，最终危及企业生命。

3. **市场份额——增长乏力**

在守业阶段后期，企业产品已占据相当的市场份额，但是整个行业同类产品却出现增长停滞甚至负增长的局面，加之企业内部管理存在着严重的官僚化现象，所以，企业的市场份额提升乏力，利润也逐渐减少。

4. **产品——老化**

在守业阶段后期，企业原有生产条件和产品逐渐老化。所以，围绕产品升级换

第三章 基于企业成长不同阶段的企业家胜任力结构研究

代的企业技术改造,以及新工艺、新技术和新材料的开发和使用,成为展业阶段企业的当务之急。

5. 财务状况——不佳

进入守业后期,一方面,由于企业销售乏力和市场份额下降,加之企业经营成本无法减少甚至反而上升,企业利润急剧下降甚至亏损;另一方面,企业产品和市场开拓又需要投入大量资金,因此,企业财务状况呈现出逐步恶化的趋势。展业阶段企业的某些特征如资金短缺,让人不禁会联想,企业是不是又回到了创业阶段。但与创业阶段不同的是,展业阶段发生资金短缺,企业有较多的融资渠道提供支持。

(二)企业成长展业阶段的主要难题

1. 重塑战略

展业阶段,企业传统产品的销售额和利润额均出现下降,相关产品外部竞争剧烈,企业发展遭遇成长陷阱,需要进行战略梳理,重新审视和定位战略发展方向和进行战略转移。所以,如何制定并实施企业新的发展战略成为企业蜕变成长的主要难题。

2. 资源不足且配置劣化

虽然企业守业阶段累积了一些资源,但随着企业的不断成长,企业同时在积淀各种问题,如管理趋于僵化、效率降低等,这些问题可能直接导致资源配置扭曲。为了摆脱这种局面,企业需要进行战略调整与转换,这种战略调整与转换又需要大量资源。

为了摆脱企业成长陷阱,企业需要扩展新领域,其主要方式包括通过设备购置、产品研发和市场开发等活动进行自主创新进行市场拓展,利用兼并收购方式进行资本拓展,使用战略联盟方式进行渠道拓展等,这些活动一方面需要大量的财力投入和物力投入,另一方面更需要对应的专门人才做支撑。

3. 机构臃肿和文化僵硬

其实,展业阶段企业面临成长陷阱的重要表现就是决策迟缓、效率下降,其成因主要是企业内部机构臃肿、官僚化以及组织文化僵硬、保守。而要打破这些藩篱,其根本措施还在于如何大力推进组织创新与变革。

(三)企业成长展业阶段企业家的焦点活动

1. 推进企业重组或战略转移

在企业成长临近陷阱之前,企业家就应当意识到并着手企业战略的梳理,然后基于战略定位推进企业重组或战略转移。

展业阶段，企业家需要重新定位企业的主业，处置相关资产，对主业进行方向性调整。如果有必要，企业甚至应当逐渐淡出自己所处的行业，放弃原有经营方向，转向其他行业或领域。企业经营的转向要有战略预见性，在企业原有产品为企业贡献的利润、现金下滑之前，企业的基于产业或产品的经营调整就应当循序渐进地实施。如果要进行主业转移，企业家要对企业即将进入的新行业进行分析，包括行业竞争情况、上下游供应链、替代品、潜在进入者等外部环境的分析，同时企业家不能忽视对企业内部情况的分析，包括对企业优势、劣势、机遇和威胁等方面的检视。只有通过对企业内、外部环境条件的分析，才能明确企业所要进入的行业和企业进入该行业后的发展战略。

之后，企业家开始着手推进企业经营重心的转移。企业家可以变卖子公司、分公司资产或者自己拥有的股权，换取经营资本；也可以直接卖掉那些没有发展前景或不符合企业发展战略的业务；还可以引进外部战略投资者，优化公司股权结构、完善公司治理并重组经营业务。

2. 获取资源并重组资源

在展业阶段，为了实现战略重组或战略转移，企业需要大量资源。所以，企业家的焦点活动之一就是如何取得并重组这些资源。

首先，企业家可以利用国家政策或企业社会网络获取财务资源和人力资源。抓住国家对某一产业或行业倾斜支持的机会，企业不但可以获得财务资源，如国家补贴、优惠贷款等，而且作为先行者，容易成为行业领导者而取得竞争优势。另外，社会网络也是企业财务资源特别是特殊人力资源的重要来源渠道。如企业家可以通过社会网络吸引技术研发、资本运作、战略规划、国际经营等方面的专门人才，服务于企业转型扩张的需要。

其次，企业可以通过兼并与收购获取并重组资源。有目的的战略兼并与收购，可以使企业较为"廉价"地取得某类专用资产，也可以较为"快速"地取得某些具有专门价值的人才，还可以使企业较为"捷径"地取得某个领域或某个产品的品牌和商誉。所以，兼并与收购是企业获取并重组资源的重要方式。

再次，企业可以通过引入外部战略投资者，获取品牌资源，进而整合上下游产业链或业务链、强化研发能力、拓宽经营渠道等。特别是引进国外的战略投资者，还可以使企业实现全球采购、全球生产和全球营销，有助于将产品打入国际市场，实现全球经营的目标。

3. 推进组织变革与文化创新

如何推进组织变革和文化创新是展业阶段企业家的一项基础性、长期性焦点活动。所谓基础性就是指组织变革和文化创新活动对前述两类活动的效率和效果会产

第三章 基于企业成长不同阶段的企业家胜任力结构研究

生重要而长远的影响,而长期性是说组织变革和文化创新不能一蹴而就,是一个需要耗时的革新过程。

组织变革的目的就是消除结构臃肿和官僚化,提高沟通和决策效率。这就要求企业组织朝着较宽的管理幅度和较少的管理层次方向演进,实现组织结构的扁平化。一般而言,事业部制与矩阵制相结合的组织结构可以部分解决大企业集权与分权之间的有机平衡问题。这两种组织结构形式结合运用的优势在于,常规事项的分工由事业部分权解决,特殊项目的集中事项由矩阵组织集权处理。这种结合增强项目的弹性和机动性,能提高不同部门之间配合交流的机会,从而激发员工的创造力。同时矩阵制组织结构具有很强的协调性和资源共享性,可以有效协调和充分使用企业资源,进行关键项目攻关。

文化创新,就是革除企业成长过程中沉淀下来的僵化教条思想,官僚化行为作风,创造会想、敢拼、能赢的组织气氛,其目的在于纯洁管理作风和提高决策效率。文化创新涉及物质文化、精神文化和制度文化的重建,可以从制度文化变革着手,改变物质文化形式,厘清精神文化,其根本在于重建精神文化。

五、小结

前述,我们主要讨论了企业不同成长阶段的特征以及在成长不同阶段企业所面临的难题和企业家的焦点活动。这里将其主要内容总结如表3-2、3-3所示。

表3-2 企业成长不同阶段的特征

特征	企业成长阶段		
	创业	守业	展业
市场竞争	高度不确定性 行业竞争弱	业内竞争趋烈 多样化竞争	剧烈 全方位竞争
组织结构	非正式 集权领导	正式复杂 分权专业化管理	臃肿官僚 集权合法化
市场份额	由低渐高 有潜力	快速增加 市场趋于饱和	增长乏力 市场饱和
产品	新颖 不稳定	量质稳定 渐趋老化	老化 更新换代
财务状况	资金缺口大 融资渠道狭窄	稳定良好 资产配置多元化	不佳 资产配置结构劣化
文化	非规范化 企业家文化	渐趋规范 企业文化	僵化 官僚文化

表3-3　　　　　　　　　　　　　　　　　　　　企业成长不同阶段的难题与企业家的焦点活动

企业成长阶段	企业的主要难题	企业家的焦点活动 焦点事项	具体活动
创业	机会难握	寻找、识别和捕捉创业机会	寻找创业机会；识别创业机会；捕捉创业机会
	资源匮乏	寻找并取得人力、财力资源	寻找合作伙伴；获取财政支持；获取关键人力资源
	市场弱小	推介产品和开拓市场	宣传推介产品；开拓市场
守业	竞争力缺乏	培育核心竞争力	对产品重新定位；选择主营业务；做大做强品牌；权衡多元化经营；企业其他核心竞争力的培育
	营运效率递减	推进规范管理	优化组织结构；再造业务流程；规范和完善管理制度；明确资源配置方向；提高执行力
	创新精神减弱	激发创新精神	从企业发展史中提炼企业价值观；弘扬企业创新精神；塑造企业英雄；规范企业文化
展业	重塑战略	推进企业重组或战略转移	产品或服务创新；突破发展方向和战略转移；拓展新的经营领域；收缩经营领域
	资源不足且配置劣化	获取资源并重组资源	寻求政府政策支持；利用企业网络获取财务资源；获取和留住关键人才
	结构臃肿和文化僵硬	推进组织变革和文化创新	创新组织结构；创新企业文化；调整利益关系

第三节　企业家的焦点活动与企业家胜任力结构

一、企业家胜任力结构已有研究的取向

前已述及，在胜任力研究发展的30余年中，关于企业家这一特殊群体的胜任力研究，已经形成了较为丰富的成果累积。由于对企业家概念的界定还众说纷纭，加之对胜任力的诠释也各执一词，所以学者们对企业家胜任力的研究也视角多样，观点不一。

从胜任力结构寻源依据上，我们可以以将已有的企业家胜任力结构研究归纳为两类：一类从工作要求出发去寻找创造高绩效的企业家特质或企业家行为，进而诠释企业家胜任力结构；另一类从成功企业家群体出发去寻找企业家成功的原因，进而

第三章　基于企业成长不同阶段的企业家胜任力结构研究

揭示企业家胜任力结构。

McClelland（1973）、Boyatzis（1982）、Spencer夫妇（1993）等从工作要求出发对企业家胜任力结构进行了诠释，比如McClelland（1973）的研究结果表明，各类管理者具有两类通用胜任力：一类为个体内部的优秀特质，如成就动机、主动性和概括性思维等，这类特质在实践中表现为不同寻常的进取心，或者是想把事情做好的成就欲，或者是提前思考和计划所做事项的风格；另一类为个体对工作群体的组织特征，如影响他人、形成团队意识或群体领导等，这类特征在实践中表现为如何使工作组织得更好，或者是影响他人（影响力），或者是理解组织的政策（组织洞察力）。管理者若要获得高绩效，至少应在上述特征中有一个特征很突出。Spencer夫妇（1993）延续前面的观点，对以前20年的管理胜任力结构研究成果进行了总结，从成就、思维和问题解决、个人成熟、影响、指导与控制以及体贴他人等5个方面，构建了包括20项胜任力要素的企业家胜任力结构模型。后来，我国学者时勘等人（1999）基于中国背景的一项研究验证了McClelland的前述研究结论。时勘、王继承和李超平（2002）的一项关于中国通信业高层管理者胜任力结构的研究验证了Spencer等人（1993）的相关结论。

与前述研究不同，另一些研究从成功企业家群体出发，用归因的方法对企业家胜任力进行了揭示。麦克里兰（1987）对成功企业家的行为归因后认为，企业家胜任力结构包括前瞻性、成就导向和承诺。接着，Mitton（1989）使用观察者——研究者——从业者的方法确定了一系列成功企业家的行为，这些行为包括远景、抓住特别的机会、承担责任、对控制的把握、是非明辨、喜欢不确定性、使用关系、提高能力和拥有特定应会的知识。在Hood和Young（1993）看来，影响企业家成功的因素主要有创造性知识、技能和行为、精神和个人特征。Bird（1995）则将成功企业家的胜任力结构概括为4个必要的行为：随时保持警觉、维持战略焦点、进行企业联合和发展意识。Gasse等人（1997）的研究也就表明，成功企业家的胜任力结构要素主要包括：明晰的公司愿景、（设定）使命、战略规划、人际技能、领导力、授权与指导、多方法培训、系统组织能力、直觉管理、决策制定、认知和信息处理、行业和企业背景知识、理财能力、专业技能、企业家精神、创新等。2004年，Jay A.Conger 和 Douglas A.Ready对企业经营者管理胜任力模型的开发运用进行了总结。他们认为有7种核心胜任力要素是每一个成功经营者应该具备的，即建立公司价值导向（Model the values）、创造拓展点（Create external focus）、预见并把握未来的变化（Anticipate change and prepare for the future）、优秀的执行力（Implement with quality, speed, and value）、带领大家达成目标（Achieve results with people）、评价与行动（Evaluate and act）和学习与分享（Share and learning）。21世纪初以来，我国一些学者如苗青和王重鸣

（2003）、仲理峰、时勘（2004）林泽炎和刘理晖（2007）等也采用归因的方法对企业家胜任力的结构问题进行了卓有成效的研究。

特别值得注意的是，现有大多数研究（如Conger & Ready，2004；Durkan，Harrison，Lindsay & Thompson，1993；Hunt，1998；McClelland，1973；Spencer，1989等）都明示或暗含，企业家胜任力结构是通用的，不会因企业成长而需要改变。近些年，随着研究的深入，通用性质的企业家胜任力模型研究越来越受到学者们的质疑，一些学者开始拓展研究视野，将研究焦点放在企业家胜任力与其它相关因素的关系上，比如企业家胜任力与企业竞争力之间的关系（苗青、王重鸣，2003）、转型时期的企业家胜任特征探索（林泽炎、刘理晖，2007）和企业家胜任力与企业生命周期或成长阶段之间的关系（戴国富、程水源，2007），还有的研究了企业家能力与企业生命周期的适配性问题（张焕勇、杨增雄、张文贤、鲁德银，2008）等。但这些研究要么视觉过于宽泛，导致研究结论泛化、抽象，难以理解，要么聚焦太过狭窄，只注重了对胜任力要素的某一方面，比如能力的诠释，造成研究结论无法完全涵盖研究主题和难以合理解释假设。

二、企业家胜任力和企业家胜任力结构的概念界定

根据前述对胜任力概念、企业家概念和企业家胜任力结构相关研究的回顾，结合本课题的研究主题，我们认为，企业家胜任力就是指企业家在其从事的一系列焦点活动中表现出来的能够被可靠测量且有效区分优异者与平平者的个性（individual）、知识（knowledge）、能力（ability）、自我形象（self-image（或社会角色，social role））、态度（attitude）和价值观（values）等特征的集合。上述定义蕴含三个要点：其一，企业家胜任力与企业家工作绩效相联系；其二，企业家胜任力能够区分优秀企业家和一般企业家；其三，企业家胜任力与活动（或任务）情景相联系，是动态的。

我们认为，在企业不同阶段，由于其面临的难题不同，企业家焦点活动内容也肯定有所差异，随着企业的成长，企业家焦点活动内容也在改变，要顺利履行不同的企业家焦点活动，必须要有与之相适应的企业家胜任力结构（如图3-2所示）。

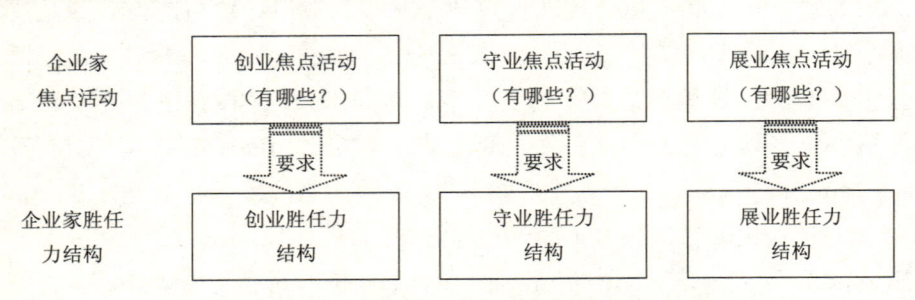

图3-2 企业家的焦点活动与企业家胜任力结构

第三章　基于企业成长不同阶段的企业家胜任力结构研究

与之相对应，企业家胜任力结构就是指在一定社会经济环境下，能够从事创业、守业或展业活动并创造高绩效的人（Performance approach）或从事过前述活动的成功者（Attribute approach）所具备的个性、知识、能力、自我形象（或社会角色）、态度和价值观等特征的集合（Bird，1995；Thomas，Man，Lau & Chan，2002，2005）。与企业成长不同阶段企业家焦点活动相匹配，企业家胜任力结构可以分为创业型胜任力结构、守业型胜任力结构和展业型胜任力结构。

三、企业家焦点活动与企业家胜任力结构

前述我们回顾了企业家胜任力结构的已有研究状况，并讨论了企业家为了解决企业在成长不同阶段所面临的不同难题，企业家需要履行不同的焦点活动。以下我们试图按照我们的理解，根据企业家在企业成长不同阶段需要履行的焦点活动，企业家胜任力结构的已有研究成果或观点进行归纳、总结和分类，梳理出一个分类的企业家胜任力结构体系（如表3-4所示）。

如表3-4所示，我们将企业家胜任力结构从横向分成了两类，即适用于企业成长所有阶段的通用胜任力和对应于企业成长不同阶段的专用胜任力；从纵向分成三类，即创业胜任力结构、守业胜任力结构和展业胜任力结构（宋培林，2010）。

在对11位在职企业家进行深度访谈的基础上（访谈大纲如附录一所示），我们对上述观点进行重新思考、梳理、分解、合并和补充完善，将企业家胜任力结构从横向细分为个性、能力和行为三个维度（如表3-5所示）。

由表3-5可知，企业家的胜任力结构由个性特征、能力特征和行为特征构成。个性特征是指企业家的稳定的心理特点；能力特征是指潜藏在企业家身上的能动力；行为特征是指企业家在工作活动中表现出来的取向和方式，行为特征由企业家的价值观和态度所决定。通用胜任力结构包括个性特征、能力特征和行为特征，个性特征有主动、自信、直觉、冒险、持久性和成就欲；能力特征有学习与创新能力、信息搜寻与处理能力、组织与决策能力；行为特征有协调关系、关注效率、识人用人。创业胜任力结构包括能力特征和行为特征，即能力特征有资源获取能力、分析与判断能力、机会捕捉能力；行为特征有勾画愿景、未来承诺、权威导向、个人表率。守业胜任力结构包括能力特征和行为特征，即能力特征有资源配置能力、团队建设能力、文化营建能力；行为特征有战略规划、指导与授权、品牌提升、服务客户。展业胜任力结构包括能力特征和行为特征，即能力特征有资源整合能力、市场创造能力、资本运作能力；行为特征有保持警觉、危机处理、影响他人、关注成本。

我国民营企业家胜任力结构及其跃迁机理研究

表3-4　　　　　　　　　　　企业成长不同阶段的企业家焦点活动与企业家胜任力结构

企业成长阶段	企业家焦点活动	企业家胜任力结构 专用	通用
创业	寻找创业机会；识别创业机会；捕捉创业机会	主动、冒险、自信、直觉、自我驱动、成就欲、持久性、效率导向、发现和抓住机会的能力、资源获取能力、推销能力、说服能力	学习、创新、信息搜寻与决策、了解环境与自己的关系、对商业关系的重视、组织与决策
	寻找合作伙伴；获取财政支持；获取关键人力资源		
	宣传推介产品；开拓市场		
守业	对产品重新定位；选择主营业务；做大做强品牌；权衡多元化经营；企业其他核心竞争力的培育	承诺、授权、监控、愿景、战略导向、系统计划、关注质量、客户服务意识、沟通能力、配置资源的能力、人际洞察能力、团队建设能力、文化营建能力	
	优化组织结构；再造业务流程；规范和完善管理制度；明确资源配置方向；提高执行力		
	从企业发展史中提炼企业价值观；弘扬企业创新精神；塑造企业英雄；规范企业文化		
展业	产品或服务创新；突破发展方向和战略转移；拓展新的经营领域；收缩经营领域	主动、自信、自我驱动、成就欲、持久性、权威导向、保持警觉、战略眼光、影响他人、关注成本、资源获取能力、整合资源的能力	
	寻求政府政策支持；利用企业网络获取财务资源；获取和留住关键人才		
	创新组织结构；创新企业文化；调整利益关系		

表3-5　　　　　　　　　　　企业家的通用胜任力结构与专用胜任力结构

阶段 \ 项目	专用 能力	专用 行为	通用 个性	通用 能力	通用 行为
创业	资源获取能力、分析与判断能力、机会捕捉能力	勾画愿景、未来承诺、权威导向、个人表率	主动、自信、直觉、冒险、持久性、成就欲	学习与创新能力、信息搜寻与处理能力、组织与决策能力	协调关系、关注效率、识人用人
守业	资源配置能力、团队建设能力、文化营建能力	战略规划、指导与授权、品牌提升、服务客户			
展业	资源整合能力、市场创造能力、资本运作能力	保持警觉、危机处理、影响他人、关注成本			

第三章 基于企业成长不同阶段的企业家胜任力结构研究

首先，无论企业处于什么阶段，对企业家个性特质的基本要求都是趋于一致的，不会因企业成长阶段不同而存在很大差异，而在行为特征和能力特征方面，有专用和通用之别。企业家个性特质的基本要求是由企业家这个特殊角色所决定的，作为企业的领导者，他必须主动、率先垂范；作为企业的导航人，他必须自信、做事坚持并渴望成功；作为企业的决策者，他需要凭直觉进行洞察和判断；作为企业的探索者，他需要冒险。而企业家作为企业领导者、导航人、决策者和探索者的这些角色，是企业成长所有阶段都不可或缺的。

其次，在企业成长的各个阶段，企业家首先需要具备学习与创新能力，这不仅是因为企业家要随着企业成长通过学习活动等实现企业家胜任力结构的自我跃迁，还因为企业家在组织学习和员工个体学习过程中扮演着导向者的角色。另外，企业家的本质是创新（熊彼特，1912），企业家的创新性活动贯穿于企业的整个成长过程，在创业阶段企业家要开发新产品、开拓新市场，在守业阶段企业家要规范和完善管理制度、营建企业文化，在展业阶段企业家要进行市场创造、拓展新的经营领域、创新组织结构和革新企业文化等，这些活动都要求企业家应具备创新能力。同样，为了促进企业持续成长，在企业成长的所有阶段都离不开企业家正确地搜寻和处理信息，而且企业家在任何时候都需要组织和统筹资源，恰当地进行各类决策。另外，在企业经营过程中，企业家的日常管理行为实际上大量是在协调企业内外部各种关系，或通过选用人才委托他人来高效率地处理这些关系。

再次，在专用胜任力方面，针对企业家在企业成长不同阶段所履行的焦点活动，企业家应具有相对应的胜任力结构。比如在创业阶段，企业家为了寻找、识别和抓住创业机会，就需要具备分析与判断能力、机会捕捉能力；为了寻求合作伙伴、获取财政支持，就需要具备资源获取能力。为了吸引合作伙伴长期合作，就需要企业家勾画愿景、承诺未来；在整个创业过程中，企业家必须坚持用权威引导企业的成长方向，并在各项活动中率先垂范。在守业阶段，企业家的焦点活动是围绕品牌建设、人才培养、规范管理和文化营建而展开的。所以，守业型企业家胜任力结构的能力维度包括资源配置能力、团队建设能力和文化营建能力；同时，守业型企业家应当通过战略规划行为引导员工，利用指导与授权行为培养和激励员工，使用品牌提升和服务客户行为塑造企业形象，巩固市场地位。展业阶段企业家的焦点活动与创业阶段企业家的焦点活动具有某种相似性，比如寻找创业机会与实现企业战略转移具有相似性，两个阶段都存在资源不足而需要从事获取资源的活动等，不同的是创业阶段企业家活动的主要目标是"如何做到从无到有"，展业阶段企业家活动的主要目标则是"从可能没有到继续拥有"或"从平庸生存到独特发展"。为了拓展、收缩或转移经营，为了保留和整合资源，为了创新管理和调整利益关系，企业家需要具备资源整合能力、市场创造能力和资本运作能力。为了预见风险、消除危机，实现企业转型或蜕变，企业家需要保持警觉，以降低成本或其他恰当的方式通过影响他人进行危机处理。

四、小结

围绕企业成长与企业家胜任力结构，我们在之前的研究中讨论了这样几个问题：（1）企业成长过程的创业、守业和展业阶段划分；（2）企业成长过程中创业、守业和展业阶段所面临的难题；（3）为了解决企业成长过程中创业、守业和展业阶段所面临的难题，企业家要履行的焦点活动；（4）企业家要顺利履行企业家焦点活动应当拥有的通用胜任力结构和专用胜任力结构。在此，我们将相关内容归纳总结如图3-3所示。

第三章　基于企业成长不同阶段的企业家胜任力结构研究

成长阶段\项目		创业期		守业期		展业期
生命特征		孕育、生存		成长、稳定		危机、蜕变
企业难题		怎样识别并捕捉机会；怎样寻找并获得资源；怎样使消费者认知并接受产品		怎样选择企业的主营业务并做大做强品牌；怎样规范企业运作流程与管理制度；怎样营建企业文化		怎样突破产品老化瓶颈，进行战略转移；怎样整合资源；怎样消除机构臃肿和革新官僚文化
企业家焦点活动		寻找创业机会的活动；识别创业机会的活动；捕捉创业机会的活动；寻找合作伙伴的活动；获取财政支持的活动；宣传推介产品的活动；开拓市场的活动		对产品重新定位的活动；选择主营业务的活动；做大做强品牌的活动；权衡多元化经营的活动；企业其他核心竞争力的培育活动；优化组织结构的活动；再造业务流程的活动；规范和完善管理制度的活动；明确资源配置方向的活动；提高执行力的活动；从企业发展史中提炼企业价值观的活动；弘扬企业精神的活动；塑造企业英雄的活动；规范企业文化的活动		产品或服务创新的活动；突破发展方向和战略转移的活动；拓展新的经营领域的活动；收缩经营领域的活动；寻求政府政策支持的活动；利用企业网络获取财务资源的活动；获取和留住关键人才的活动；创新组织结构的活动；创新企业文化的活动；调整利益关系的活动
企业家专用胜任力结构	能力	创业型	资源获取能力、分析与判断能力、机会捕捉能力	守业型	资源配置能力、团队建设能力、文化营建能力	展业型	资源整合能力、市场创造能力、资本运作能力
	行为		勾画愿景、未来承诺、权威导向、个人表率		战略规划、指导与授权、品牌提升、服务客户		保持警觉、危机处理、影响他人、关注成本
企业家通用胜任力结构	个性	主动、自信、持久性、成就欲、直觉、冒险				
	能力	学习与创新能力、信息搜寻与处理能力、组织与决策能力				
	行为	协调关系、关注效率、识人用人				

图3-3　企业成长不同阶段的难题、企业家焦点活动和企业家胜任力结构

第四章
企业家胜任力结构的实证分析

第一节 企业家胜任力结构的预测试

一、预测试实施概况

（一）预试问卷设计

本研究在前述研究的基础上，通过E-Mail方式广泛征求专家学者的意见，开发了预测试问卷。问卷主要由"民营企业家在'创业、守业和展业'过程中的'通用胜任力结构'调查"、"民营企业家在'创业'时需要具备的'胜任力结构'调查"、"民营企业家在'守业'时需要具备的'胜任力结构'调查"和"民营企业家在'展业'时需要具备的'胜任力结构'调查"4个部分组成，每部分题项数存在差异（如附录二所示）。

（二）预测试调查实施

本研究预测试采用纸质问卷调查方式，调查对象是厦门大学EMBA与MBA部分班级，共发放问卷246份，回收问卷219份。其中，有效问卷为203份，问卷回收有效率为82.52%。

（三）预测试研究方法

本研究利用SPSS17.0对预测试数据进行因子分析。本研究通过因子分析来检验各量表的结构效度，采用主成分分析法提取因子，并以最大变异数法进行正交旋转。在对量表进行探索性因子分析时不限定抽取因子数，而是以特征值大于1为抽取因子标准。首先，删除因子载荷值低于0.4的题项（Hair, Anderson, Tatham, Black & Babin, 2006；吴明隆，2010）；其次，对在一个因子中归类不妥的项目，如果其在其他因子上也有较高负荷，则按照题项语义和内在逻辑进行相应调整，归入合适的因子。

二、企业家通用胜任力结构因子整合与命名

本研究使用SPSS17.0软件进行主成分分析（Principal components analysis），删去各因子上负荷值低于0.40的项目。首先，根据分析的结果，各因子提取情况、方差贡献率和总体方差贡献率如表4-1所示。

其次，对在一个因子中归类不妥的项目，如果其在其他因子上也有较高负荷，则按照题项语义和内在逻辑进行相应调整，归入合适的因子。从表4-1可知，A14（喜欢面对并克服困难）虽在第5因子（关注效益）中有高负荷（0.671），但在第3因子（成就欲）中也有较高负荷（0.475），且在语义解释上更为合理，因此，将A14归入第3因子（成就欲）。A15（善于从书本、培训等正规教育中获得知识）在第5因子（关注效益）中有高负荷（0.685），但在第8因子（学习能力）上也有较高负荷（0.410），且在语义解释上更为合理，因此，将A15归入第8因子（学习能力）。A4（相信自己一定能够成功）在第3因子（成就欲）中有较高负荷（0.553），但在第6因子（自信坚韧）中的负荷更高（0.600），且在语义解释上更合理，因此，将A4归入第6因子（自信坚韧）。A20（敢于打破常规做事）在第3因子（成就欲）中有一定负荷（0.422），在第7因子（创新）中有更高负荷（0.492），且在语义解释上更合理，因此，将A20归入第7因子（创新）。

经过如上归并后，因子1含有6个题项：A22（根据需求筛选出关键信息）、A23（能根据需要对信息进行加工）、A24（将各类资源按某种目的合理组合起来）、A21（善于从多种渠道搜集各类信息）、A6（对各种信息的敏感度高）、A9（能够潜心解决难题）。这些题项除了A9外，都是关于资源，尤其是信息资源的搜寻、处理能力，因此考虑删除A9；此外，A22（根据需求筛选出关键信息）与A23（能根据需要对信息进行加工）在语义上联系紧密，将二者合并为"根据需求加工并筛选出关键信息"。将整合后的4个题项命名为"信息搜寻与处理能力"。

第四章 企业家胜任力结构的实证分析

表4-1　　　　　　　　　　　　　　　　　　　　　旋转成分矩阵及方差贡献率

	因子									
	1	2	3	4	5	6	7	8	9	10
A22	.735									
A23	.723									
A24	.711									
A21	.625									
A6	.513									
A9	.499									
A26		.741								
A28		.723								
A27		.668								
A29		.639								
A12			.778							
A13			.707							
A35				.854						
A34				.793						
A33				.517						
A15					.685			.410		
A14			.475		.671					
A25					.563					
A30					.522					
A3						.724				
A11						.629				
A4			.553			.600				
A5						.472				
A10						.405				
A18							.818			
A19							.756			
A20			.422				.492			
A32							.434			
A16								.677		
A17								.659		
A7									.779	
A8									.770	
A1										.784
A2										.777
方差贡献率%	9.72	8.605	7.088	7.045	6.833	6.737	6.694	5.075	5.010	4.815
总体方差贡献率　67.622%										

提取方法：主成分分析法；旋转法：具有 Kaiser 标准化的正交旋转法；旋转在12次迭代后收敛。

因子2含有4个题项：A26（在复杂条件下做正确决定）、A28（善于识别人才）、A27（善于寻找人才）、A29（善于使用和激励人才）。除了A26这一题项外，其他三个题项都是属于"识人用人"这一维度的，因此，考虑删除A26，将剩余的3个题项命名为"识人用人能力"。

因子3含有3个题项：A12（强烈渴望获得成功）、A13（采用各种方法以达成目标）、A14（喜欢面对并克服困难）。这三个题项都属于对成功的渴望以及为此付出努力，因此，将此因子命名为"成就欲"。

因子4含有3个题项：A35（与金融机构建立良好关系）、A34（与政府部门、公众媒体建立良好关系）、A33（协调股东、员工与客户之间的关系），这些题项反映的是与企业内外部利益相关者打交道，因此，命名为"协调关系"。

因子5含有2个题目：A25（能用科学方法和手段在多方案中选择最优方案）、A30（有很强的时间观念）。这两个题项，一方面是强调效率（A30），另一方面是追求最佳效益（A25），因此，命名为"关注效益"。

因子6含有5个题项：A3（相信自己所做的事情都正确）、A11（能长时间专注于完成枯燥但重要的事情）、A4（相信自己一定能够成功）、A5（相信所有的困难都有解决办法）、A10（将自己认准的事情做到底）。这5个题项都属于个性层面，其中，A3、A4和A5属于个性中的"自信"，并且A3（相信自己所做的事情都正确）与A4（相信自己一定能够成功）语义相近，将其合并为"相信自己所做的事情都正确并能够取得成功"。A10和A11属于个性中的"持久性"。将合并后的4个题项命名为"自信坚韧"。

因子7含有4个题项：A18（脑子里经常涌现新想法）、A19（善于发现解决问题的新方法、新手段）、A20（敢于打破常规做事）、A32（注重投入与产出的比较）。其中，A32（注重投入与产出的比较）与其他几个题项在语义上关联很弱，其余题项都是关于创新能力的，因此考虑删除A32这一题项，并将该因子命名为"创新能力"。

因子8含有3个题目：A15（善于从书本、培训等正规教育中获得知识）、A16（善于从社会关系中丰富知识）、A17（善于从实践活动中整合知识）。这些题项反映的是从各种渠道不断学习，因此，命名为"学习能力"。

因子9含有2个题目：A7（凭直观快速洞察事物变化）、A8（通过本能获得对事物的整体认知）。这两个题项反映的是敏感性和直觉，因此，命名为"直觉"。

因子10含有2个题项：A1（主动发现并解决问题）、A2（积极行动并对可能发生的事情提出预案）。这两个题项反映的是积极主动，未雨绸缪，因此，命名为"主动"。

归纳起来，经过因子整合后的企业家通用胜任力结构因子和题项如表4-2所示。

第四章　企业家胜任力结构的实证分析

表4-2　　　　　　　　　　　　　　　　　　　　企业家通用胜任力结构因子与题项

胜任力层次、维度			原序号	新序号	题项
通用胜任力结构	个性	主动	1	1	主动发现并解决问题
			2	2	积极行动并对可能发生的事情提出预案
		自信坚韧	3	3	相信自己所做的事情都正确并能够取得成功
			5	4	相信所有的困难都有解决办法
			10	5	将自己认准的事情做到底
			11	6	能长时间专注于完成枯燥但重要的事情
		直觉	7	7	凭直观快速洞察事物变化
			8	8	通过本能获得对事物的整体认知
		成就欲	12	9	强烈渴望获得成功
			13	10	采用各种方法以达成目标
			14	11	喜欢面对并克服困难
	能力	学习能力	15	12	善于从书本、培训等正规教育中获得知识
			16	13	善于从社会关系中丰富知识
			17	14	善于从实践活动中整合知识
		创新能力	18	15	脑子里经常涌现新想法
			19	16	善于发现解决问题的新方法、新手段
			20	17	敢于打破常规做事
		信息搜寻与处理能力	6	18	对各种信息的敏感度高
			21	19	善于从多种渠道搜集各类信息
			22	20	根据需求加工并筛选出关键信息
			24	21	将各类资源按某种目的合理组合起来
		识人用人能力	27	22	善于寻找人才
			28	23	善于识别人才
			29	24	善于使用和激励人才
	行为	关注效益	30	25	有很强的时间观念
			25	26	能用科学方法和手段在多方案中选择最优方案
		协调关系	33	27	协调股东、员工与客户之间的关系
			34	28	与政府部门、公众媒体建立良好关系
			35	29	与金融机构建立良好关系

我国民营企业家胜任力结构及其跃迁机理研究

三、企业家创业型胜任力结构因子整合与命名

本研究使用SPSS17.0软件进行主成分分析（Principal components analysis），删去各因子上负荷值低于0.40的项目。首先，根据分析的结果，各因子提取情况、方差贡献率和总体方差贡献率如表4-3所示。

表4-3　　　　　　　　　　　　　　　　　　　　　　　　　　旋转成分矩阵及方差贡献率

	因子 1	因子 2	因子 3	因子 4	因子 5	因子 6
B6	.724					
B10	.717					
B8	.704					
B7	.695					
B9	.474	.447				
B2		.716				
B5	.434	.701				
B3		.667				
B4		.626				
B1		.500				.413
B16			.867			
B15			.858			
B14			.566			.557
B17				.792		
B18				.606		
B12				.531		
B19					.855	
B20					.807	
B11	.426					.720
B13				.433		.455
方差贡献率%	15.733	13.640	10.967	10.258	9.648	8.373
总体方差贡献率67.622%						

提取方法：主成分分析法；旋转法：具有Kaiser标准化的正交旋转法；旋转在14次迭代后收敛。

第四章　企业家胜任力结构的实证分析

其次，对在一个因子中归类不妥的项目，如果其在其他因子上也有较高负荷，则按照题项语义和内在逻辑进行相应调整，归入合适的因子。从表4-3可知，B9（让员工理解并认同企业未来蓝图）虽在第2个因子（分析与机会捕捉能力）中也有较高负荷（0.447），但从语义解释上将其归入因子1（勾画愿景）更为合理，因此将B9归入到因子1（勾画愿景）中。B5（能察觉到未被使用并可满足潜在需求的资源）虽在第1个因子中也存在负荷（0.434），但其载荷不高，而且在含义理解上更适合将其放在第2个因子（分析与机会捕捉能力）中，因此，保留B5在第2个因子（分析与机会捕捉能力）中。与此相类似，分别将B1（能将复杂问题简单化）、B14（树立自己的威信）归入到第2（分析与机会捕捉能力）和第3因子（权威导向）中。题项B11（向合伙人描绘企业未来蓝图）同时在因子1（勾画愿景）与因子6中有载荷，B13在因子4（承诺表率）和因子6中有载荷，但是，从语义的解释上来看，B11与B13这两个题项所表达的内容相去甚远，因此，考虑将题项B11归入到因子1（勾画愿景）中，将B13归入到因子4（承诺表率）中。

整合调整后，因子1含有5个题项：B6（能通过各种方法获得财务资源）、B10（向媒体、合作者和客户描绘企业未来蓝图）、B8（能通过各种途径寻找到合作伙伴）、B7（能通过各种途径获得信息资源）、B9（让员工理解并认同企业未来蓝图）。再加上前文解释过的题项B11（向合伙人描绘企业未来蓝图）。其中，B6、B7和B8属于资源获取能力，而B9、B10和B11是属于未来描绘蓝图的行为，虽然这6个题项在统计上被划分为同一因子，但是从语义上，不适宜将此6个题项合并，因此，保留原有的两个描述，将因子1拆分为两个因子，即将B6、B7和B8命名为"资源获取能力"，将B9、B10和B11命名为"勾画愿景"。

因子2含有6个题项：B9（让员工理解并认同企业未来蓝图）、B2（能剖析复杂事项的规律性）、B5（能察觉到未被使用并可满足潜在需求的资源）、B3（能自如地应对和化解难题）、B4（能察觉到潜在需求）、B1（能将复杂问题简单化）。其中，题项B9更符合因子1中的描述，因此，将B9划分到因子1中。B1、B2和B3属于分析和判断能力的范畴，而B4和B5则属于机会捕捉能力的范围，因此，将该因子命名为"分析与机会捕捉能力"。

因子3包含3个题项：B16（借助个人权力推动工作执行）、B15（以自己为中心做决定）、B14（树立自己的威信）。这3个题项都属于行为中的权威导向，因此，将此因子命名为"权威导向"。

因子4包含3个题项：B17（重视行动，有工作激情）、B18（以自己的行动为他人树立榜样）、B12（向员工表明企业发展将为其带来什么利益）。再加上前文解释过的题项B13（向合伙人表明企业发展将为其带来什么利益）。B12和B13是领

75

导者的未来承诺,而B17和B18属于领导者个人的表率行为,因此,将此因子命名为"承诺与表率"。

因子5包含2个题项:B19(喜欢做新奇、有挑战的事情)、B20(喜欢参加有风险的活动,不怕失败)。这两个题项都属于冒险精神的行为,因此,将此因子命名为"冒险精神"。

因子6包含2个题项:B11(向合伙人描绘企业未来蓝图)、B13(向合伙人表明企业发展将为其带来什么利益)。其中,B11同时也在因子1上的载荷为0.426,在含义上与因子1更贴近,因此,将B11这一题项划分到因子1中;B13同时在因子4上也有载荷,为0.433,在含义上与因子4更贴近,因此,将B13这一题项划分到因子4中。这样一来,因子6的题项都被移到其他因子中,也就是因子6不存在了,但之前将因子1拆分为两个因子,因此,最后形成的仍旧有6个因子。

归纳起来,经过因子整合后的企业家创业型胜任力结构因子和题项如表4-4所示。

表4-4　　　　　　　　　　　　　　　　　　　企业家创业型胜任力结构因子和题项

胜任力层次、维度		原序号	新序号	题项
创业型胜任力结构	能力			
	分析与机会捕捉能力	1	1	能将复杂问题简单化并剖析出其规律性
		3	2	能自如地应对和化解难题
		4	3	能察觉到潜在需求
		5	4	能察觉到未被使用并可满足潜在需求的资源
	资源获取能力	6	5	能通过各种方法获得财务资源
		7	6	能通过各种途径获得信息资源
		8	7	能通过各种途径寻找到合作伙伴
	行为			
	勾画愿景	9	8	让员工理解并认同企业未来蓝图
		10	9	向媒体、合作者和客户描绘企业未来蓝图
		11	10	向合伙人描绘企业未来蓝图
	承诺与表率	12	11	向员工表明企业发展将为其带来什么利益
		13	12	向合伙人表明企业发展将为其带来什么利益
		17	13	重视行动,有工作激情
		18	14	以自己的行动为他人树立榜样
	权威导向	14	15	树立自己的威信
		15	16	以自己为中心做决定
		16	17	借助个人权力推动工作执行
	冒险精神	19	18	喜欢做新奇、有挑战的事情
		20	19	喜欢参加有风险的活动,不怕失败

四、企业家守业胜任力结构因子整合与命名

本研究使用SPSS17.0软件进行主成分分析（Principal components analysis），删去各因子上负荷值低于0.40的项目。首先，根据分析的结果，各因子提取情况、方差贡献率和总体方差贡献率如表4-5所示。

表4-5　　　　　　　　　　　　　　　　　　　　　　　　　　　旋转成分矩阵及方差贡献率

	因子			
	1	2	3	4
C5	.729			
C4	.696			
C8	.683			.411
C6	.667			
C1	.614		.500	
C9	.576			
C10	.500	.479		
C12		.841		
C11		.795		
C16		.636		
C17		.573		.439
C15		.456		
C18		.418		
C14			.788	
C13		.470	.686	
C19			.681	
C3			.659	
C2	.510		.518	
C20			.504	
C22				.829
C21			.413	.717
C7	.453			.631
方差贡献率%	19.011	16.546	16.501	13.015
总体方差贡献率　65.073%				

提取方法：主成分分析法；旋转法：具有Kaiser标准化的正交旋转法；旋转在6次迭代后收敛。

我国民营企业家胜任力结构及其跃迁机理研究

其次，对在一个因子中归类不妥的项目，如果其在其他因子上也有较高负荷，则按照题项语义和内在逻辑进行相应调整，归入合适的因子。由表4-5可知，C8（明确企业宗旨、使命和价值观）虽然在第4个因子（仁慈关怀）上存在负荷（0.411），但是明显低于在第1个因子（团队与文化营建能力）中的负荷（0.683），因此将C8归为第1因子（团队与文化营建能力）。C1（能够找准主营业务）在第3个因子（战略规划与执行）上的负荷（0.500）比在第1个因子（团队与文化营建能力）上的负荷（0.614）低，但基于语义解释将其放在第3因子（战略规划与执行）更合理，因此归入第3因子（战略规划与执行）。C10（调整组织结构和岗位设置）虽然在第1因子（团队与文化营建能力）上的负荷（0.500）比在第2因子（规范管理）上的负荷（0.479）更高，但是在第2因子中的语义解释更贴切，因此归为第2因子（规范管理）。C17（持续反馈，有效控制）不仅在第2因子（规范管理）上的负荷（0.573）高于在第4因子（仁慈关怀）上的负荷（0.439），而且放在第2因子中的语义解释也更为合理，因此归入第2个因子（规范管理）。C13（打造产品品牌）、C2（能够在主营与非主营业务之间合理分配资源），由于在第3因子（战略规划与执行）上的负荷明显大于在其它因子上的负荷，并在语义解释上更合理，因此均归入第3因子（战略规划与执行）。C21（对下属友善、关心）在第4因子（仁慈关怀）上的负荷（0.717）明显高于在第3个因子（战略规划与执行）上的负荷（0.413），且在第4因子中的语义解释也更为合理，因此归入第4因子（仁慈关怀）。C7（协调物质文化和精神文化建设），虽然在第4因子（仁慈关怀）上的负荷（0.631）高于在第1因子（团队与文化营建能力）上的负荷（0.453），但是在语义解释上，放在第1因子中更为合理，因此归为第1因子（团队与文化营建能力）。

整合调整后，因子1含有6个题项：C4（能根据任务、职责搭建团队和配置人才）、C5（能为团队指明目标和方向）、C6（善于沟通协调，培养团队合作精神）、C7（协调物质文化和精神文化建设）、C8（明确企业宗旨、使命和价值观）、C9（塑造典范引导员工行为）。这些项目反映的是企业家在团队建设与企业文化营建方面的能力，且C4（能根据任务、职责搭建团队和配置人才）和C5（能为团队指明目标和方向）语义相联，故将其整合为"能根据任务、职责搭建团队并指明目标和方向"。同理，将C7（协调物质文化和精神文化建设）和C8（明确企业宗旨、使命和价值观）整合为"协调物质、精神文化建设，明确企业宗旨、使命和价值观"。将该因子命名为"团队与文化营建能力"。

因子2含有7个题项：C10（调整组织结构和岗位设置）、C11（规范各项管理制度和标准）、C12（完善各项业务流程）、C15（指导并培养下属）、C16（明确职责分工与授权）、C17（持续反馈，有效控制）、C18（为客户提供满意产品和周到服务）。这些项目反映的是企业家对组织结构、制度标准、业务流程、权责授予以及产品和服务等方面的进一步规范和完善，且C10（调整组织结构和岗位设置）、C16（明确职责分工与授权）与C17（持续反馈，有效控制）在语义上相联，因此，将其重新整合为两项："调整组织结构和岗位设置，明确职责分工"与"合理授权，并持续反馈，有效控制"。此外，C11（规范各项管理制度和标准）和C12（完善各项业务流程）语义相关，将其整合为"规范各项管理制度、标准及业务流程"，将该因子命名为"规范管理"。

因子3含有6个题项：C1（能够找准主营业务）、C2（能够在主营与非主营业务之间合理分配资源）、C3（能够根据需要合理调整资源的使用方向）、C13（打造产品品牌）、C14（宣传企业形象）、C19（制定战略规划与分步目标）、C20（明确战略重点与战略措施）。这些项目反映的是企业家对公司战略的规划、决断与执行，但C1、C2、C3更贴切地反映出在守业阶段企业家对资源配置的能力，与创业阶段的资源获取能力以及展业阶段的资源整合能力相对应。故考虑将因子3一分为二，其中一个因子包含C1（能够找准主营业务）、C2（能够在主营与非主营业务之间合理分配资源）与C3（能够根据需要合理调整资源的使用方向），命名为"资源配置能力"；另一因子包含C13（打造产品品牌）、C14（宣传企业形象）、C19（制定战略规划与分步目标）与C20（明确战略重点与战略措施），其中C13（打造产品品牌）与C14（宣传企业形象）语义相联，将其整合为一项"打造产品品牌，宣传企业形象"，将该因子命名为"战略规划与执行"。

因子4含有3个题项：C21（对下属友善、关心）、C22（做决策时征求并尊重下属的建议）、C7（协调物质文化和精神文化建设）。前已述及，基于语义上的考虑，将C7（协调物质文化和精神文化建设）归入第1因子（团队与文化营建能力）。C21和C22题项反映的是企业家对下属的人文关怀，因此，将该因子命名为"仁慈关怀"。

归纳起来，经过因子整合后的企业家守业型胜任力结构因子和题项如表4-6所示。

五、企业家展业胜任力结构因子整合与命名

本研究使用SPSS17.0软件进行主成分分析（Principal components analysis），删去各因子上负荷值低于0.40的项目。首先，根据统计分析的结果，各因子提取情况、方差贡献率和总体方差贡献率如表4-7所示。

表4-6　企业家守业型胜任力结构因子和题项

胜任力层次、维度		原序号	新序号	题项
守业型胜任力结构	能力 / 资源配置能力	1	1	能够找准主营业务
		2	2	能够在主营与非主营业务之间合理分配资源
		3	3	能够根据需要合理调整资源的使用方向
	能力 / 团队与文化营建能力	4	4	能根据任务、职责搭建团队并指明团队目标和方向
		6	5	善于沟通协调,培养团队合作精神
		7	6	协调物质、精神文化建设,明确企业宗旨、使命和价值观
	行为 / 规范管理	9	7	塑造典范引导员工行为
		10	8	调整组织结构和岗位设置,明确职责分工
		11	9	规范各项管理制度、标准及业务流程
		15	10	指导并培养下属
		16	11	合理授权,并持续反馈,有效控制
		18	12	为客户提供满意的产品和周到的服务
	行为 / 战略规划与执行	19	13	制定战略规划与分步目标
		20	14	明确战略重点与战略措施
		13	15	打造产品品牌,宣传企业形象
	行为 / 仁慈关怀	21	16	对下属友善、关心
		22	17	做决策时征求并尊重下属的建议

其次,对在一个因子中归类不妥的项目,如果其在其他因子上也有较高负荷,则按照题项语义和内在逻辑进行相应调整,归入合适的因子。从表4-7可知,D12(预先建立危机应对机制),在第1因子(危机预防与应对能力)、第2个因子(资本运作能力)、第4个因子(资源整合与市场创造能力)上都有较高负荷,但是在第1个因子(危机预防与应对能力)中的负荷明显高于其他因子负荷。因此,把D12(预先建立危机应对机制)归为第1因子(危机预防与应对能力)。D10(密切关注企业内、外环境变化),虽然在第2因子(资本运作能力)中有更高的负荷(0.586),但在第1因子(危机预防与应对能力)中也有较高负荷(0.457),且在第1因子(危机预防与应对能力)中在语义解释上更为合

理。因此，将D10（密切关注企业内、外环境变化）放在了第1因子（危机预防与应对能力）中。D9（进行投资组合，分散投资风险），在第2因子（资本运作能力）中负荷最高（0.652），虽然在第1个因子（危机预防与应对能力）中也有负荷（0.416），但明显相对低了很多，因此，将其归入第2个因子（资本运作能力）。D21（精简机构，裁减冗员）在第3因子（关注成本）上的负荷（0.596）明显高于在第2因子（资本运作能力）上的负荷（0.497），且在语义解释上更合理。因此，将D21（精简机构，裁减冗员）归入第3因子（关注成本）。D19（采用新技术、新工艺、新方法降低各项成本）同理归入第3因子（关注成本）。D18（有个人魅力，受他人尊重）同理归入第3因子（影响他人）。关于第3因子为何有两个命名，详见后文。D1（优化已有资源的配置）在第4因子（资源整合与市场创造能力）的负荷（0.564）明显高于在第2因子（资本运作能力）的负荷（0.503），且在语义解释上更合理。因此，将D1（优化已有资源的配置）归入第4因子（资源整合与市场创造能力）。D5（合理营销，引导市场需求）同理归入第4因子（资源整合与市场创造能力）。D4（挖掘饱和市场上的新需求），虽然在第2个因子（资本运作能力）中有着更高的因子负荷（0.511），但第4因子（资源整合与市场创造能力）中也有较高负荷（0.472），且在语义解释上放入第4因子（资源整合与市场创造能力）中更为合理。因此，将D4（挖掘饱和市场上的新需求）归入第4因子（资源整合与市场创造能力）。

经过整合调整后，因子1含有7个题项：D14（出现危机时，积极应对）、D11（敏锐察觉可能发生的危机）、D13（出现危机时，反应迅速）、D15（危机过后，总结反思）、D12（预先建立危机应对机制）、D3（调整企业战略，有进有退、有取有舍）、D10（密切关注企业内、外环境变化）。其中，D14（出现危机时，积极应对）与D13（出现危机时，反应迅速），在语义上联系紧密，因此，合并为"出现危机时，反应迅速，积极应对"。D11（敏锐察觉可能发生的危机）与D12（预先建立危机应对机制），在语义上有衔接之意。因此，合并为"敏锐察觉可能发生的危机并建立应对机制"。D3（调整企业战略，有进有退、有取有舍）与D10（密切关注企业内、外环境变化）在语义上有一定联系。因此，合并为"密切关注内外环境变化，调整企业战略，有进有退、有取有舍"。整合后的4个题项都是反映保持敏感与警觉，注重危机预防、应对等内容的。因此，将此因子命名为"危机预防与应对能力"。

因子2含有3个题项：D8（利用拆分转让、收购、重组等方式，优化经营结构）、D7（利用发行股票、债券等方式优化资本结构）、D9（进行投资组合，分散投资风险）。这些题项主要反映企业家资本运作方面的能力，将此因子命名为"资本运作能力"。

表4-7　　　　　　　　　　　　　　　　　　　　旋转成分矩阵及方差贡献率

	因子			
	1	2	3	4
D14	.831			
D11	.782			
D13	.750			
D15	.743			
D12	.549	.427		.422
D3	.517			
D8		.850		
D7		.779		
D9	.416	.652		
D10	.457	.586		
D4		.511		.472
D17			.788	
D16			.788	
D21		.497	.596	
D19	.442		.591	
D18	.532		.570	
D20			.570	
D6				.706
D1		.503		.564
D5	.426			.483
D2				.456
方差贡献率%	21.470	17.939	15.232	10.865
总体方差贡献率　65.506%				

提取方法：主成分分析法；旋转法：具有Kaiser标准化的正交旋转法：旋转在7次迭代后收敛。

因子3含有6个题项：D17（能以自己的言行，改变他人思想与行为）、D16（善于让下属按自己的意愿行事）、D21（精简机构，裁减冗员）、D19（采用新技术、新工艺、新方法降低各项成本）、D18（有个人魅力，受他人尊重）、D20（熟知财务状况，注重开源节流）。这些题项一部分反映企业家个人影响他人的能力，另一部分强调企业家对降低成本的关注，不宜合并。因而依据语义解释，

第四章　企业家胜任力结构的实证分析

将本因子一分为二：一个因子包含D17（能以自己的言行改变他人思想与行为）、D16（善于让下属按自己的意愿行事）和D18（有个人魅力，受他人尊重），命名为"影响他人"；另一个因子包含D21（精简机构，裁减冗员）、D19（采用新技术、新工艺、新方法降低各项成本）和D20（熟知财务状况，注重开源节流），命名为"关注成本"。

因子4含有5个题项：D6（不断开拓新市场）、D1（优化已有资源的配置）、D5（合理营销，引导市场需求）、D2（与战略合作伙伴共享资源）、D4（挖掘饱和市场上的新需求）。其中D6（不断开拓新市场）、D5（合理营销，引导市场需求）和D4（挖掘饱和市场上的新需求）都是关于市场创造能力的描述。因此，合并为"挖掘并引导需求，不断开拓新市场"。这些题项主要反映企业家挖掘、开拓市场，以及资源配置与交流能力。因此，将此因子命名为"资源整合与市场创造能力"。

归纳起来，经过因子整合后的企业家守业型胜任力结构因子和题项如表4-8所示。

表4-8　　　　　　　　　　　　　　　　　　　　　　　企业家展业型胜任力结构因子和题项

胜任力层次、维度		原序号	新序号	行为描述
能力	资源整合与市场创造能力	1	1	优化已有资源的配置
		2	2	与战略合作伙伴共享资源
		4	3	挖掘需求并引导需求，不断开拓新市场
	资本运作能力	7	4	利用发行股票、债券等方式优化资本结构
		8	5	利用拆分转让、收购、重组等方式，优化经营结构
		9	6	进行投资组合，分散投资风险
行为	危机预防与应对	3	7	密切关注内外环境变化，调整企业战略，有进有退、有取有舍
		11	8	敏锐察觉可能发生的危机并建立应对机制
		13	9	出现危机时反应迅速，积极应对
		15	10	危机过后总结反思
	影响他人	16	11	善于让下属按自己的意愿行事
		17	12	能以自己的言行改变他人思想与行为
		18	13	有个人魅力，受他人尊重
	关注成本	19	14	采用新技术、新工艺、新方法降低各项成本
		20	15	熟知财务状况，注重开源节流
		21	16	精简机构，裁减冗员

（展业型胜任力结构为整个表格第一列）

第二节 企业家胜任力结构的正式测试

一、正式测试实施概况

（一）正式测试问卷设计

本研究在预测试及其整合调整研究的基础上，形成了正式测试问卷。问卷主要由"民营企业家在'创业、守业和展业'过程中的'通用胜任力结构'调查"、"民营企业家在'创业'时需要具备的'胜任力结构'调查"、"民营企业家在'守业'时需要具备的'胜任力结构'调查"和"民营企业家在'展业'时需要具备的'胜任力结构'调查"4个部分组成，每部分题项数存在差异（如附录三所示）。

（二）正式测试调查实施

本研究预测试采用纸质问卷调查方式，调查对象是分布在北京、上海、广州、重庆、郑州、贵阳、山西、杭州、厦门等地的厦门大学EMBA部分班级，问卷由各班班主任现场发放让学生填答后现场回收，共发放问卷517份，回收问卷429份，其中有效问卷306份，问卷回收有效率为71.33%。

（三）正式测试研究方法

首先，本研究采用主成分分析法（Principal components analysis），利用SPSS17.0软件对正式测试数据进行探索性因子分析。本研究通过因子分析来检验各量表的结构效度，采用主成分分析法提取因子，并以最大变异数法进行正交旋转。在对量表进行探索性因子分析时不限定抽取因子数，而是以特征值大于1为抽取因子标准。删除因子载荷值低于0.5的题项（Hair, Anderson, Tatham, Black & Babin, 2006；吴明隆, 2010）；删除在不同因子上载荷值之差小于0.1的题项。其次，本研究采用AMOS17.0通过路径建模进行验证性因子分析，删除载荷值低于0.6的题项，然后检验量表的收敛效度和区别效度。

二、企业家胜任力结构的探索性因子分析

（一）企业家通用胜任力结构的探索性因子分析

本研究使用SPSS17.0软件进行主成分分析（Principal components analysis），删去各因子上负荷值低于0.50的项目，即删除题项A27（协调股东、员工与客户之间的关系）、A18（对各种信息的敏感度高）、A3（相信自己所做的事情都正确并能够取得成功）、A1（主动发现并解决问题）和A4（相信所有的困难都有解决办法）。分析结果最终确定为9个因子，各因子及其方差贡献率以及总体方差贡献率如表4-9所示。

表4-9　　旋转成分矩阵及方差贡献率

	因子								
	1	2	3	4	5	6	7	8	9
A23	.812								
A22	.807								
A24	.692								
A27									
A17		.729							
A15		.709							
A16		.592							
A18									
A20			.830						
A21			.577						
A19			.546						
A29				.880					
A28				.827					
A13					.741				
A12					.707				
A14					.593				
A9						.760			
A10						.661			
A11						.656			
A5							.771		
A6							.676		
A3									
A1									
A4									
A25								.730	
A26								.686	
A2								.596	
A7									.841
A8									.727
方差贡献率%	25.893	7.244	6.203	5.222	4.784	4.542	4.161	3.991	3.494
总体方差贡献率　65.533%									

提取方法：主成分分析法；旋转法：具有Kaiser标准化的正交旋转法；旋转在21次迭代后收敛。

由表4-9可知，所抽取出的因子1，方差贡献率为25.893%，含有4个题项：A23（善于识别人才）、A22（善于寻找人才）和A24（善于使用和激励人才），与预测试的分析一致，故命名不变，即"识人用人能力"。

所抽取出的因子2，方差贡献率为7.244%，含有3个题项：A17（敢于打破常规做事）、A15（脑子里经常涌现新想法）和A16（善于发现解决问题的新方法、新手段），与预测试的分析一致，故命名不变，即"创新能力"。

所抽取出的因子3，方差贡献率为6.203%，含有3个题项：A20（根据需求加工并筛选出关键信息）、A21（将各类资源按某种目的合理组合起来）和A19（善于从多种渠道搜集各类信息）。在预测试中，A20、A21、A19、A18共同归属于因子"信息搜寻与处理能力"，但在正式测试中，A18被删除。因此，将剩余题项依然命名为"信息搜寻与处理能力"。

所抽取的因子4，方差贡献率为5.222%，含有2个题项：A29（与金融机构建立良好关系）、A28（与政府部门、公众媒体建立良好关系）。在预测试中，A27、A28、A29共同归属于因子"协调关系"，但在正式测试中，A27已被删除。因此，将剩余题项依然命名为"协调关系"。

所抽取的因子5，方差贡献率为4.784%，含有3个题项：A13（善于从社会关系中丰富知识）、A12（善于从书本、培训等正规教育中获得知识）和A14（善于从实践活动中整合知识），与预测试的分析一致，故命名不变，即"学习能力"。

所抽取的因子6，方差贡献率为4.542%，含有3个题项：A9（强烈渴望获得成功）、A10（采用各种方法以达成目标）和A11（喜欢面对并克服困难），与预测试的分析一致，故命名不变，即"成就欲"。

所抽取的因子7，方差贡献率为4.161%，含有2个题项：A5（将自己认准的事情做到底）、A6（能长时间专注于完成枯燥但重要的事情）。在预测试中，A5、A6、A3（相信自己所做的事情都正确并能够取得成功）、A4（相信所有的困难都有解决办法）共同归属于因子"自信坚韧"，但在正式预测中，A3、A4已被删除。因此，将剩余题项依然命名为"自信坚韧"。

所抽取的因子8，方差贡献率为3.991%，含有3个题项：A25（有很强的时间观念）、A26（能用科学方法和手段在多方案中选择最优方案）、A2（积极行动并对可能发生的事情提出预案）。在预测试中，A25和A26同属于因子"关注效益"，而A2是属于"主动"这一因子，除了A2外，"主动"因子还包括题项A1（主动发现并解决问题）。如前所述，题项A1的载荷值小于0.5，已被删除。而A2的描述落脚点在"提出预案"，这可能会使参与者理解为是关注效益的表现之一，故将A2归入到该因子下，命名不变，即"关注效益"。因此，预测试中

第四章 企业家胜任力结构的实证分析

的因子"主动"被删除。最终,原本属于企业家通用胜任力个性维度的三个因子,"自信坚韧"、"主动"和"成就欲"均在正式统计分析后被删除。

所抽取的因子9,方差贡献率为3.494%,含有2个题项:A7(凭直观快速洞察事物变化)、A8(通过本能获得对事物的整体认知),与预测试的分析一致,故命名不变,即"直觉"。

(二)企业家创业型胜任力结构的探索性因子分析

根据之前确立的分析标准,因题项B13(重视行动,有工作激情)的因子负荷值低于0.50,因此删除;题项B9(向媒体、合作者和客户描绘企业未来蓝图)在因子1与因子4上均有载荷,分别为0.517和0.543,但二者之差小于0.1,表明该题项的因子归属模糊,因此考虑删除。根据统计分析结果,最终确定5个因子,各因子及其方差贡献率以及总体方差贡献率如表4-10所示。

表4-10　　　　　　　　　　　　　旋转成分矩阵及方差贡献率

	因子 1	因子 2	因子 3	因子 4	因子 5
B8	.799				
B11	.737				
B12	.666				
B10	.594				
B2		.753			
B4		.672			
B3		.661			
B1		.650			
B17			.759		
B16			.751		
B15			.721		
B14			.631		
B13					
B7				.724	
B6				.683	
B5				.662	
B9	.517			.543	
B19					.912
B18					.839
方差贡献率%	31.582%	12.486%	7.804%	6.518%	5.519%
总体方差贡献率	63.908%				

提取方法:主成分分析法;旋转法:具有Kaiser标准化的正交旋转法;旋转在6次迭代后收敛。

从表4-10可知，所抽取出的因子1，方差贡献率为31.582%，含有4个题项：B8（让员工理解并认同企业未来蓝图）、B11（向员工表明企业发展将为其带来什么利益）、B12（向合伙人表明企业发展将为其带来什么利益）和B10（向合伙人描绘企业未来蓝图）。在预测试中，B8、B10同属于因子"勾画愿景"，B11、B12同属于因子"承诺与表率"。从语义上来看，这四个题项分别是对员工与合伙人勾画愿景与表达承诺。因此，将因子1命名为"勾画愿景与承诺"。

所抽取出的因子2，方差贡献率为12.486%，含有4个题项：B2（能自如地应对和化解难题）、B4（能察觉到未被使用并可满足潜在需求的资源）、B3（能察觉到潜在需求）和B1（能将复杂问题简单化并剖析出其规律性）。正式测试结果与预测试后整合的情况一致，它们同属于因子"分析与机会捕捉能力"。因此，仍将该因子命名为"分析与机会捕捉能力"。

所抽取出的因子3，方差贡献率为7.804%，含有4个题项：B17（借助个人权力推动工作执行）、B16（以自己为中心做决定）、B15（树立自己的威信）和B14（以自己的行动为他人树立榜样）。在预测试中，B14属于因子"承诺与表率"，B15、B16、B17属于因子"权威导向"。在正式测试中，它们归为同一因子，描述了企业家在领导行为中的一些特质，即权威和表率。因此，将这一因子命名为"权威与表率"。

所抽取出的因子4，方差贡献率为6.518%，含有3个题项：B7（能通过各种途径寻找到合作伙伴）、B6（能通过各种途径获得信息资源）、B5（能通过各种方法获得财务资源）。在预测试中，它们就同属于因子"资源获取能力"，正式测试的结果与预测试一致。因此，命名不变，即"资源获取能力"。

所抽取出的因子5，方差贡献率为5.519%，含有2个题项：B19（喜欢参加有风险的活动，不怕失败）、B18（喜欢做新奇、有挑战的事情）。在预测试中，它们同属于因子"冒险精神"，正式测试的结果与预测试一致。因此，命名不变，即"冒险精神"。

（三）企业家守业型胜任力结构的探索性因子分析

根据之前确立的分析标准，题项C5（善于沟通协调，培养团队合作精神）、C15（打造产品品牌，宣传企业形象）的因子负荷值低于0.50，故删除。题项C2在因子1、因子4上均有较高负荷，并且在因子1上的负荷值（0.558）与在因子3上的负荷值（0.566）之差小于0.1，说明该题项的因子归属模糊，考虑删除。剩余题项的因子负荷均高于0.50，因而保留。根据统计分析结果，最终确定4个因子，各因子及其方差贡献率以及总体方差贡献率如表4-11所示。

第四章 企业家胜任力结构的实证分析

表4-11　　　　　　　　　　　　　　　　　　　　　旋转成分矩阵及方差贡献率

	因子			
	1	2	3	4
C1	.794			
C3	.765			
C11	.578			
C12	.559			
C5				
C8		.797		
C9		.760		
C10		.502		
C17			.816	
C16			.630	
C13			.626	
C14			.588	
C15				
C6				.755
C4				.667
C7				.626
C2	.558			.566
方差贡献率%	38.466	8.513	7.997	6.798
总体方差贡献率　61.774%				

提取方法：主成分分析法；旋转法：具有Kaiser标准化的正交旋转法；旋转在19次迭代后收敛。

从表4-11可知，所抽取出的因子1，方差贡献率为38.466%，含有4个题项：C1（能够找准主营业务）、C3（能够根据需要合理调整资源的使用方向）、C11（合理授权，并持续反馈，有效控制）、C12（为客户提供满意的产品和周到服务）。在预测试中，C1、C3属于因子"资源配置能力"，C11、C12属于因子"规范管理"。事实上，无论是C11（合理授权，并持续反馈，有效控制）还是C12（为客户提供满意的产品和周到服务），都需要对资源的合理把握与控制。因而可以将这4

89

个题项合并命名为"资源配置能力"。

所抽取出的因子2，方差贡献率为8.513%，含有3个题项：C8（调整组织结构和岗位设置，明确职责分工）、C9（规范各项管理制度、标准及业务流程）、C10（指导并培养下属）。这3个题项在预测试中全部来源于因子"规范管理"。故命名不变，即"规范管理"。

所抽取出的因子3，方差贡献率为7.997%，含有4个题项：C17（做决策时征求并尊重下属的建议）、C16（对下属友善、关心）、C13（制定战略规划与分步目标）、C14（明确战略重点与战略措施）。其中C17、C16在预测试中属于因子"仁慈关怀"，C13、C14在预测试中属于因子"战略规划与执行"，因而合并命名为"战略规划、执行与仁慈关怀"。

所抽取的因子4，方差贡献率为6.798%，含有4个题项：C6（协调物质、精神文化建设，明确企业宗旨、使命和价值观）、C4（能根据任务、职责搭建团队并指明团队目标和方向）、C7（塑造典范引导员工行为）、C2（能够在主营与非主营业务之间合理分配资源）。在预测试中，C6、C4、C7归属于因子"团队与文化营建能力"，故将题C6、C4、C7依然项命名为"团队与文化营建能力"。

（四）企业家展业型胜任力结构的探索性因子分析

根据之前确立的分析标准，题项D2（与战略合作伙伴共享资源）的负荷值低于0.50，故删除该题项。根据统计分析结果，最终确定4个因子，各因子及其方差贡献率以及总体方差贡献率如表4-12所示。

由表4-8可知，所抽取出的因子1，方差贡献率为36.596%，含有6个题项：D8（敏锐察觉可能发生的危机并建立应对机制）、D9（出现危机时，反应迅速，积极应对）、D7（密切关注内外环境变化，调整企业战略，有进有退、有取有舍）、D3（挖掘需求并引导需求，不断开拓新市场）、D1（优化已有资源的配置）和D10（危机过后，总结反思）。在预测试中，D3、D1和D2归属于因子"资源整合与市场创造能力"，D8、D9、D7和D10归属于因子"危机预防与应对"，但D2已被删除，综合考虑，将该因子重新命名为"资源整合与危机应对能力"。

所抽取出的因子2，方差贡献率为13.033%，含有3个题项：D4（利用发行股票、债券等方式优化资本结构）、D6（进行投资组合，分散投资风险）和D5（利用拆分转让、收购、重组等方式，优化经营结构）。这与预测试的分析一致，故命名不变，即"资本运作能力"。

所抽取出的因子3，方差贡献率为7.434%，含有3个题项：D15（熟知财务状况，注重开源节流）、D16（精简机构，裁减冗员）和D14（采用新技术、

第四章 企业家胜任力结构的实证分析

新工艺、新方法降低各项成本)。这与预测试的分析一致,故命名不变,即"关注成本"。

表4–12　　　　　　　　　　　　　　　　　　　　旋转成分矩阵及方差贡献率

	因子 1	因子 2	因子 3	因子 4
D8	.751			
D9	.733			
D7	.718			
D3	.652			
D1	.638			
D10	.602			
D2				
D4		.871		
D6		.837		
D5		.807		
D15			.811	
D16			.740	
D14			.682	
D11				.801
D12				.783
D13				.714
方差贡献率%	36.596	13.033	7.434	7.296
64.359%				

提取方法:主成分分析法;旋转法:具有Kaiser标准化的正交旋转法;旋转在6次迭代后收敛。

所抽取出的因子4,方差贡献率为7.296%,含有3个题项:D11(善于让下属按自己的意愿行事)、D12(能以自己的言行改变他人思想与行为)和D13(有个人魅力,受他人尊重)。这与预测试的分析一致,故命名不变,即"影响他人"。

91

三、企业家胜任力结构的验证性因子分析

（一）企业家通用胜任力结构的验证性因子分析

验证性因子分析的目的主要是检验量表的收敛效度和区别效度。本研究使用AMOS17.0通过路径建模进行验证性因子分析。

第一次验证性因子分析后发现，标准因子载荷系数（因素负荷量）不理想（理想的系数值应大于0.7）。按照较宽松的标准，将系数小于0.6的题项删除，即A5、A7、A8、A9、A10、A11、A12、A15共8个题项被删除。在预测试中，A9、A10、A11同属于因子"成就欲"，但目前其所有的题项因子载荷量都不符合标准，故该因子被删除。然后进行第二次验证性因子分析，发现因子"自信坚韧"和"直觉"分别只剩一个题项（A6和A8），无法构成一个潜在变量，因此删除。另外，需要说明的是，此次分析后A2与A25的因子载荷系数仍小于0.6（分别为0.594和0.592），但考虑到这两个因子载荷系数十分接近0.6，故暂予保留。

为分析量表的收敛效度，本研究采用路径载荷、方差析出量（AVE）和因子组成信度（CR）作为衡量指标。路径载荷代表观测变量与潜变量的相关程度，应大于0.7并且显著；方差析出量代表观测变量能测得的潜在变量数值的百分比，应大于0.5；因子组成信度代表潜在变量内部的一致性，应该大于0.7。相关分析结果如表4-13所示。

表4-13　　　　　　　　　　　　　　　　　　企业家通用胜任力结构的收敛效度检验

潜在变量	观测变量	路径载荷	Cronbach's α	AVE	CR
学习能力	A13	0.670	0.663	0.5027	0.6684
	A14	0.746			
创新能力	A16	0.707	0.603	0.4366	0.6065
	A17	0.611			
信息搜寻与处理能力	A21	0.655	0.759	0.5177	0.762
	A20	0.791			
	A19	0.706			
识人用人能力	A24	0.678	0.785	0.5696	0.7972
	A23	0.854			
	A22	0.721			
关注效益	A2	0.594	0.669	0.4072	0.6714
	A26	0.720			
	A25	0.592			
协调关系	A29	0.759	0.826	0.7205	0.8361
	A28	0.930			

第四章 企业家胜任力结构的实证分析

从表4-13可知，信息搜寻与处理能力、识人用人能力和协调关系的所有观测变量的路径载荷都大于0.6，这5个潜在变量的α值都大于0.7，AVE都大于0.5，CR都大于0.7。但是，学习能力、创新能力和关注效益的观测变量的路径载荷并不是都大于0.6，而且这三个潜在变量的α值都小于0.7，除了学习能力这个观测变量外，AVE的值都小于0.5，CR都小于0.7。总结起来，说明企业家通用胜任力结构的收敛效度一般。

本研究通过AVE的开方和协相关系数值的比较来判定量表的区别效度。相关分析结果如表4-14所示。

表4-14　　　　　　　　　　　　　　　　　企业家通用胜任力结构的区别效度检验

	学习能力	创新能力	信息搜寻与处理能力	识人用人能力	关注效益	协调关系
学习能力	0.7090					
创新能力	0.601	0.6607				
信息搜寻与处理能力	0.565	0.642	0.7195			
识人用人能力	0.467	0.529	0.423	0.7547		
关注效益	0.497	0.621	0.621	0.550	0.6381	
协调关系	0.388	0.415	0.433	0.211	0.391	0.8488

从4-14可知，所有潜在变量的AVE开方均大于与其他变量的协相关系数，这说明区分效度良好。

从模型整体拟合度来看，一般采用规范拟合指数（NFI）>0.9，比较拟合指数（CFI）>0.9和近似均方根残差（RMSEA）<0.08作为判定标准。针对企业家通用胜任力结构的验证性因子分析结果，RMSEA=0.076符合标准。但是，NFI=0.828，CFI=0.892，均小于标准值。这说明模型的构建效度一般，拟合度也有所欠缺。

（二）企业家创业型胜任力结构的验证性因子分析

第一次验证性因子分析后发现，标准因子载荷系数（因素负荷量）不理想（理想的系数值应大于0.7）。按照较宽松的标准，将系数小于0.6的题项删除，即B8、B15、B14。其中，体现因子"权威与表率"中"表率"部分的B14（以自己的行动为他人树立榜样）被删除，因此为更贴合语义，将这一因子改名为"权威导向"。另外，题项B18的因素负荷量大于1，说明数据有误，因此也将其删除，并进行第二次验证性因子分析。第二次验证得出的标准因子载荷系数较为理想，但因子"冒险精神"只剩一个题项,无法构成一个潜在变量,因此,将这一因子删除。

接着,采用AVE与CR作为量表收敛效度的衡量指标,相关分析结果如表4-15所示。

表4-15　　　　　　　　　　　　　　　　企业家创业型胜任力结构的收敛效度检验

潜在变量	观测变量	路径载荷	Cronbach's α	AVE	CR
勾画愿景与承诺	B11	0.645	0.758	0.5207	0.7643
	B12	0.764			
	B10	0.750			
分析与机会捕捉能力	B2	0.640	0.758	0.4466	0.7625
	B4	0.720			
	B3	0.705			
	B1	0.601			
权威导向	B17	0.848	0.796	0.6638	0.7976
	B16	0.780			
资源获取能力	B7	0.668	0.745	0.5085	0.7545
	B6	0.808			
	B5	0.653			

从表4-11可知,大部分观测变量的路径载荷都大于0.7,最低的也在0.6之上,可见因素负荷量的整体效果比较理想。另外,这4个潜在变量的α值和CR都大于0.7,除"分析与机会捕捉能力"的AVE值小于0.5外,其余潜在变量的AVE值都大于0.5,可见,企业家创业型胜任力结构的收敛效度较好。

然后,通过AVE的开方和协相关系数值的比较来判定量表的区别效度。相关分析结果如表4-16所示。

表4-16　　　　　　　　　　　　　　　　企业家创业型胜任力结构的区别效度检验

	勾画愿景与承诺	分析与机会捕捉能力	权威	资源获取能力
勾画愿景与承诺	0.722			
分析与机会捕捉能力	0.702	0.668		
权威导向	0.075	0.159	0.815	
资源获取能力	0.641	0.745	0.231	0.713

第四章　企业家胜任力结构的实证分析

从表4-16可知，"分析与机会捕捉能力"的AVE开方小于其与"资源获取能力"的协相关系数，说明这两项潜在变量之间的区别效度不够理想，其余潜在变量之间的区分效度较好。

从模型整体的拟合优度来看，创业阶段胜任力的验证性因子分析结果中，CFI=0.936，RMSEA=0.068，符合标准，但NFI=0.882<0.9，接近标准，说明企业家创业型胜任力结构量表的整体拟合优度较理想。

（三）企业家守业型胜任力结构的验证性因子分析

第一次验证性因子分析后发现，标准因子载荷系数（因素负荷量）不理想（理想的系数值应大于0.7）。按照较宽松的标准，将系数小于0.6的题项删除，即C16、C17、C10三个题项。然后进行第二次验证性因子分析，标准因子载荷系数良好，均大于0.6。因16、17题项被删除，故将"战略规划、执行与仁慈关怀"因子改名为"战略规划"。

接着，采用路径载荷、方差析出量（AVE）和因子组成信度（CR）作为量表收敛效度的衡量指标，相关分析结果如表4-17所示。

表4-17　企业家守业型胜任力结构的收敛效度检验

潜在变量	观测变量	路径载荷	Cronbach's α	AVE	CR
资源与权力配置能力	C12	0.587	0.787	0.4837	0.7879
	C11	0.728			
	C3	0.757			
	C1	0.698			
团队与文化营建能力	C6	0.726	0.694	0.4409	0.7018
	C4	0.648			
	C7	0.613			
战略规划	C14	0.776	0.788	0.6514	0.7886
	C13	0.837			
规范管理	C8	0.780	0.735	0.5862	0.7391
	C9	0.751			

从表4-17可知，战略规划、规范管理的所有观测变量的路径载荷都大于0.6，这两个潜在变量的α值都大于0.7，AVE都大于0.5，CR都大于0.7。虽然资源配置能力有一个观测变量的路径载荷小于0.6（C12路径载荷为0.587），但该潜在变量的

95

α值大于0.7，AVE虽然小于0.5，但差距甚微（AVE=0.4837），且CR大于0.7，收敛效度较好，且如果删除C12，则会对整体的模型的RMSEA值将由0.90上升至0.93（RMSEA值应当小于0.08），说明模型拟合程度更低。所以，考虑保留该题项；团队与文化营建能力的α值略小于0.7（0.694），AVE略小于0.5（0.4409），CR大于0.7，但由于其观测变量的路径载荷都大于0.6，因而保留该潜变量。

然后，通过AVE的开方和协相关系数值的比较来判定量表的区别效度，相关分析结果如表4-18所示。

表4-18　　　　　　　　　　　　　　　　　　　企业家守业胜任力结构的区别效度检验

	资源与权力配置能力	团队与文化营建能力	战略能力与仁慈关怀	规范管理
资源与权力配置能力	0.696			
团队与文化营建能力	0.654	0.664		
战略规划	0.677	0.564	0.807	
规范管理	0.559	0.615	0.300	0.766

从表4-18可知，所有潜在变量的区分效度均很好。

从模型整体拟合度来看，一般采用规范拟合指数（NFI）>0.9，比较拟合指数（CFI）>0.9和近似均方根残差（RMSEA）<0.08作为判定标准。针对企业家守业胜任力结构的验证性因子分析结果中，NFI=0.878，CFI=0.917，RMSEA=0.090，CFI符合标准，而NFI、RMSEA与标准相比稍差。这说明模型拟合度不十分理想。

（四）企业家展业型胜任力结构的验证性因子分析

第一次验证性因子分析，按照较宽松的标准，将系数小于0.6的D11题项（善于让下属按自己的意愿行事）删除，然后进行第二次验证性因子分析，标准因子载荷系数良好，均大于0.6。

同样，采用AVE与CR作为量表的收敛效度的衡量指标，相关分析结果如表4-19所示。

从表4-19可知，所有观测变量的路径载荷都大于0.6，这4个潜在变量的α值都大于0.7，CR都大于0.7，但资源整合与危机应对能力和关注成本的AVE小于0.5，其余两个潜在变量的AVE大于0.5。总结起来，该量表的收敛效度较好。

同样地，通过AVE的开方和协相关系数值的比较来判定量表的区别效度，相关分析结果如表4-20所示。

第四章 企业家胜任力结构的实证分析

表4-19　　　　　　　　　　　　　　　　　　　　　　　　企业家展业型胜任力结构的收敛效度检验

潜在变量	观测变量	路径载荷	Cronbach's α	AVE	CR
资源整合与危机应对能力	D1	0.645	0.841	0.4728	0.8425
	D3	0.618			
	D7	0.633			
	D8	0.738			
	D9	0.744			
	D10	0.735			
资本运作能力	D4	0.892	0.853	0.6664	0.8562
	D5	0.818			
	D6	0.731			
影响他人	D13	0.836	0.767	0.6277	0.7707
	D12	0.746			
关注成本	D16	0.632	0.724	0.4875	0.7387
	D15	0.788			
	D14	0.665			

表4-20　　　　　　　　　　　　　　　　　　　　　　　　企业家展业型胜任力结构的区别效度检验

	资源整合与危机应对能力	资本运作能力	影响他人	关注成本
资源整合与危机应对能力	0.6876			
资本运作能力	0.526	0.8163		
影响他人	0.572	0.133	0.7922	
关注成本	0.655	0.301	0.588	0.6982

从表4-20可知，所有潜在变量的AVE开方均大于与其他变量的协相关系数，这说明区分效度良好。

从模型整体拟合度来看，展业阶段胜任力的验证性因子分析结果中，CFI=0.932，RMSEA=0.073符合标准。NFI=0.882，接近标准值。这说明模型的构建效度较好，拟合度一般。

第三节 企业家胜任力结构的差异分析

一、企业家胜任力结构的地域差异分析

（一）企业家通用胜任力结构的地域差异分析

首先，对原始数据进行筛选。将"企业所在地"这一栏缺失的问卷剔除，剩余问卷数量为267份。

其次，对这267份问卷进行验证性因子分析。分析结果显示，标准因子载荷系数（因素负荷量）不理想（理想的系数值应大于0.7）。按照较宽松的标准，将系数小于0.65的题项删除，即A16、A25、A2三个题项。由于因子"创新能力"和"关注效益"在删除A16和A25题项后，均只剩余一个题项，构不成一个单独因子，故删除"创新能力"和"关注效益"这两个因子。删除后，模型的规范拟合指数（NFI）=0.906>0.9，比较拟合指数（CFI）=0.936>0.9 和近似均方根残差（RMSEA）0.08=0.08，表明模型的整体拟合优度较好。

再次，在验证性因子分析基础之上进行地域差异分析。我们将地域分为"1=福建"、"2=长三角"和"3=其他"三组，通过SPSS进行单因方差分析（one-way ANOVA），检验各变量在地域上有无显著性差异。结果表明，所有题项的显著性值均大于0.05，可见，企业家通用胜任力在地域上不存在差异（如表4-21所示）。

（二）企业家创业型胜任力结构的地域差异分析

首先，对原始数据进行筛选。将"企业所在地"这一栏缺失的问卷剔除，共剩余问卷数量为267份。

其次，对这267份问卷进行验证性因子分析。第一次分析结果显示，标准因子载荷系数（因素负荷量）不理想（理想的系数值应大于0.7）。按照较宽松的标准，将系数小于0.65的题项删除，即B1一个题项。进行运算后发现，仍有一个题项（B2）的因子载荷系数小于0.65，因此，第二次分析后删除题项B2。删除后，模型的规范拟合指数（NFI）=0.939>0.9，比较拟合指数（CFI）=0.967>0.9 和近似均方根残差（RMSEA）0.062<0.08，表明模型的整体拟合优度较好。

再次，在验证性因子分析基础之上进行地域差异分析。我们将地域分为"1=福建"、"2=长三角"和"3=其他"三组，通过SPSS进行单因方差分析（one-way ANOVA），检验各变量在地域上有无显著性差异。结果表明，B11和B17的显著性值小于0.05，这表明不同地域的企业家创业型胜任力结构在"向员工表明企业发展将为其带来什么利益"和"借助个人权力推动工作执行"两方面上存在显著差异（如表4-22所示）。

第四章 企业家胜任力结构的实证分析

表4-21　　　　　　　　　　　　　　　　　企业家通用胜任力结构的地域差异

		平方和	df	均方	F	显著性
A13	组间	.074	2	.037	.056	.946
	组内	174.100	262	.665		
	总数	174.174	264			
A14	组间	.241	2	.120	.228	.797
	组内	138.123	261	.529		
	总数	138.364	263			
A17	组间	1.079	2	.540	.720	.488
	组内	195.614	261	.749		
	总数	196.693	263			
A19	组间	.116	2	.058	.075	.928
	组内	202.880	261	.777		
	总数	202.996	263			
A20	组间	1.038	2	.519	.690	.503
	组内	195.654	260	.753		
	总数	196.692	262			
A21	组间	.786	2	.393	.526	.592
	组内	193.569	259	.747		
	总数	194.355	261			
A22	组间	1.054	2	.527	.698	.498
	组内	196.292	260	.755		
	总数	197.346	262			
A23	组间	1.722	2	.861	1.578	.208
	组内	142.935	262	.546		
	总数	144.657	264			
A24	组间	2.794	2	1.397	2.377	.095
	组内	152.244	259	.588		
	总数	155.038	261			
A26	组间	.161	2	.081	.115	.891
	组内	182.869	261	.701		
	总数	183.030	263			
A28	组间	1.035	2	.518	.637	.530
	组内	212.949	262	.813		
	总数	213.985	264			
A29	组间	.697	2	.349	.361	.697
	组内	252.076	261	.966		
	总数	252.773	263			

表4-22　　　　　　　　　　　　　　　　　　　　企业家创业型胜任力结构的地域差异

		平方和	df	均方	F	显著性
B3	组间	2.749	2	1.375	2.259	.107
	组内	157.617	259	.609		
	总数	160.366	261			
B4	组间	1.774	2	.887	1.421	.243
	组内	159.188	255	.624		
	总数	160.961	257			
B5	组间	.342	2	.171	.254	.776
	组内	172.168	256	.673		
	总数	172.510	258			
B6	组间	1.584	2	.792	1.294	.276
	组内	157.987	258	.612		
	总数	159.571	260			
B7	组间	1.256	2	.628	.934	.394
	组内	172.744	257	.672		
	总数	174.000	259			
B10	组间	2.323	2	1.161	2.077	.127
	组内	142.035	254	.559		
	总数	144.358	256			
B11	组间	4.317	2	2.159	3.274	.039
	组内	169.448	257	.659		
	总数	173.765	259			
B12	组间	1.790	2	.895	1.494	.227
	组内	154.631	258	.599		
	总数	156.421	260			
B16	组间	2.834	2	1.417	1.067	.345
	组内	342.484	258	1.327		
	总数	345.318	260			
B17	组间	11.625	2	5.812	4.071	.018
	组内	366.971	257	1.428		
	总数	378.596	259			

具体来看（如表4-23所示），地域2，即长三角地区的企业家在"向员工表明企业发展将为其带来什么利益"方面明显比地域1（福建）的企业家和地域3（其他）的企业家做得更好。这可能是因为，长三角地区的企业家更加注重对愿景的勾画与对员工的承诺，他们更愿意相信，勾画愿景与对员工承诺是企业家必备的要素之一，只有在员工明了企业愿景并获得企业家承诺的条件下，企业才会获得更好的发展。相比之下，福建地区与其他地域的企业家并不重视这一问题。

然而，福建地区的企业家们比长三角地区和其他地区的企业家们更强调"借助个人权力推动工作执行"。可能是在福建地区，大多数民营企业不是靠合伙团队，而是靠家族或者创业者的权威推进创业，特别是闽南不少地方仍然存在的传统夫权制也会映射到企业管理中而强化权威的作用。

表4-23　　　　　　　　　　　　　　　　　　　　企业家创业型胜任力结构的地域差异描述

		N	均值	标准差	标准误	均值的95%置信区间 下限	均值的95%置信区间 上限	极小值	极大值
B11	1	78	3.94	.843	.095	3.75	4.13	1	5
	2	84	4.26	.778	.085	4.09	4.43	2	5
	3	98	4.12	.816	.082	3.96	4.29	2	5
	总数	260	4.11	.819	.051	4.01	4.21	1	5
B17	1	78	3.29	1.129	.128	3.04	3.55	1	5
	2	84	3.23	1.186	.129	2.97	3.48	1	5
	3	98	2.83	1.252	.126	2.58	3.08	1	5
	总数	260	3.10	1.209	.075	2.95	3.24	1	5

（三）企业家守业型胜任力结构的地域差异分析

首先，对原始数据进行筛选。将"企业所在地"这一栏缺失的问卷剔除，共剩余问卷数量为267份。

其次，对这267份问卷进行验证性因子分析。分析结果显示，标准因子载荷系数（因素负荷量）不是非常理想（理想的系数值应大于0.7）。按照较宽松的标准，将系数小于0.65的题项删除，即C12（0.595）、C4（0.628）。删除后，因素负荷量均在0.65之上，模型的规范拟合指数（NFI）=0.942>0.9，比较拟合指数（CFI）=0.964>0.9，近似均方根残差（RMSEA）=0.073<0.08，整体拟合优度也有了较大的提升，效果较好。

再次，在验证性因子分析基础之上进行地域差异分析。我们将地域分为"1=福建"、"2=长三角"和"3=其他"三组,通过SPSS进行单因素方差分析(one-way ANOVA),检验各变量在地域上有无显著性差异。结果表明,所有题项的显著性值均大于0.05,可见,企业家守业型胜任力结构在地域上不存在显著性差异(如表4-24所示)。

表4-24　　　　　　　　　　　　　　　　　　　　　企业家守业型胜任力结构的地域差异

		平方和	df	均方	F	显著性
C1	组间	.023	2	.012	.018	.982
	组内	160.910	251	.641		
	总数	160.933	253			
C3	组间	.437	2	.218	.353	.703
	组内	155.217	251	.618		
	总数	155.654	253			
C6	组间	3.967	2	1.984	2.554	.080
	组内	194.950	251	.777		
	总数	198.917	253			
C7	组间	1.188	2	.594	.896	.410
	组内	165.706	250	.663		
	总数	166.893	252			
C8	组间	.136	2	.068	.101	.904
	组内	169.993	251	.677		
	总数	170.130	253			
C9	组间	3.126	2	1.563	1.917	.149
	组内	203.784	250	.815		
	总数	206.909	252			
C11	组间	2.177	2	1.089	2.092	.126
	组内	130.115	250	.520		
	总数	132.292	252			
C13	组间	3.573	2	1.787	2.998	.052
	组内	149.581	251	.596		
	总数	153.154	253			
C14	组间	3.418	2	1.709	3.019	.051
	组内	142.109	251	.566		
	总数	145.528	253			

（三）企业家展业型胜任力结构的地域差异分析

首先，对原始数据进行筛选。将"企业所在地"这一栏缺失的问卷剔除，共剩余问卷数量为267份。

其次，对这267份问卷进行验证性因子分析。分析结果显示，标准因子载荷系数（因素负荷量）不理想（理想的系数值应大于0.7）。按照较宽松的标准，将系数小于0.65的题项删除，即D3、D7、D16三个题项。再次进行验证性因子分析，D1也变成了系数小于0.65的题项，因而将此题项删除。删除后，模型的规范拟合指数（NFI）=0.953>0.9，比较拟合指数（CFI）=0.979>0.9和近似均方根残差（RMSEA）0.053<0.08，整体拟合优度较好。

再次，在验证性因子分析基础之上进行地域差异分析。我们将地域分为"1=福建"、"2=长三角"和"3=其他"三组，通过SPSS进行单因方差分析（one-way ANOVA），检验各变量在地域上有无显著性差异。结果表明，题项D4、D5、D6、D8、D15的显著性值均小于0.05，可见，企业家展业型胜任力结构在地域上存在一定差异（如表4-25所示）。

进一步分析，企业家展业型胜任力结构的地域差异具体情况如表4-26所示。

较其他地区而言，长三角地区的企业家在展业阶段更重视D4（利用发行股票、债券等方式优化资本结构）、D5（利用拆分转让、收购、重组等方式，优化经营结构）、D6（进行投资组合，分散投资风险），可见，长三角地区的企业家特别重视资本运作能力的养成。相比之下，福建地区的企业家则较为看轻资本运作能力。另外，对于D8（敏锐察觉可能发生的危机并建立应对机制），长三角地区企业家也最为重视，而福建地区的企业家则最不重视。可能的原因是，长三角地区的经济发展较快，竞争激烈，因而资本运作显得尤为重要。福建地区的不少企业家崇尚佛教，尊重"天意"。所以，不十分在乎资本运作技巧，而且危机意识也相对淡薄。

再就是，对于D15(熟知财务状况，注重开源节流)，福建地区的企业家最为重视，而长三角地区的企业家最不重视。可能的原因是，靠打拼从并不十分富裕的经济区域成长起来的福建民营企业家，更加体会到财富创造和积累的不易，因而会更注重开源节流；而长三角地区企业家，由于其面临的是更加开放性的环境，可能更乐于接受西方类似于"钱不是省出来的"思想，所以，对开源节流不十分在意。

表4-25　　　　　　　　　　　　　　　　　　　　企业家展业型胜任力结构的地域差异

		平方和	df	均方	F	显著性
D2	组间	.806	2	.403	.620	.539
	组内	161.289	248	.650		
	总数	162.096	250			
D4	组间	14.459	2	7.229	6.391	.002
	组内	281.648	249	1.131		
	总数	296.107	251			
D5	组间	8.096	2	4.048	4.102	.018
	组内	243.780	247	.987		
	总数	251.876	249			
D6	组间	7.134	2	3.567	3.768	.024
	组内	234.754	248	.947		
	总数	241.888	250			
D8	组间	6.117	2	3.059	4.957	.008
	组内	153.629	249	.617		
	总数	159.746	251			
D9	组间	.230	2	.115	.230	.794
	组内	124.199	249	.499		
	总数	124.429	251			
D10	组间	.646	2	.323	.614	.542
	组内	130.565	248	.526		
	总数	131.211	250			
D11	组间	2.522	2	1.261	1.394	.250
	组内	224.275	248	.904		
	总数	226.797	250			
D12	组间	4.502	2	2.251	2.823	.061
	组内	197.002	247	.798		
	总数	201.504	249			
D13	组间	2.990	2	1.495	1.798	.168
	组内	206.229	248	.832		
	总数	209.219	250			
D14	组间	.091	2	.046	.062	.940
	组内	180.185	247	.729		
	总数	180.276	249			
D15	组间	4.547	2	2.274	3.806	.024
	组内	148.723	249	.597		
	总数	153.270	251			

第四章 企业家胜任力结构的实证分析

表4-26　　　　　　　　　　　企业家展业型胜任力结构的地域差异性描述

		N	均值	标准差	标准误	均值的95%置信区间 下限	均值的95%置信区间 上限
D4	1	79	3.24	1.179	.133	2.98	3.50
	2	81	3.84	.955	.106	3.63	4.05
	3	92	3.59	1.050	.109	3.37	3.80
	总数	252	3.56	1.086	.068	3.42	3.69
D5	1	77	3.39	1.066	.121	3.15	3.63
	2	81	3.84	.928	.103	3.63	4.04
	3	92	3.66	.986	.103	3.46	3.87
	总数	250	3.64	1.006	.064	3.51	3.76
D6	1	79	3.42	1.139	.128	3.16	3.67
	2	80	3.80	.863	.096	3.61	3.99
	3	92	3.76	.906	.094	3.57	3.95
	总数	251	3.67	.984	.062	3.54	3.79
D8	1	79	4.09	.819	.092	3.91	4.27
	2	81	4.47	.654	.073	4.32	4.61
	3	92	4.21	.859	.090	4.03	4.38
	总数	252	4.25	.798	.050	4.15	4.35
D9	1	79	4.48	.714	.080	4.32	4.64
	2	81	4.47	.672	.075	4.32	4.62
	3	92	4.41	.729	.076	4.26	4.56
	总数	252	4.45	.704	.044	4.37	4.54
D10	1	79	4.35	.717	.081	4.19	4.51
	2	80	4.38	.682	.076	4.22	4.53
	3	92	4.26	.768	.080	4.10	4.42
	总数	251	4.33	.724	.046	4.24	4.42
D12	1	78	3.92	.802	.091	3.74	4.10
	2	80	3.68	1.003	.112	3.45	3.90
	3	92	3.61	.864	.090	3.43	3.79
	总数	250	3.73	.900	.057	3.62	3.84
D13	1	79	4.22	.827	.093	4.03	4.40
	2	80	3.96	1.024	.115	3.73	4.19
	3	92	4.00	.877	.091	3.82	4.18
	总数	251	4.06	.915	.058	3.94	4.17
D14	1	78	4.19	.790	.090	4.01	4.37
	2	80	4.15	.943	.105	3.94	4.36
	3	92	4.15	.825	.086	3.98	4.32
	总数	250	4.16	.851	.054	4.06	4.27
D15	1	79	4.41	.707	.080	4.25	4.56
	2	81	4.11	.866	.096	3.92	4.30
	3	92	4.12	.739	.077	3.97	4.27
	总数	252	4.21	.781	.049	4.11	4.30

二、企业家胜任力结构的行业差异分析

（一）企业家通用胜任力结构的行业差异分析

首先，对原始数据进行筛选。将"企业所属行业"这一栏缺失的问卷剔除，剩余问卷数量为264份。

其次，对这264份问卷进行验证性因子分析。分析结果显示，标准因子载荷系数（因素负荷量）不理想（理想的系数值应大于0.7）。按照较宽松的标准，将系数小于0.65的题项删除，即A2、A25两个题项。由于因子"关注效益"在删除A25和A2题项后，只剩余一个题项，构不成一个单独因子，故删除"关注效益"这个因子。删除后，模型的规范拟合指数（NFI）=0.895略低于0.9，比较拟合指数（CFI）=0.929>0.9和近似均方根残差（RMSEA）0.08=0.08，表明模型的整体拟合优度较好。

再次，在验证性因子分析基础之上进行行业差异分析。我们将行业分为"1=制造业"、"2=服务业（含交通运输、仓储和邮政业；信息传输、计算机服务和软件业；批发和零售业；住宿和餐饮业；金融业；租赁和商务服务业；科学研究、技术服务和地质勘查业；居民服务和其他服务业）"和"3=其他"三组，通过SPSS进行单因方差分析（one-way ANOVA），检验各变量在行业上有无显著性差异。结果表明，所有题项的显著性值均大于0.05，可见，企业家通用胜任力结构在行业之间不存在差异（如表4-27所示）。

（二）企业家创业型胜任力结构的行业差异分析

首先，对原始数据进行筛选。将"企业所属行业"这一栏缺失的问卷剔除，剩余问卷数量为264份。

其次，对这264份问卷进行验证性因子分析。分析结果显示，标准因子载荷系数（因素负荷量）不是很理想（理想的系数值应大于0.7）。按照较宽松的标准，将系数小于0.65的题项B1（0.641）删除。删除后，题项B2的因素负荷量仍在0.65之下，因此删除题项B2（0.608）。第二次删除后，所有题项的因素负荷量均在0.65之上。此外，模型的规范拟合指数（NFI）=0.938>0.9，比较拟合指数（CFI）=0.966>0.9，近似均方根残差（RMSEA）=0.063<0.08，模型的整体拟合优度好。

再次，在验证性因子分析基础之上进行行业差异分析。我们将行业分为"1=制造业"、"2=服务业（含交通运输、仓储和邮政业；信息传输、计算机服务和软件业；批发和零售业；住宿和餐饮业；金融业；租赁和商务服务业；科学研究、技术服务和地质勘查业；居民服务和其他服务业）"和"3=其他"三组，通过SPSS的单因素方差分析（one-way ANOVA），检验各变量在行业上有无显著性差异。结果，所有题项的显著性值均大于0.05，可见，企业家创业型胜任力结构在行业上不存在显著性差异（如表4-28所示）。

第四章　企业家胜任力结构的实证分析

表4-27　　　　　　　　　　　　　　　　　　　企业家通用胜任力结构的行业差异

		平方和	df	均方	F	显著性
A13	组间	1.093	2	.546	.781	.459
	组内	180.524	258	.700		
	总数	181.617	260			
A14	组间	.307	2	.153	.280	.756
	组内	140.847	257	.548		
	总数	141.154	259			
A16	组间	.486	2	.243	.339	.712
	组内	184.511	258	.715		
	总数	184.996	260			
A17	组间	2.581	2	1.290	1.726	.180
	组内	192.108	257	.748		
	总数	194.688	259			
A19	组间	1.851	2	.926	1.169	.312
	组内	203.549	257	.792		
	总数	205.400	259			
A20	组间	.326	2	.163	.216	.806
	组内	193.118	256	.754		
	总数	193.444	258			
A21	组间	.384	2	.192	.257	.774
	组内	190.145	254	.749		
	总数	190.529	256			
A22	组间	.548	2	.274	.361	.698
	组内	194.425	256	.759		
	总数	194.973	258			
A23	组间	.084	2	.042	.075	.928
	组内	144.881	258	.562		
	总数	144.966	260			
A24	组间	1.183	2	.592	.988	.374
	组内	152.662	255	.599		
	总数	153.845	257			
A28	组间	3.475	2	1.738	2.161	.117
	组内	207.490	258	.804		
	总数	210.966	260			
A29	组间	3.996	2	1.998	2.091	.126
	组内	245.615	257	.956		
	总数	249.612	259			

表4-28　　　　　　　　　　　　　　　　　　企业家创业型胜任力结构的行业差异

		平方和	df	均方	F	显著性
B3	组间	.142	2	.071	.115	.892
	组内	157.982	255	.620		
	总数	158.124	257			
B4	组间	.700	2	.350	.553	.576
	组内	158.639	251	.632		
	总数	159.339	253			
B5	组间	2.545	2	1.272	1.881	.155
	组内	170.490	252	.677		
	总数	173.035	254			
B6	组间	1.640	2	.820	1.319	.269
	组内	157.862	254	.622		
	总数	159.502	256			
B7	组间	.466	2	.233	.338	.714
	组内	174.499	253	.690		
	总数	174.965	255			
B10	组间	.033	2	.017	.029	.971
	组内	143.010	250	.572		
	总数	143.043	252			
B11	组间	.065	2	.032	.048	.953
	组内	170.088	253	.672		
	总数	170.152	255			
B12	组间	.243	2	.121	.199	.820
	组内	154.792	254	.609		
	总数	155.035	256			
B16	组间	7.572	2	3.786	2.910	.056
	组内	330.444	254	1.301		
	总数	338.016	256			
B17	组间	2.550	2	1.275	.864	.423
	组内	373.200	253	1.475		
	总数	375.750	255			

第四章 企业家胜任力结构的实证分析

（三）企业家守业型胜任力结构的行业差异分析

首先，对原始数据进行筛选。将"企业所属行业"这一栏缺失的问卷剔除，剩余问卷数量为264份。

其次，对这264份问卷进行验证性因子分析。分析结果显示，标准因子载荷系数（因素负荷量）不理想（理想的系数值应大于0.7）。按照较宽松的标准，将系数小于0.65的题项删除，即C12一个题项。再次进行验证性因子分析，发现又出现了一个系数小于0.65的题项，即C4一个题项，故进行二次删除。删除这两个题项之后，模型的规范拟合指数（NFI）=0.938>0.9，比较拟合指数（CFI）=0.960>0.9和近似均方根残差（RMSEA）0.076<0.08，整体拟合优度好。

再次，在验证性因子分析基础之上进行行业差异分析。我们将行业分为"1=制造业"、"2=服务业（含交通运输、仓储和邮政业；信息传输、计算机服务和软件业；批发和零售业；住宿和餐饮业；金融业；租赁和商务服务业；科学研究、技术服务和地质勘查业；居民服务和其他服务业）"和"3=其他"三组，通过SPSS进行单因方差分析（one-way ANOVA），检验各变量在地域上有无显著性差异。结果表明，所有题项的显著性值均大于0.05，可见，企业家守业型胜任力结构在行业上不存在差异（如表4-29所示）。

（四）企业家展业型胜任力结构的行业差异分析

首先，对原始数据进行筛选。将"企业所属行业"这一栏缺失的问卷剔除，剩余问卷数量为264份。

其次，对这264份问卷进行验证性因子分析。第一次分析结果显示，标准因子载荷系数（因素负荷量）不理想（理想的系数值应大于0.7）。按照较宽松的标准，将系数小于0.65的题项删除，即D3、D7、D16三个题项。进行运算后发现，仍有一个题项（D1）的因子载荷系数小于0.65，因此，第二次分析后删除题项D1。删除后，所有题项的因子载荷均大于0.7；模型的规范拟合指数（NFI）=0.952>0.9，比较拟合指数（CFI）=0.978>0.9和近似均方根残差（RMSEA）0.054<0.08，表明模型的整体拟合优度好。

再次，在验证性因子分析基础之上进行行业差异分析。我们将行业分为"1=制造业"、"2=服务业（含交通运输、仓储和邮政业；信息传输、计算机服务和软件业；批发和零售业；住宿和餐饮业；金融业；租赁和商务服务业；科学研究、技术服务和地质勘查业；居民服务和其他服务业）"和"3=其他"三组，通过SPSS进行单因方差分析（one-way ANOVA），检验各变量在行业上有无显著性差异。结果表明，所有题项的显著性值均大于0.05，可见，企业家展业型胜任力结构在行业上不存在差异（如表4-30所示）。

表4-29　　　　　　　　　　　　　　　　　　　　　企业家守业型胜任力结构的行业差异

		平方和	df	均方	F	显著性
C1	组间	1.673	2	.836	1.304	.273
	组内	157.733	246	.641		
	总数	159.406	248			
C3	组间	.024	2	.012	.019	.981
	组内	153.116	246	.622		
	总数	153.141	248			
C6	组间	.631	2	.316	.405	.667
	组内	191.425	246	.778		
	总数	192.056	248			
C7	组间	.989	2	.494	.755	.471
	组内	160.479	245	.655		
	总数	161.468	247			
C8	组间	.692	2	.346	.518	.596
	组内	164.160	246	.667		
	总数	164.851	248			
C9	组间	.746	2	.373	.448	.640
	组内	204.121	245	.833		
	总数	204.867	247			
C11	组间	1.404	2	.702	1.327	.267
	组内	129.560	245	.529		
	总数	130.964	247			
C13	组间	.855	2	.428	.697	.499
	组内	151.024	246	.614		
	总数	151.880	248			
C14	组间	.396	2	.198	.339	.713
	组内	143.901	246	.585		
	总数	144.297	248			

第四章 企业家胜任力结构的实证分析

表4-30 企业家展业型胜任力结构的行业差异

		平方和	df	均方	F	显著性
D1	组间	.018	2	.009	.015	.985
	组内	145.731	244	.597		
	总数	145.749	246			
D4	组间	6.310	2	3.155	2.694	.070
	组内	286.899	245	1.171		
	总数	293.210	247			
D5	组间	2.087	2	1.043	1.019	.362
	组内	248.714	243	1.024		
	总数	250.801	245			
D6	组间	.218	2	.109	.112	.895
	组内	238.891	244	.979		
	总数	239.109	246			
D8	组间	2.470	2	1.235	1.946	.145
	组内	155.526	245	.635		
	总数	157.996	247			
D9	组间	.850	2	.425	.838	.434
	组内	124.243	245	.507		
	总数	125.093	247			
D10	组间	.228	2	.114	.215	.807
	组内	129.861	244	.532		
	总数	130.089	246			
D12	组间	4.001	2	2.001	2.558	.080
	组内	190.080	243	.782		
	总数	194.081	245			
D13	组间	3.113	2	1.556	1.866	.157
	组内	203.559	244	.834		
	总数	206.672	246			
D14	组间	1.616	2	.808	1.104	.333
	组内	177.880	243	.732		
	总数	179.496	245			
D15	组间	1.221	2	.610	.988	.374
	组内	151.292	245	.618		
	总数	152.512	247			

第四节 企业家胜任力结构实证分析小结

一、企业家通用胜任力结构

本研究预试、探索性因子分析与验证性因子分析结果表明，企业家通用胜任力结构包括"学习能力、创新能力、信息搜寻与处理能力、识人用人能力、关注效益、协调关系"6个因子，分别属于"能力"与"行为"这两个维度（如表4-31所示）。

表4-31　　　　　　　　　　　　　　　　　　　　　　　　　　企业家通用胜任力结构

胜任力层次、维度			序号	题项
通用胜任力结构	能力	学习能力	1	善于从社会关系中丰富知识
			2	善于从实践活动中整合知识
		创新能力	3	善于发现解决问题的新方法、新手段
			4	敢于打破常规做事
		信息搜寻与处理能力	5	善于从多种渠道搜集各类信息
			6	根据需求加工并筛选出关键信息
			7	将各类资源按某种目的合理组合起来
		识人用人能力	8	善于寻找人才
			9	善于识别人才
			10	善于使用和激励人才
	行为	关注效益	11	积极行动并对可能发生的事情提出预案
			12	有很强的时间观念
			13	能用科学方法和手段在多方案中选择最优方案
		协调关系	14	与政府部门、公众媒体建立良好关系
			15	与金融机构建立良好关系

实证研究结果与本研究最初模型设计的最大差异在于：关于"个性"方面的通用胜任力要素全部没有通过检验。但我们认为这并不是说明个性特征对企业家而言不重要。只是说明，在被试者看来，相对于我们所预设的能力与行为要素而言，个性特征显得不是那么重要。另外，有用的个性特征也可以通过能力和行为要素予以展示。当然，问题还可能出在问卷填答的质量上。尽管本研究正式问卷的填答是由企业家亲笔进行的，但由于这些企业家正处于学习状态，可能受时间紧迫的影响，

第四章 企业家胜任力结构的实证分析

甚至存在代答现象。企业家们对能力与行为更了解且抱有更开放的态度，对自己的个性特征往往会自觉或不自觉地加以隐藏。

研究结果表明，提高学习能力、注重创新思维、关注信息、识别人才用好人才、关注效益、协调好与各个利益相关者关系对于企业家而言是极其重要的，在企业的任何发展阶段都不可忽视。在学习方面，企业家应当善于从社会关系中丰富知识，善于从实践活动中整合知识；在创新方面，要敢于打破常规做事，并善于发现解决问题的新方法、新手段；在信息搜寻与处理方面，企业家要善于从多种渠道搜集各类信息，根据需求加工并筛选出关键信息，并将各类资源按某种目的合理组合起来；在识人用人方面，企业家要善于寻找、识别、使用和激励人才；在关注效益方面，企业家需要树立很强的时间观念，用科学方法和手段在多方案中选择最优方案，积极行动并对可能发生的事情提出预案；在协调关系方面，企业家应当与政府部门、公众媒体、金融机构等建立良好关系。

二、企业家创业型胜任力结构

本研究预试、探索性因子分析与验证性因子分析结果表明，企业家创业型胜任力结构包括"分析与机会捕捉能力、资源获取能力、勾画愿景与承诺、权威"4个因子，分别属于"能力"与"行为"这两个维度（如表4-32所示）。

表4-32　　　　　　　　　　　　　　　　　　　企业家创业型胜任力结构

胜任力层次、维度			序号	题项
创业型胜任力结构	能力	分析与机会捕捉能力	1	能将复杂问题简单化并剖析出其规律性
			2	能自如地应对和化解难题
			3	能察觉到潜在需求
			4	能察觉到未被使用并可满足潜在需求的资源
		资源获取能力	5	能通过各种方法获得财务资源
			6	能通过各种途径获得信息资源
			7	能通过各种途径寻找到合作伙伴
	行为	勾画愿景与承诺	8	向合伙人描绘企业未来蓝图
			9	向员工表明企业发展将为其带来什么利益
			10	向合伙人表明企业发展将为其带来什么利益
		权威导向	11	以自己为中心做决定
			12	借助个人权力推动工作执行

我国民营企业家胜任力结构及其跃迁机理研究

实证研究结果与本研究最初模型设计的差异在于：理论设定中的能力维度包括资源获取能力、分析与判断能力、机会捕捉能力，实证检验之后，分析与判断能力、机会捕捉能力合并为一个维度，即分析与机会捕捉能力。理论设定中的行为维度包括勾画愿景、未来承诺、权威导向、个人表率，经过实证检验，行为维度简化为勾画愿景与承诺、权威两个因子。实际上是理论设定中的勾画愿景和未来承诺合并形成了勾画愿景与承诺因子，权威导向因子没有变化，个人表率因子被删除。个人表率因子被删除的原因可能是企业家在创业阶段虽然要身体力行，但需要自己解决的核心问题太多，不可能事事身先士卒、事必躬亲。

研究结果表明，分析与机会捕捉能力、资源获取能力、勾画愿景与承诺、权威与表率、冒险精神，对于创业型企业家而言极其重要。想要成功创业，成为创业型企业家，一定要对机会非常敏感，能察觉到潜在需求，并不失时机地抓住机会；通过各种方法获得财务资源、信息资源等，并善于通过各种途径寻找到合作伙伴；时常向合伙人与员工描绘企业未来蓝图，并阐述企业发展将为他们带来潜在利益；还需要树立权威，借助个人权力推动工作执行。

三、企业家守业型胜任力结构

本研究预试、探索性因子分析与验证性因子分析结果表明，企业家守业型胜任力结构包括"资源配置能力、团队与文化营建能力、战略规划、规范管理"4个因子，分别属于"能力"与"行为"这两个维度（如表4-33所示）。

表4-33　　　　　　　　　　　　　　　　　　企业家守业型胜任力结构

胜任力层次、维度			序号	题项
守业型胜任力结构	能力	资源配置能力	1	能够找准主营业务
			2	能够根据需要合理调整资源的使用方向
			3	合理授权，并持续反馈，有效控制
			4	为客户提供满意的产品和周到服务
		团队与文化营建能力	5	能根据任务、职责搭建团队并指明团队目标和方向
			6	协调物质、精神文化建设，明确企业宗旨、使命和价值观
			7	塑造典范引导员工行为
	行为	战略规划	8	制定战略规划与分步目标
			9	明确战略重点与战略措施
		规范管理	10	调整组织结构和岗位设置，明确职责分工
			11	规范各项管理制度、标准及业务流程

第四章 企业家胜任力结构的实证分析

实证研究结果与本研究最初模型设计的差异在于：理论设定中的能力维度包括资源配置能力、团队建设能力、文化营建能力，实证检验之后，资源配置能力因子继续独立存在，团队建设能力与文化营建能力合并为一个因子。理论设定中的行为维度包括战略规划、指导与授权、品牌提升、服务客户，进行实证分析以后，除"战略规划"相关内容得到部分保留外，理论模型中的"指导与授权、品牌提升、服务客户"均未通过实证检验。但实证结果的"规范管理"，其本意是规范工作流程与各项制度，也蕴含着品牌塑造和客户服务。

研究结果表明，资源配置能力、团队与文化营建能力、战略规划和规范管理，对企业家完成守业任务极其重要。即企业家守业成功的关键在于找准主营业务，合理配置资源；打造经营团队，建立规范文化；制定并实施战略规划；适时调整和优化组织结构，规范各项管理制度与流程。

四、展业阶段企业家的胜任力

本研究预试、探索性因子分析与验证性因子分析结果表明，企业家展业型胜任力结构包含"资源整合与危机应对能力、资本运作能力、影响他人、关注成本"4个因子，分别属于"能力"与"行为"这两个维度（如表4-34所示）。

表4-34　　　　　　　　　　　　　　　　　　　　　　　　企业家展业型胜任力结构

胜任力层次、维度		序号	行为描述
展业型胜任力结构	能力		
	资源整合与危机应对能力	1	优化已有资源的配置
		2	挖掘需求并引导需求，不断开拓新市场
		3	密切关注内外环境变化，调整企业战略，有进有退、有取有舍
		4	敏锐察觉可能发生的危机并建立应对机制
		5	出现危机时反应迅速，积极应对
		6	危机过后总结反思
	资本运作能力	7	利用发行股票、债券等方式优化资本结构
		8	利用拆分转让、收购、重组等方式，优化经营结构
		9	进行投资组合，分散投资风险
	行为		
	影响他人	10	能以自己的言行改变他人思想与行为
		11	有个人魅力，受他人尊重
	关注成本	12	采用新技术、新工艺、新方法降低各项成本
		13	熟知财务状况，注重开源节流
		14	精简机构，裁减冗员

实证研究结果与本研究最初模型设计的差异在于：理论设定中的能力维度包括资源整合能力、市场创造能力、资本运作能力，行为维度包括保持警觉、危机处理、影响他人、关注成本。实证检验之后，资本运作能力、影响他人、关注成本继续独立存在，资源整合能力、市场创造能力、保持警觉和危及处理则被整合为"资源整合与危机应对能力"一个因子。"保持警觉"和"危机处理"这两种重要行为都是源于企业家的"危机应对能力"，且这种能力可能还会派生出其他一些重要的行为。因此，将"危机应对"作为一种能力更为合适。此外，理论推导得出的"市场创造能力"未通过实证的检验，可能是因为在企业展业阶段的实际运作中，企业家的"市场创造能力"可以源于他们的"资源整合能力"与"资本运作能力"，即通过强力的资源整合与灵活的资本运作来创造新的发展契机。

研究结果表明，企业家在面对企业成长陷阱时，要成功推进企业蜕变重生或二次创业，除了需要具备资源整合能力、危及应对能力和资本运作能力以外，还要能够影响他人与自己一道行动，并关注成本的节约。

五、企业家胜任力结构在区域间和行业间不存在显著差异

根据相关统计分析，除"企业家创业型胜任力结构"个别题项和"企业家展业型胜任力结构"部分题项在区域间存在一定差异外，企业家通用胜任力结构和企业家专用胜任力结构在区域间和行业间不存在显著性差异。

这两个结论与本课题研究之前的预期有些出入。原以为，由于我国不同区域间存在着文化习俗、经济基础和制度情境等方面的差异，以及不同行业间存在着知识累积、技术投入和政策支持等方面的差异，不同区域和不同行业对企业家胜任力结构的要求存在显著差异。但研究结果表明，在总体上，我国民营企业家胜任力结构在区域间和和行业间不存在显著性差异。通俗地讲，根据本课题的研究结论，在我国，无论在哪里和无论选择什么行业，从事创业、守业和展业活动，对企业家胜任力结构的要求都是一致的。

第五章
企业家胜任力结构
的自我跃迁机理研究

第一节 企业家学习与企业家胜任力结构的自我跃迁

一、企业家学习

（一）企业家学习的含义

在有关企业家学习的已有研究中，有学者从学习作用的角度对企业家学习进行界定，如Simon（1981）指出，学习是系统中发生的能导致其对环境适应能力增加的任何变化。Hill（1992）认为，企业家学习是管理学习中最为独特的一种学习，它使得企业家在不断变动的环境中辨识、把握和实施企业发展机遇的能力大大增强。另有学者从如何学习的角度对企业家学习进行定义，如Young、Sexton（1997）把企业家学习界定为企业家用来获取、保持和使用企业家知识的行为过程和认知过程；而企业家知识是企业家在使经营事业不断增长的过程中所整合和使用的概念、技巧和智力，它所指的不仅仅是管理职能领域的概念性知识，还包括所从事领域内的专业知识。魏江、沈璞和王新礼（2004）认为，中小企业企业家学习的过程是对知识的获知、存储过程，也是对自身以及他人经验的解剖、反应和行为改变的过程，它与企家自身才能的发挥和企业的成长紧密相连。在袁安府、潘惠和汪涛（2001）看来，有效的企业家学习是指在长期记忆里企业家知识的获取、存储与使用。还有学者将前述两个角度结合起来对企业家学习进行诠释，Collins、Smith和Hannon（2006）认为学习是通过拥有不同经验和观点的人之间的互动获得的。在这些互动中，企业家会发现问题的解决办法、发展新理念以及制定负责的决策。

本研究倾向于从动态演化的视角出发，将企业家学习定义为：企业家为了解决企业发展中的一系列成长的痛苦，通过各种途径获取知识、存储知识，并对自身以及他人的经验进行解剖、反应，从而改变自身行为的过程，它与企业家才能的发挥和组织的发展密切相关。而企业家学习能力是一种企业家用来获得其他胜任力的胜任力，即通过持续地学习，企业家可以提升、补充现有知识、管理技能和管理素质。

（二）企业家学习过程、类型和方式

1. 企业家学习的过程

大多数的有关企业家学习的文献都将学习过程划分为不同的阶段。Argris（1978）提出了组织学习的三环模型，即单环学习、双环学习和反思学习，这对企业家学习具有一定的指导意义。在袁安府（2000）看来，企业家的学习存在如下两种模式：线性学习和非线性学习。其中，线性学习包括沿着某一单一学习路径与方向的一系列试错过程，可分为如下几个步骤：（1）对学习需求进行判断；（2）形成学习需求；（3）识别学习所需的人力与物质资源；（4）选择并实施合适的学习战略；（5）评估学习结果。企业家学习的另一种模式是对所面临问题的多路径非线性解决。在此种模式下企业家根据所追求的利益和要解决问题的必要性与可行性，对学习过程进行不断再定义并对学习方向做出适当的调整。Rae、Carswel（2000）也提出了基于个人感知过程的企业家学习概念模型（如图5-1所示）。

从图5-1可知，在Rae、Carswel（2000）的概念模型中，企业家学习是一个持续的过程，企业家可以在一定动机驱使下，利用自身的社会网络，学习自己或他人的经验，增加知识和才能，加宽拓深理论模式，从而最终使自身和企业都得到成长。

以上无论是袁安府的线性、非线性学习模型，还是Rae、Carswell的基于个人感知过程的企业家学习概念模型，均只是从认知的角度来考虑企业家学习的。

第五章 企业家胜任力结构的自我跃迁机理研究

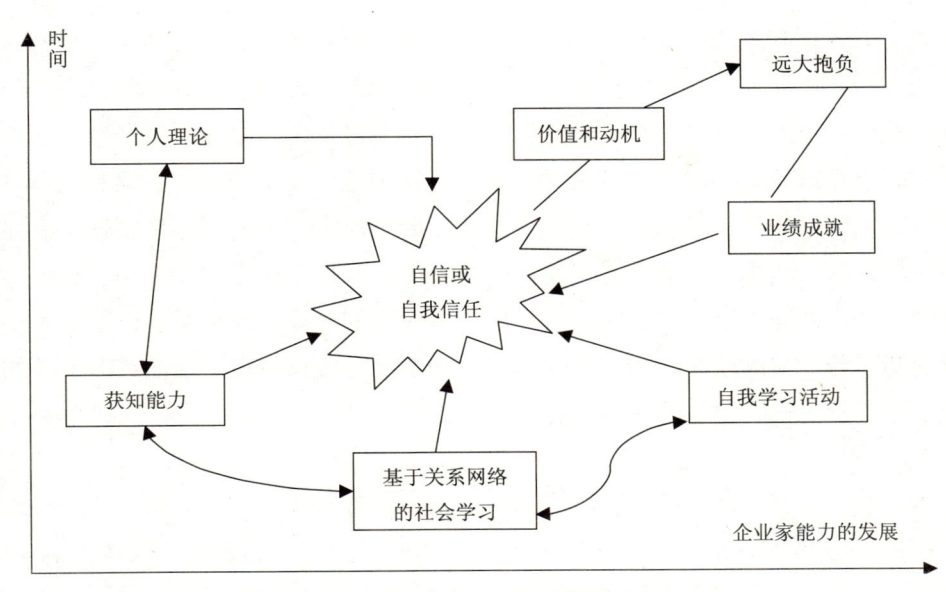

图5-1 企业家学习概念模型

魏江、沈璞（2005）在袁安府非线性学习模型的基础上，提出了企业家基于关键事件的触发式、非线性学习过程（如图5-2所示）。

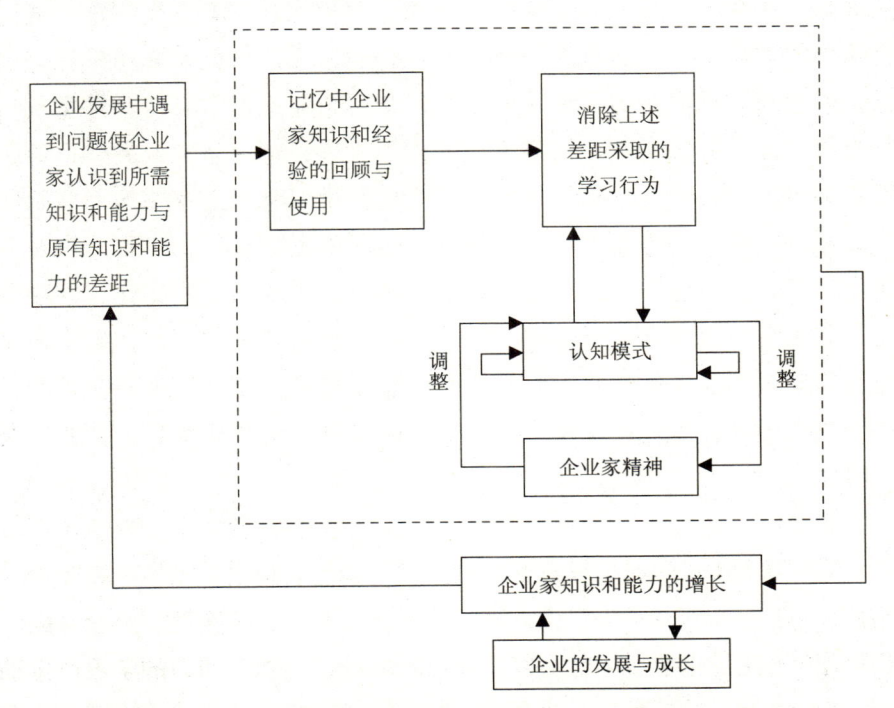

图5-2 企业家触发式、非线性的学习过程

按照魏江、沈璞（2005）的观点，在企业成长过程中出现的关键事件往往是企

119

业家现有的知识和经验所无法解决的，导致企业家现有的知识状态和认知模式与企业发展的所需不同步，出现了所需知识和能力与原有知识和能力的差距。为了消除这种差距，企业家必须采取学习行动。在这一学习过程中，企业家从一些实例中进行学习，不断试错，同时对认知模式和企业家精神进行部分增加、更换和删节。这种有关问题解决的更高级的认知模式和调整了的企业家精神，反过来也进一步强化了学习的行为，增强了企业家处理复杂事物的能力，使企业家的有关知识和经验得以加强，并与事业的成长与进步同步发展。企业家事业复杂性的增加也导致了企业家专门知识与专长的增长。与此同时，企业的发展与成长引发了新的关键事件的出现，于是，新一轮的学习行为再度发生。

2. 企业家学习的类型

Rae（2000）从学习的本质出发，将学习分为三种类型：认知学习（Bandura，1986；Gibb，1995）、经验学习（Deakins & Freel，1998；Garavan & O'Cinneide，1994；Kolb，1984；Gibb，1987）和隐含学习（Marsick & Watkins，1990）。认知学习是"知道"怎么做，经验学习是"干"中学，隐含学习是"懂得为什么"这么做，三者在整个学习过程中相互依赖，共同促使行为的改变（Mumford，1995）。Seger（1994）指出隐含学习过程有三个特征：通过隐含学习所获得的知识不完全是有意识获得的，企业家无法对此类知识进行完整的描述；所获取的知识比简单的因果关系更为复杂；企业家通常有一种感觉或一种灵感去完成某一任务或知晓某一特定系统的作用机理，这一感觉或灵感也许正是隐含学习的结果。Ghosh、Block（1993）认为显性学习是企业家在他们所感知的已有知识即能力水平与所需能力水平之间的差距所引发的有意识学习。当企业家面临程序化问题时，企业家能够有意识地把所需要解决的问题模式化，并在自己以往的经验和规则当中寻求与所需解决问题最为接近的解决方式。如果企业家发现自身经验和知识无法满足当前需要的话，企业家将通过显性学习来获取相关知识。这一学习的结果就是企业家长期记忆知识的增多，由此又增强了企业家对环境的适应能力。

李垣、赵文红（2002）从学习过程的特征出发将企业家学习分为隐含学习和明晰学习。前者指主体对学习过程缺乏明确意识，学习表现出自动性、模糊性，而后者则指主体对学习过程有明确意识，学习表现出控制性、清晰性。企业家的隐含学习不能用语言表达清楚学习了什么以及如何获取的，对隐含知识的学习产生抽象的知识，这是一个渐进的过程。企业家常常有一种感觉或一种灵感也许正是隐含学习的结果。而企业家的明晰学习是有意识的行为，是企业家获取、保持并使用必要的企业家知识的活动过程与认知过程。企业家如果感到他们所期望的知识或能力与预先有的知识与能力之间存在差距，企业家就会从事明晰学习。这两种学习相互联系、相互转化和相辅相成，构成了企业家学习的全部内容，隐含学习具有的自动性、模糊性使得其对复杂的企业家活动把握上具有优越性，为我们理解企业家的学习提供了新的启示。

综上所述，从学习的本质出发可以将学习分为认知学习、经验学习和隐含学习；从学习过程本身的差异出发可以将学习分为明晰学习和隐含学习。这两种分法不存在矛盾，只是划分的维度不同。企业家学习领域的学者多从认知或经验的角度进行研究，本研究的企业家学习行为也将涉及这两个领域。另外，隐含学习和明晰学习均能提高企业家的能力，帮助企业家实现胜任力跃迁。但隐含学习不涉及有意识的假设检验过程，由于其隐秘性和不可言传性会带来研究上的困难，而明晰学习则是企业家地针对企业不同成长阶段对企业家胜任力的要求而做出的有意识的学习。因此，本研究重点讨论企业家的明晰学习，即企业家有意识、明确主动进行的学习。

3. 企业家学习方式

Thomas（2005）将企业家学习分为4种具体维度，即投入、过程、产出和情境，进而提出了企业家学习的6种行为类型：主动寻找学习机会、有选择性且有目的地学习、深度学习、持续学习、提高并反思经验、成功地将先前经验转移到当前的实践中。Holcomb、Ireland、Holmes和Michael（2009）则认为，由于时间的限制和企业家所面临复杂而快速变化的环境，企业家很少有清晰的学习方法可以遵循，为了应对这些局限性，企业家往往简化战略或者采用探索性方法。探索性方法主要有可获得性启发法、代表性启发法、锚定和调整启发法。探索性方法可以积累知识，但有时候也会造成判断扭曲和出现学习偏差。

在解冻（2009）看来，传统的管理培训主要起作用的范畴是领导知识和领导技能等浅层次胜任特征，常规管理培训对领导胜任力的深层次因素的影响作用很小，而发展中心是领导胜任力开发的有效形式，基于发展中心的领导胜任力开发培训可以提升领导者的自我意识、态度价值观、领导特质和成就动机等胜任力。梁欣如、王勇（2005）则将企业家学习方式分为三大类，即"转移——吸收"类、探索—反思类和"互动——进化"类。"转移——吸收"类学习方式主要用于获取显性知识和程序性工作技能；"探索—反思"类学习方式主要适用于获得技能类和隐性知识；"互动——进化"类学习方式主要用于获得技能类与价值、品质、情感控制等深层次能力。在实际的职业发展学习中，这三类学习方式并非绝对孤立和割裂。企业发展中的企业家的某一学习途径，有可能同时伴有多种类型的学习方式。工作中的某一学习行为，可能混合了多种学习类型。如在完成某一项目任务时，处于项目小组中的个人有可能既会谋求别人的指导（"转移——吸收"类学习），也可能大家共同探讨，共同寻求解决问题的思路和方案（"互动——进化"类学习），还可能会在项目进行过程中和项目完成后对工作行为进行反思和系统总结（探索——反思类学习），将三类学习方式分开，只是为了研究方便，以便深入地分析能力发展的有效途径和具体的学习方式、方法。

（三）企业家学习的途径

对于企业家学习的途径，有学者以个别行业为背景进行研究，如David（2004）针对创造性和媒体行业提出，企业家可以通过个人社会体现、背景学习、相磋商的企业进行学习。其中，个人社会体现包括了叙述性的界定解释、家庭的角色、基于实践的界定、现有与未来界定的区别；背景学习包括了在行业中的学习、通过文化参与的机会识别、企业家活动的实践性理论；相磋商的企业包括参与企业、磋商学习、随时间变化改变角色、外部关系网络的结合。另有学者针对企业的规模提出企业家学习的途径，如Sullivan（2000）讨论了学习对中小企业的生存与成长的重要性，并将先前的或者现有的企业家作为新生的企业家的经验指导者来支持并给予建议，指出由指导者直接提供的旨在培训的即时学习是否在长期看来比一个传统的培训方法更有效率。

总体而言，正如崔瑜、焦豪（2009）所提出的那样，企业家学习无外乎三种途径：基于经验（关键事件）的学习、基于教育系统的学习和基于社会网络的学习。企业家通过这些有效学习手段进行知识的获取和应用，并提升企业家能力。张学华、陈志辉（2005）对浙江省一些中小企业家的访谈也验证了这三个学习途径，并发现企业家学习的知识资源主要有以下三类：源于教育系统的知识资源、内含于企业经营中的经验积累和嵌入在社会网络中的知识资源。针对这三种知识资源，中小企业家的学习行为也就分别表现为三种不同的模式，分别是基于学校、教育系统的企业家学习、基于"关键事件——解决"的企业家学习和嵌入在社会网络中的企业家学习。

1. 基于教育培训的企业家学习

张学华、陈志辉（2005）认为，教育系统是企业家获取标准化知识的有效途径，能够使企业家快速地掌握最新知识的发展，教师的"洗脑"过程也有利于他们建立起最先进的经营理念。另外，共享教育资源的这些企业家们往往拥有较多的共同语言，从而容易形成"课后"密切的商业或非商业关系，从另一个层面推动了企业家基于社会网络的学习行为。但基于教育系统的学习是成本效应比较显著的行为，显而易见的是教育费用问题，其次就是企业家必须抛开繁重的经营事务而进行"没有生产率"的课堂活动。企业家要认识到不断接受教育的重要性，一方面企业家要有长远发展的战略眼光，另一方面企业的经营也必须达到一定层次，起码可以在某些时候和在某些方面免于"人治"。因此并不是每个企业家都适用于采用这种学习模式并受益其中。此外，于正东（2005）提出加强培训和学习，提高管理团队的通用管理能力和行业通用管理能力。但张建琦、赵文（2007）通过实证研究后认为，教育与培训对企业家能力没有直接影响，说明理论知识不能直接转化为能力，企业家需要通过教育培训以外的实践环节和途径才能把理论知识转化为实际能力。

2. 基于经验（关键事件）的企业家学习

按照Collins、Smith和Hannon（2006）的观点，企业家可以通过学习其他企业家的经验提高自身的能力，其形式包括合作、协同学习和集体活动。Diamanto（2005）则提出了企业家经验学习过程的一个概念性框架，即一是企业家的工作经验，包括管理、行业经验，是与企业家知识的发展相关的；二是企业家卓越的转化模式可以缓和自身工作经验和知识的关系；三是企业家以往的产出是和他将经验转化为知识的模式相关的；四是企业家卓越的推理能力是和他将经验转化为知识的模式相关的；五是企业家的职业倾向是和他将经验转化为知识的模式相关的。Diamanto认为，企业家学习是一种经验式的过程。经验的角色是非常重要的，它可以帮助企业家改善他们发现和挖掘机会的能力，以及当组织和管理面临新问题时，企业家学习如何克服传统的障碍。企业家就是在经验性的过程里将经验转换为自己的知识的。

很多学者将企业家经验的学习具体到基于关键事件的企业家学习。如Cope、Watts（2000）就指出，企业家学习过程中会遇到很多复杂的关键事件，表明了企业家通常要面对很长一段创伤时期，而且这种关键事件最终会导致基本的、更高层次的学习。作者还强调了导师支持的必要性，导师可以帮助企业家将关键事件转变成学习经历，以增加学习结果的力量。按照Boussouara、Deakins（1999）的观点，非高科技公司创业阶段企业家学习过程中的关键因素有：与顾客打交道、开发产品以及与其它利益相关者打交道。Boussouara、Deakins认为，市场战略的演变是企业家学习过程的一部分，而且强调企业家学习过程具有多样性，比如学习过程中政策制定和执行者的干涉等都会对企业家学习过程产生影响。当企业家克服一些潜在的错误，学到一些东西以及发展了一些网络时，非高科技企业的创业阶段通过学习经验为企业家提供了一个重要的准备时期，它向新手企业家提供了一个有价值的发展窗口。

3. 基于社会关系网络的企业家学习

Taylor（2004）利用实证方法证明了社会关系和企业家之间的关系，并且对这些关系的影响进行了界定。Taylor在文章中建立了一个基于实践性学习的社会和会话模型，最终证明学习者并不是"聪明的鲁宾逊·克鲁索"，每个人都有其社会角色，并且在这种社会关系中学习和影响。魏江、沈璞（2005）指出，企业家通过特定的网络获取信息和资源并进行学习，网络是提高企业家能力的重要途径。基于不同生命周期阶段的中小企业具有各自的特点，相应的企业家网络也具有不同的特征，而且基于不同网络的企业家学习机制也是动态变化的。他们按生命周期理论，对中小企业处于创立期、过渡期以及成长期三个不同阶段的中小企业家网络的特征及其演变作了分析，并在此基础上讨论了不同成长阶段基于企业家网络的学习过程模式。在企业创立期，网络中的知识流动单向、频繁，企业家个人网络的学习是一种与结网行为同时发生的、从无意识到有意识、从被动到主动的吸收式学习模式；在企业过渡期，企业家的学习应是一种基于关键事件的触发式、非线性的学习模式；在企业成长期，网络中的知识流动具有双向性，此时，企业家的学习是有意识的、主动的和渐进式的，具有系统性、流程性和持续性特点。张建琦、赵文（2007）将社会关系网络分为由政府及非营利机构等构成的环境型网络、由供应商和客户等价值链上的相关人员和机构组成的市场型网络和由专家学者、培训咨询机构组成的专家型网络。其中，环境型网络对企业家管理的规范化和能力改善具有积极的影响。因此，政府有责任担负起提高中小企业家能力的任务。市场型网络最大的作用是提供市场机会，促进创新，并且有助于企业家明确企业战略和发展方向。因而企业家对于市场型网络应用的重点在于提升自身发现机会，推进创新和辨识企业发展方向的能力。而专家型网络带来的知识和信息有助于企业的创新和改善内部管理，并且能够指导企业长远发展。因此，商学院和管理咨询机构的任务是帮助企业家推进创新，改善内部管理和明确企业的战略方向，而非直接提供市场和产品机会。

由上可见，三种企业家学习途径是相辅相成，相得益彰的。张建琦、赵文（2007）认为管理经验对企业家的创新、运营和战略管理能力的影响不显著，说明经验的积累不能确保企业家主要能力的全面提升，完全依赖经验有可能制约企业家进行创新、改善运营管理，阻碍企业的持久稳定发展；教育与培训对企业家能力没有直接影响，说明理论知识不能直接转化为能力，企业家需要通过教育培训以外的实践环节和途径才能把理论知识转化为实际能力，而仅靠社会关系网络学习肯定是不够的。因此，企业家在学习过程中应该充分利用这三种学习途径，积极主动学习，以获得知识、能力的提升。

（四）企业家学习的障碍

首先是企业家的主动性问题。Jansen & Wees（1994）认为，企业家行为不会自动地改变，除非他们有改变的动机并参与到培训课程、质量计划、改变计划中。企业家

第五章　企业家胜任力结构的自我跃迁机理研究

变革就意味着企业家需要进行学习，当企业家拥有变革的态度和知识时变革并不会发生，只有当人们把自己的这些变革的态度和知识转化为工作中的行动时变革才发生。

其次是企业外部环境可能阻碍企业家学习。前已述及，在Holcomb、Ireland、Holmes和Michael（2009）看来，由于时间的限制和企业家所面临环境的复杂和多变，企业家很少有清晰的学习方法可以遵循，为了应对这些局限性，企业家往往简化战略或者采用探索性方法。探索性方法可以积累知识，但是有时候也会造成判断扭曲和出现学习偏差。Kelliher、Henderson（2001）则指出，小企业在行业中是比较弱势的，变革往往也是由企业外部引起的，企业家需要进行学习以引导变革，但是企业家往往由于企业规模、组织结构、时间等因素限制而没有主动去学习。

最后就是企业家学习过程中也会遇到各种障碍。如Ravasi & Turati（2005）指出，关于企业家创新的提升或者阻碍学习过程的影响因素，包括承诺（时间、关注和资源）、可感知的收益不确定性、对过程的控制力、相关的知识基础。并且通过对同一公司的两个技术进步项目对比分析，作者发现，这4种因素并不是单独地影响学习过程，而是相互联合形成自我加强的循环。通过影响有限的注意力和资源的分配，这种自我加强的循环还会影响学习过程的效力。

二、企业家胜任力结构的自我跃迁及其影响因素

（一）企业家胜任力结构自我跃迁的内涵

为了满足企业成长对企业家胜任力结构的需要，企业家胜任力结构应当随企业成长而发生转换，即企业家胜任力结构从一种结构转换为另一种结构，我们称之为"企业家胜任力结构跃迁"。

当企业家现有的胜任力结构和企业成长所处阶段所需要的胜任力结构存在差异或结构不符，即企业家胜任力结构存在缺口时，企业家会感受到自己胜任力结构适应不了企业成长要求的压力，于是主动优先选择自我跃迁方式进行胜任力结构的跃迁，即企业家利用企业内外部各种资源主动学习，自我转换和升级企业家胜任力结构（能力和行为）的过程。

按照本研究对企业成长阶段的界定，企业家为了能够有序推进企业成长，其胜任力结构的自我跃迁包括一次自我跃迁和二次自我跃迁。一次自我跃迁是指企业家由创业型胜任力结构向守业型胜任力结构的自我转换和升级；二次自我跃迁是指企业家由守业型胜任力结构向展业型胜任力结构的自我转换或升级。

（二）企业家胜任力结构自我跃迁的影响因素

1. 个体因素

企业家的进取意识和学习能力。企业家的进取意识指的是企业家不断追求进步

并超越自我的一种意愿和精神。企业家进取意识是企业家保持激情、持续学习和永不放弃的原动力。其实，企业家胜任力结构的自我跃迁就是企业家通过持续学习，不断追求进步，转化自身胜任力，以满足企业成长需要的过程。在这个持续不断的学习过程中，企业家哪怕是"在某一个时刻"缺乏进取意识，都有可能由于其学习激情衰减而影响到其学习成果，从而影响其胜任力结构的自我跃迁。所以，企业家是否具有足够的进取意识是其胜任力结构自我跃迁至关重要的影响因素。

企业家的学习能力就是指企业家将知识资源内化为自身经营管理企业的能力和行为的效率和效果。企业家的学习能力直接影响到企业家学习的速度和质量，进而影响到企业家胜任力结构自我跃迁的效果。一个人的学习能力既受其理解能力、接受能力和记忆能力等这些具有先天禀赋性因素的制约，又受到后天教育训练、技巧提升等因素的影响。显然，一个既具有先天禀赋，又受过后天良好训练的企业家，其最有可能根据企业成长的需要，通过学习跃迁自身的胜任力结构。

2. 组织因素

企业家培训体系。企业家培训体系就是企业根据自身成长状况，对企业家培训时间、培训内容和培训方法等所进行的有计划的系统安排。组织内部要有计划、有针对性地给企业家创造条件、争取机会或者提供资源支持，来帮助企业家更好更快地学习，实现胜任力结构的自我跃迁。

目前，在我国比较常见的企业家培训体系有如下三种形式：第一种就是企业内部对企业家实施的培训。这一层次的培训内容更多地关注的是组织内部的运营和管理知识以及组织文化等方面的信息，通过对这些信息的收集、整理和传递，可以强化企业家对企业的深层次了解，提高管理决策的科学性。第二种指的是企业与高等院校、科研单位之间的教育合作与联系（如企业家参与EMBA、EDP和学位课程等项目学习或企业与高校进行相关教育项目的合作）。通过企业与这类专业性学术机构的教育合作与交流，可以促使企业家快速接触、了解和掌握最新和最前沿的科研成果或思想观点，弥补其原有知识和能力的不足，从而实现胜任力结构的自我跃迁。最后一种培训形式则是指企业与高校、科研单位和管理顾问公司之间的应用型项目开发合作联系（如某项管理流程和制度设计，或某项技术难题攻关，或某种产品合作开发等）。企业应当加强与高校、科研单位和管理顾问公司之间的应用型项目开发合作，这类合作不但可以利用高校、科研单位和管理顾问公司的优势，辅助企业完成特定任务，而且可以促进企业家带领他的团队在完成这些特定任务的过程中进行学习，并帮助企业家实现其胜任力结构的自我跃迁。

3. 环境因素

教育环境与其他环境。教育环境对企业家实现胜任力结构的自我跃迁具有十分显著的影响。社会对教育是否重视，教育相关的基础设施如何，教育体系和师资配备怎样，这些都关系到企业家学习与培训所面临的支持性环境的质量，进而影响到企业家胜任力结构自我跃迁的效果。如果有一个良好的教育支持环境，企业家不但可以通过教育资源作用于自己，直接获取知识，还可以充分利用国家和社会提供的各种人才资源（比如职业经理人）作用于自己，间接获取知识，最终实现胜任力结构自我跃迁的目的。

另外，一个国家或地区的社会、经济和文化环境也会对企业家胜任力结构的自我跃迁产生重要影响。如一个国家或地区的社会价值观、经济发育程度和核心文化精神等都会影响、制约和导向企业家的学习活动，进而影响企业家胜任力结构的自我跃迁。

三、企业家学习的目的与企业家胜任力结构的二次自我跃迁

（一）企业家学习的目的

前已述及，在企业从创业阶段向守业阶段，然后向展业阶段成长的过程中，企业所面临的外部经营环境和内部组织条件在不断发生变化，企业要解决的主要难题也不一样，要解决这些不同的难题需要企业家履行不同的焦点活动，而企业家要顺利履行这些焦点活动就需要具备相应的胜任力结构。因此，企业家学习的直接目的就是为了填补企业家所拥有胜任力结构与企业成长相应阶段对企业家胜任力结构要求之间的"缺口"。

企业家能力是培养出来的，是可以付出努力通过学习而得到的（德鲁克，2000，中文版）。企业家学习使得企业家在不断变动的环境中辨识、把握和实施企业发展机遇的能力大大增强（Hill, 1992）。事实上，企业家通过不同方式的学习提升了企业家自身的能力（崔瑜和焦豪，2009）。同样，企业家也可以通过各种机会（如与同行交流、和客户打交道、跟同事或幕僚沟通等）向他人学习并修正或优化自己的行为。

企业家学习就是企业家基于经验、社会网络和教育系统将知识资源内化为自身经营管理企业的能力和行为的过程。需要说明的是，和其他社会个体一样，企业家学习所获取的是知识，但我们更关注的是企业家所获得知识得以内化并应用的表现形式，即企业家经营管理企业的能力和行为。

企业家作为特定的个体类型，在复杂的社会、经济和文化环境中扮演着独特的经营管理者角色，其学习是个体学习的特殊形式，企业家学习兼具个人学习和组织学习的特征。这是说，一方面，在经营管理企业的过程中，企业家同时在功能性领域（管理领域）和专业性领域（技术领域）适时进行学习（袁安府、潘惠和汪涛，2001）。另一方面，作为企业的最高领导人，企业家的学习行为不仅直接影响和导向着企业组织的学习行为，还在很大程度上展示着企业组织的学习特征。

（二）企业家胜任力结构的二次自我跃迁

对照企业成长不同阶段对企业家胜任力结构的要求，企业家学习有两个直接目的：一是为了维持企业家的通用胜任力结构；二是为了跃迁企业家的专用胜任力结构（如图5-3所示）。

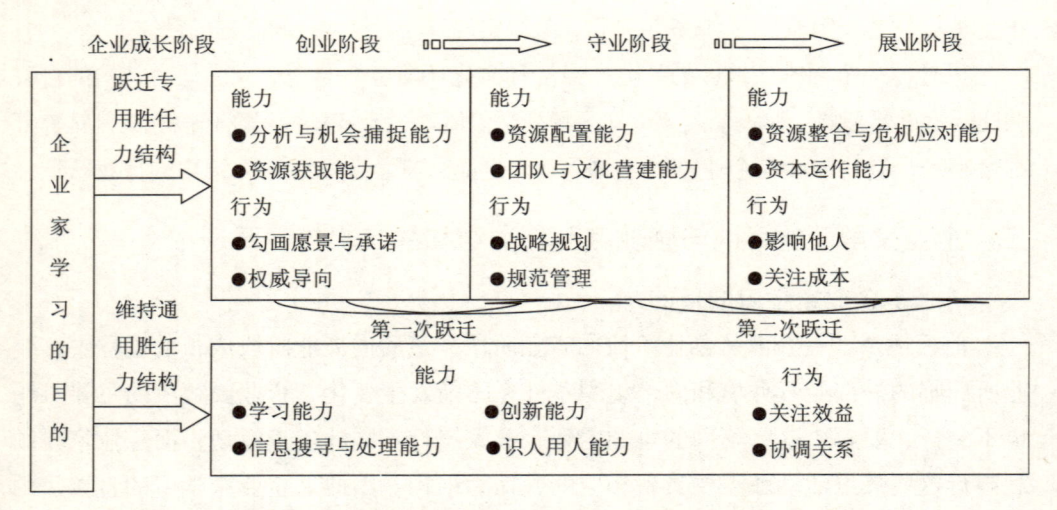

```
企业成长阶段        创业阶段 ==>  守业阶段 ==>  展业阶段

              跃迁专     能力              能力              能力
              用胜任     ●分析与机会捕捉能力 ●资源配置能力     ●资源整合与危机应对能力
              力结构     ●资源获取能力      ●团队与文化营建能力 ●资本运作能力
企业                   行为              行为              行为
家学                   ●勾画愿景与承诺    ●战略规划         ●影响他人
习的                   ●权威导向         ●规范管理         ●关注成本
目的
                              第一次跃迁           第二次跃迁
              维持通
              用胜任     能力                              行为
              力结构     ●学习能力         ●创新能力        ●关注效益
                       ●信息搜寻与处理能力 ●识人用人能力    ●协调关系
```

图5-3 企业家学习的目的与企业家胜任力结构的二次跃迁

在企业成长的整个过程中，为了维持通用胜任力结构，企业家学习的内容主要包括：（1）学习方法与创新方法；（2）优秀企业家成功案例；（3）信息搜寻、处理技术与方法；（4）管理基础理论、管理前沿理论及其管理实践；（5）沟通与协调技巧；（6）时间管理；（7）效率与效益；（8）识人、用人方法和技巧。

当企业从创业阶段向守业阶段成长时，为了实现胜任力结构的第一次自我跃迁，企业家学习的内容主要包括：（1）管理哲学与管理心理学基本知识；（2）计划管理方法；（3）预算管理方法；（4）企业战略规划与管理；（5）企业文化及其建设；（6）品牌建设与管理；（7）企业管理制度与流程建设；（8）团队建设与管理。

当企业从守业阶段向展业阶段成长时，为了实现胜任力结构的第二次自我跃迁，企业家学习的内容主要包括：（1）企业战略转移与战略联盟；（2）创造市场或创造客户；（3）企业拆分、重组与多元化；（4）企业兼并、收购与破产的理论与实践；（5）企业危机管理；（6）金融工具及其使用；（7）企业风险管理；（8）成本效益管理。

第五章　企业家胜任力结构的自我跃迁机理研究

第二节　企业家胜任力结构的第一次自我跃迁与企业家学习

一、企业家胜任力结构第一次自我跃迁的内容

前已述及，为了满足企业从创业阶段到守业阶段成长的需要，企业家一方面需要保持通用胜任力结构，另一方面需要跃迁专用胜任力结构。结合之前本研究所得出的企业家胜任力结构研究结论，企业家应当围绕企业家通用胜任力结构，以及守业型胜任力结构和创业型胜任力结构的差异，通过学习进行胜任力结构的第一次自我跃迁（如图5-4所示）。

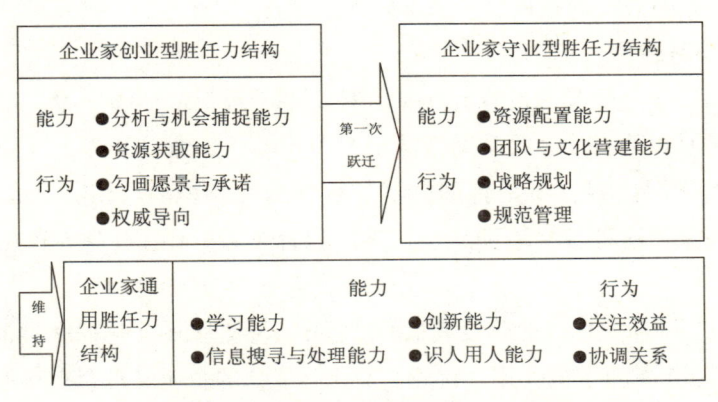

图5-4　企业家胜任力结构的第一次自我跃迁内容

如图5-4所指向的那样，在一般的意义上，企业家除了通过学习不断提升自己的学习能力、创新能力、信息搜寻与处理能力和识人用人能力，以及强化"效益"导向和"关系"导向行为以外，还应当在创业成功的同时，通过学习使自己的胜任力结构从创业型向守业型转换。

其实，在总体上，企业家胜任力结构的第一次自我跃迁主要是强化企业家的资源配置知识、团队与文化管理理念、战略行动和规范管理行为。基于此，企业家的学习内容主要包括管理哲学类知识、战略管理与职能管理类知识和识人用人类知识。所谓管理哲学，就是管理的世界观与方法论的总称。管理哲学的基本问题包括：管理是什么（what）、为什么管理（why）和如何管理（how）。管理哲学类知识是企业家树立管理理念、进行战略与职能管理和识人用人的基础，是企业家胜任力结构第一次跃迁中学习的重点。战略管理与职能管理类知识能够帮助企业家基于长远的视角提升管理知识和规范管理行为。识人用人是企业家通过打造团队实现守业成功的根本。

129

二、基于企业家胜任力结构第一次自我跃迁的企业家学习

（一）学习对象

如前所述，企业家第一次胜任力跃迁的学习内容主要是管理哲学与管理理论知识，即企业家要为企业注入灵魂，促进企业经营管理的规范化、制度化和系统化。这就要求企业家的学习对象必须拥有、蕴含或潜藏着管理哲学和管理理论知识，这样的对象可能包括书本、高级管理培训班的同行优秀者、高校工商管理学教授以及各类专业顾问和其他高素质人才等。另外，成功的国内外企业也是企业家的学习对象，企业家可以从同行中寻找标杆，学习并吸收同行的成功经验，同样还可汲取同行企业在某些方面失败的教训。

（二）学习途径

前已述及，企业家学习的途径包括三种：基于教育培训的学习、基于经验（关键事件）的学习和基于社会关系网络的学习（崔瑜、焦豪，2009）。企业家第一次胜任力跃迁的学习内容主要是管理哲学与管理理论知识。所以，其学习途径以教育培训学习为主，这种教育培训又包括学位教育（如EMBA教育）和在职管理培训（如EDP培训）。

在企业从创业阶段向守业阶段成长的过程中，企业家的文化程度对企业的成长在某种程度上起着至关重要的作用。首先，文化程度低的企业家常会有一种害怕失去对组织控制的心理倾向，在招聘、重用受过良好教育的人才时不自觉地存在一定心理障碍，而重用这些人才对当今科技迅猛发展时代的创新是非常关键的。其次，个体认识事物的深度、高度及敏锐性在一定范围受制于文化程度（当然也不排除经验的作用）的高低。较高文化程度的个体通常更可能倾向于从战略的视角推进新创企业的发展。相关调查显示，80%的企业家认为不断的理论学习对实际工作具有指导意义，他们把不断的理论学习称为"充电"；86%的企业家认为，如果有条件，他们很希望到高校接受系统的培训（袁安府、潘惠和汪涛，2001）。

企业家在经营企业前已经拥有一定程度的教育水平，虽然调查显示我国中小企业企业家所接受的教育水平普遍较低，但不可否认的是，这些相对有限的知识存量也构筑了企业家最初的知识平台，为后续经验知识的搭建创造了条件。张学华、陈志辉（2005）对浙江省中小企业的调查发现，那些经营较好、拥有一定社会知名度的企业家，普遍都拥有较好的教育水平，其中还有不少是教师出身，从接手校办工厂开始实现身份的转变。

除了学历教育之外，许多高等院校的商学院所开设的课程也服务于企业家知识水平的提高，成为企业家又一个重要的知识来源。这一点可以从高校相关课程逐年

第五章 企业家胜任力结构的自我跃迁机理研究

增多得到佐证,例如,我国很多高等院校的商学院都启动了"管理精英班"之类的项目,这类项目采用模块化教学,教学内容包括理论知识模块、企业家讲座专题模块和体验模块(公司项目实习、实践考察等)。

与其他两种学习途径相比而言,教育系统中知识资源更能满足企业家的特殊要求,使企业家的知识库能够得到扩展,并可以使企业家的知识基础具有良好的结构性。教育系统往往是企业家最先接触到的学习途径,或多或少他们都曾经在学校中接受过教育,先入为主的效应让这些针对性并不强的基础教育,对企业家日后的创业行为产生很大的影响。研究表明,学历较高的企业家往往比较多地在高科技产业中经营,而学历相对较低的创业者,往往因为缺乏相应的基础知识存量而更多地进入制造业。

此外,基于社会关系网络的学习贯穿于企业的整个成长过程中,但在企业发展的不同阶段,企业家主要借助的网络类型不同。相关实证研究表明,环境型网络对于企业家的运营管理、战略管理和机会能力影响显著,反映出政府支持对中小企业的发展具有重要的作用,环境型网络对企业家管理的规范化和能力改善具有积极的影响。因此,政府有责任担负起提高中小企业家能力的任务。市场型网络显著影响企业家的创新、机会和战略管理能力,说明市场型网络最大的作用是提供市场机会,促进创新,并且有助于企业家明确企业战略和发展方向。由此可知,商学院和管理咨询机构的任务是帮助企业家推进创新,改善内部管理和明确企业的战略方向,而非直接提供市场和产品机会。所以,企业从创业阶段向守业阶段成长的过程中,企业家需要更多地利用专家型网络和环境型网络来提升自己规范化管理的能力。

(三)学习方式

已有研究有学者将企业家学习方式区分为"转移——吸收"、"探索——反思"和"互动——进化"3类,并认为这3类学习方式分别与基于教育培训的学习、基于经验(关键事件)的学习和基于社会关系网络的学习3种途径相对应(梁欣如、王勇,2005)。因此,企业家胜任力结构在第一次跃迁中的主要学习方式是"转移——吸收"和"互动——进化"。

1. "转移——吸收"类学习

"转移——吸收"类学习是指在个体外部存在着个体所需的知识源,个人所需的这类知识和能力通过知识源的扩散和转移实现,这既包括显性的"知是"(know what)和"知因"(know why)类显性知识,也包括知窍(know-how)类隐性知识。知识源是指这些知识的载体可以是具有这些知识和能力的他人,也可是其他物理类知识载体,如书本、电子数据库等。

这类学习的突出特点是个人在这一能力发展过程中,不涉及到知识的创造和建构，而仅仅是从知识源处吸收知识，知识的吸收只是学习的第一步，在将吸收的知识进行内化、整合到已有的能力基中，实现个人认知过程或行为改变后才真正完成能力增长过程。"转移——吸收"型的学习方式主要用于获取显性知识和程序性工作技能，也就是表层能力。

在知识获取过程中，具体的学习方式有很多，如他人的指导、传授、观察、模仿、阅读记忆等，可以是公司组织的正规培训，也可以是个人的自我学习。"转移——吸收"类学习过程如图5-5所示（梁欣如、王勇，2005）。

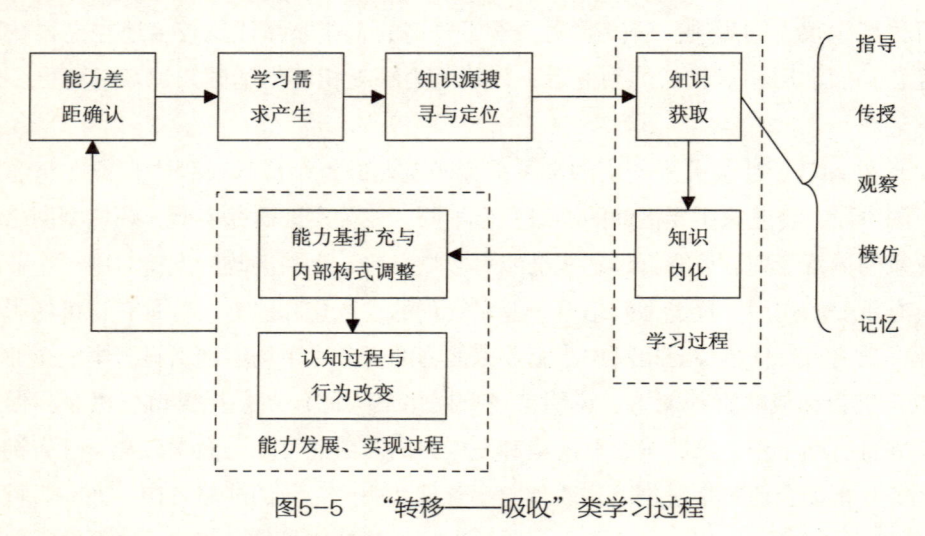

图5-5 "转移——吸收"类学习过程

2. "互动——进化"类学习

"互动——进化"类学习方式是在群体环境下发生的。在"互动——进化"类学习过程中，参与学习的各主体相互启发、相互学习、共同学习，在对他人的学习行为及时提供反馈的同时，也积极寻求他人对自己的反馈，最终实现共同进步和提高。这类学习实际上是一种团队学习、组织学习，如行动学习就属于这类学习。并且在这类学习中，个人成为学习的中心，学习效果能够在群体中迅速扩散，并在扩散中进一步发展。

在第一次胜任力跃迁中，通过与网络群体中的其他人的交互作用，企业家一方面会获得新的知识和管理技能，另一方面会在主流强势文化下，对自己的价值取向进行调整，以更好地融入群体环境中。只要处于合适的社会关系网络中，而且网络中的其他人具有极强的进取心，便会有助于企业家自身素质的培养。"互动——进化"类学习过程如图5-6所示（梁欣如、王勇，2005）。

第五章 企业家胜任力结构的自我跃迁机理研究

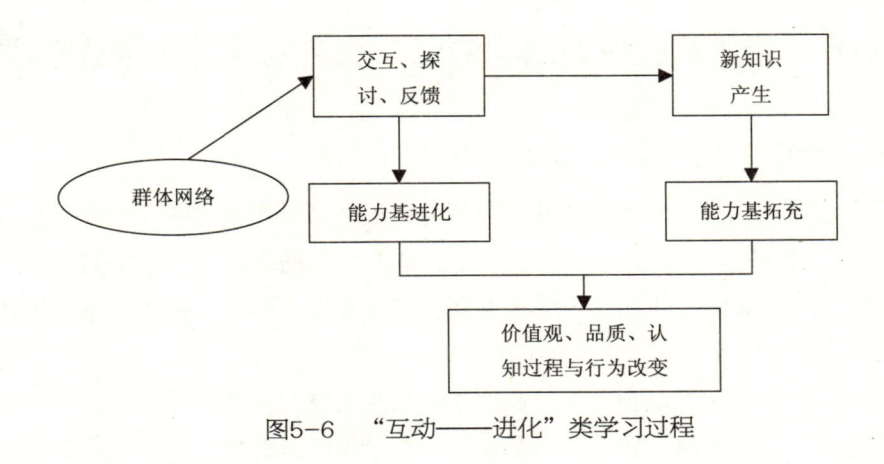

图5-6 "互动——进化"类学习过程

三、小结

综上所述，企业家胜任力结构的第一次自我跃迁与企业家学习之间的关系机理如表5-1所示。

表5-1　　　　　　　　　　企业家胜任力结构的第一次自我跃迁与企业家学习

学习目的	主要学习内容	主要学习途径	主要学习方式
企业家维持通用胜任力结构	●学习方法与创新方法●优秀企业家成功案例●信息搜寻、处理技术与方法●管理基础理论、管理前沿理论及其管理实践●沟通与协调技巧●时间管理●效率与效益●识人、用人方法和技巧	在企业成长过程中相机选择适宜的途径进行学习	在企业成长过程中综合使用各种学习方式进行学习
企业家胜任力结构的第一次自我跃迁	●管理哲学与管理心理学基本知识●计划管理方法●预算管理方法●企业战略规划与管理●企业文化及其建设●品牌建设与管理●企业管理制度与流程建设●团队建设与管理	教育培训系统	"转移——吸收"
		社会关系网络（环境性网络、市场型网络）	"互动——进化"
		经验	"探索——反思"

需要特别注意的是，在企业家胜任力结构的第一次自我跃迁中，其主要学习方式是基于教育培训系统的"转移——吸收"学习与基于社会关系网络的"互动——进化"学习，但不同学习方式之间并不是完全独立的，而是相互交织、相互补充。所以，基于经验的"探索——反思"学习方式对企业家胜任力结构的第一次自我跃迁也是不可或缺的。

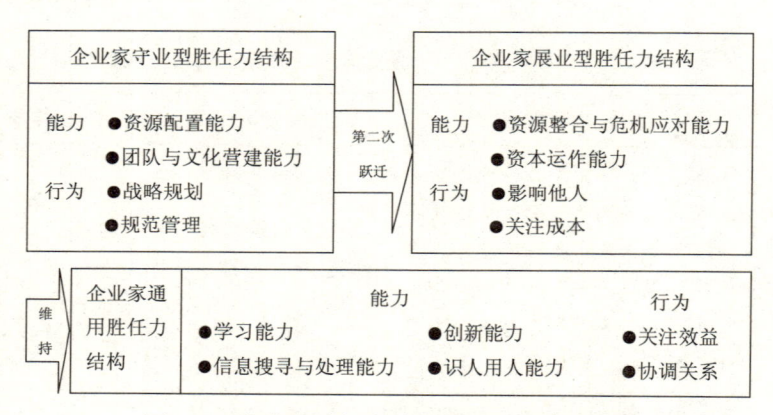

第三节　企业家胜任力结构的第二次自我跃迁与企业家学习

一、企业家胜任力结构第二次自我跃迁的内容

同创业阶段到守业阶段的企业家胜任力结构的第一次自我跃迁一样，在企业从守业阶段向展业阶段成长的过程中，由于企业所面临的难题与企业家的焦点活动发生了变化，企业家所需的胜任力结构也相应需要改变。因此，企业家需要实现其胜任力结构的第二次跃迁来适应并推进企业进一步成长。

也就是说，为了满足企业从守业阶段到展业阶段成长的需要，企业家一方面需要保持通用胜任力结构，另一方面需要跃迁专用胜任力结构。结合之前本研究所得出的企业家胜任力结构研究的结论，企业家应当围绕企业家通用胜任力结构以及展业型胜任力结构和守业型胜任力结构的差异，通过学习进行胜任力结构的第二次自我跃迁（如图5-7所示）。

企业家守业型胜任力结构		企业家展业型胜任力结构
能力：●资源配置能力 ●团队与文化营建能力 行为：●战略规划 ●规范管理	第二次跃迁	能力：●资源整合与危机应对能力 ●资本运作能力 行为：●影响他人 ●关注成本

维持	企业家通用胜任力结构	能力：●学习能力　●创新能力 ●信息搜寻与处理能力　●识人用人能力	行为：●关注效益 ●协调关系

图5-7　企业家胜任力结构的第二次自我跃迁内容

如图5-7所指向的那样，在一般的意义上，企业家除了通过学习不断提升自己的学习能力、创新能力、信息搜寻与处理能力和识人用人能力，以及强化"效益"导向和"关系"导向行为以外，还应当在守业成功的同时，通过学习使自己的胜任力结构从守业型向展业型转换。

总体上说，当企业从守业阶段向展业阶段成长时，企业家面临的主要问题是如何消除结构臃肿与管理官僚化，如何创新产品或业务，如何通过多元化投资方式实现多样化经营，如何识别和防范经营危机与风险等。面对这些问题，企业家需要第二次跃迁自己的胜任力结构。为了实现胜任力结构的第二次自我跃迁，企业家学习的主要内容包括资本营运类知识、危机与风险识别和危机与风险管理类知识、组织革新与文化重建类知识等。

二、基于企业家胜任力结构第二次自我跃迁的企业家学习

（一）学习对象

如前所述，企业家第二次胜任力跃迁的学习内容主要是资本营运类知识、危机与风险识别和危机与风险管理类知识、组织革新与文化重建类知识等。因此，企业家学习的对象包括书本、高级管理培训班的同行优秀者、高校工商管理学教授以及各类专业顾问和其他高素质人才、政府官员等。另外，成功的国内外企业也是企业家的学习对象，企业家可以从同行中寻找标杆，学习并吸收同行的成功经验，同样还可汲取同行企业在某些方面失败的教训。学习对象的层次不同，对企业家视野的影响也不同，这种影响最终会表现为企业发展的潜力或空间。

（二）学习途径

在第二次胜任力跃迁中，企业家学习的资源很多，学习的途径也是全方位的。此时，企业家需要通过自身所能获取的各种途径进行学习。如前所述，企业家学习的途径包括3种，分别为基于教育培训系统的学习、基于经验（关键事件）的学习和社会关系网络的学习（崔瑜、焦豪，2009）。

1. 基于经验（关键事件）的学习

经验学习是指企业家在企业实际经营管理过程中，通过观察、思考和实践获得知识的学习行为，是一种知识创造的过程。已有研究普遍认同，企业家的学习更多是具有经验根植性的，即企业家个人、所在组织的发展轨迹对企业家的学习行为和效度产生很大的影响。企业家在经营过程中由于需要不断地协调市场需求和企业生产间的关系，从而需要不断决策，这些决策无论成功还是失败，都是企业家反思回顾的"蓝本"，这些知识源与学习主体的成长密切相关。

本研究认为，把企业家基于经验（关键事件）的学习可以分为企业经营过程中的"干中学"和基于关键事件的学习。企业家通过"干中学"不断积累专业技能和经营管理经验，为企业最初的生存提供了保障。而关键事件则是对企业家成长产生深远影响的标志性事件，它为企业家提供了一个重要的反思机会，使其可以通过总结过往的经验教训建立新的自我价值体系，促进企业家才能质的飞跃。基于关键事件的学习在第二次胜任力跃迁中尤为重要。根据企业经营活动中产生的关键事件，Henry、Markku和Thomas（2005）提出了基于问题解决的企业家三阶段学习模式（如图5-8所示）。

首先，企业家从感知出发，识别可能会给企业带来影响的资源（即事件），进而采取一定手段规避风险。但个体对学习敏感度具有很强的异质性，表现在对闲置资源、隐含能力和潜在的机会（或风险）有独特的认知倾向。

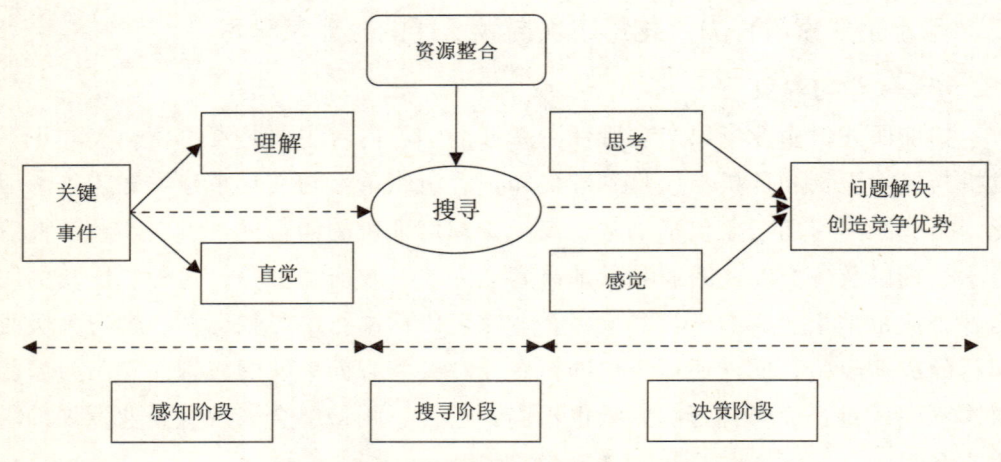

图5-8 基于问题解决的企业家三阶段学习模式

其次，企业家通过分析资源、获取资源、配置资源和转化资源，对生产要素进行重新整合，消除关键事件带来的风险和危机，确保资源潜力的发挥和企业能力构建过程中的效率。

再次，企业家基于学习资源，通过知识创新、思维创新，探索新的决策空间，达到问题解决和胜任力提升的过程，就是产生新价值的过程。但是，基于问题解决的企业家三阶段学习过程不是一个单纯的线性流程，企业家在进行最后决策过程中，也会出现已有学习资源不能或不足以满足决策需求的情况，这时企业家会重新进行认知资源搜寻，积极获取和使用可能的学习资源，最终达到决策的优化和问题解决，努力创造企业的竞争优势。

基于经验（关键事件）学习的核心观点是，人们通过丰富自己的经验来丰富自己的知识，在企业家从经验（关键事件）的学习中，特别需要注意以下几点：（1）要敢于尝试不同的角色。随着企业规模的发展、企业战略的不同定位，企业家的角色也应做出相应的变换。例如创业阶段的企业家多属于技术业务型，不太重视规范管理。守业时期的企业家逐渐成为一名管理者，学习授权和控制。而展业阶段的企业家要从地方性"演员"变成国际"演员"，要求企业家掌握信息时代特有的沟通能力，对多变的、复杂的组织环境进行预测和把握，适应迅速发展的科技手段。企业家要顺应角色变换的要求，在不同角色中体验学习，不断提升能力和素质。（2）要尝试新的做法，进行试错学习。企业家要敢于突破旧框框、探索新机会、拓展新视野和尝试新做法，从错误和失败中知晓"怎么"和"为什么"，获得经验并成长。（3）经常进行总结反思学习。反思学习就是充分回顾过去发生的事件和经验，目的在于更清楚地理解当前的问题、更好的预期未来的危机（Greiner，1972）。一方面，企业家只有在日常的"干中学"过程中不断回顾、比较和总结学习，才能积累丰富的实践经营技能；另一方面，企业发展中的关键事件，不仅是企业成长的痛苦，也深刻反映了企业存在的不足或潜在危机，企业家只有在关键事件的解决过程中进行主动和有意识的反思学习，才能及时发现自身和企业的不足，并在下一个成长痛苦到来之前，做好预测和准备。

2. 基于社会关系网络的学习

如前所述，社会关系网络包括由政府及非营利机构等构成的环境型网络、由供应商和客户等价值链上相关人员和同行业竞争对手组成的市场型网络和由专家学者、培训咨询机构组成的专家型网络（张建琦、赵文，2007）。从守业型到展业型胜任力结构跃迁中，社会关系网络尤其是环境型网络与市场型网络对企业家学习具有重大影响。

在环境型网络中，政府支持对企业的持续成长具有重要作用。相对于价值规律看不见的作用，政府作为一个公共权力机构在现代经济社会中扮演着十分重要的"看得见的手"的角色。这个角色的作用主要表现在四个方面：第一，建立法律体制，规范经济竞争的规则；第二，采取财政、金融等手段，调节和稳定宏观经济；第三，利用税收手段，进行收入的再分配；第四，直接参与经济资源的配置，解决市场失灵问题。在展业过程中，一方面，企业家可以争取政府对企业二次创业支持，另一方面，企业家可以从政府新出台的政策法规寻找新的市场机会。

良好的市场型网络不但可以帮助企业家发现市场新机会，而且有助于企业家基于竞争对手明确未来战略和发展方向。企业家可以参观同行成功者进行模仿学习（Sullivan，2000），与同行企业家或技术人员进行交流学习，与上下游企业建立战略联盟进行合作学习等。企业家还可以在社交生活中进行非正式的交流学习。

3. 基于教育培训系统的学习

与企业家胜任力结构的第一次自我跃迁基于教育培训系统的学习内容不同，企业在从守业阶段向展业阶段成长过程中，企业家胜任力结构的第二次自我跃迁，通过教育培训机构学习的重点在于猎取资本营运、战略联盟、风险识别与防范等方面的知识。

（三）学习方式

1. "探索——反思"类学习

在"探索——反思"类学习方式中，个体不断地从工作环境、工作任务中获取和收集行为作用结果的信息，并根据工作或环境反馈的结果调整、修正行为，直到问题得以最终解决。通过这一系列试错的过程，个体在以后解决类似问题时会直接调用已被证明为有效的工作方法。在这一系列过程完成后，个人会对各种已经使用过的解决问题的方案进行反思，探讨有效工作方法和行为背后的规律与理论。

"探索——反思"类学习的理论基础为建构学习理论。按照梁欣如、王勇（2005）的观点，知识的建构是单个人的行为，不同的学习者用自己独特的视角

我国民营企业家胜任力结构及其跃迁机理研究

来感知世界，他们根据自己所听到的、看到的和经历的来形成和检验自己对世界、具体问题的假设，这种类型的学习方式也就是通常所说的"发现式学习"（Cheetham，2001）。最终，企业家需要对企业内部经验进行提炼和升华，从而形成属于自己的独特的经营管理理念，具体的学习过程如图5-9所示。

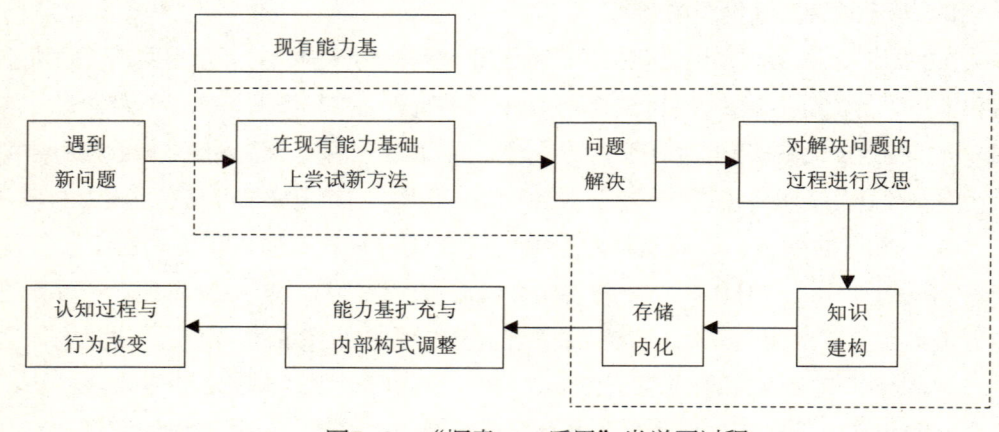

图5-9 "探索——反思"类学习过程

2. "互动——进化"类学习

前已述及，在"互动——进化"类学习过程中，参与学习的各主体相互启发、相互学习、共同学习，在对他人的学习行为及时提供反馈的同时，也积极寻求他人对自己的反馈，最终实现共同进步和提高。这类学习如行动学习，实际上是一种团队学习、组织学习。

这类学习对于企业家正确价值观的培养与强化起着十分重要的作用。在这类学习中，个人成为学习的中心，学习效果会在群体中迅速扩散，并能够在扩散中进一步发展。处于群体网络中的个人，在同其他人的交互作用过程中，会在主流强势文化下，对自己的价值取向进行调整。与之对应的就是能力基的进化和拓充。能力基的演进和发展导致个人价值、品质、认知和行为发生变化，从而完成胜任力的跃迁。

3. "转移——吸收"类学习

与第一次胜任力自我跃迁有相似之处，第二次胜任力结构的跃迁同样需要企业家基于教育培训系统运用"转移——吸收"类方式进行学习。需要注意的是，"转移——吸收"类学习方式对企业家提出了更高的要求，企业家只有能够将书本上、课堂上的"死知识"转变为企业经营活动过程中所需要的"活知识"，并加以灵活运用，才能体现出"转移——吸收"类学习方式的真正价值。

第五章　企业家胜任力结构的自我跃迁机理研究

三、小结

综上所述，企业家胜任力结构的第二次自我跃迁与企业家学习之间的关系机理如表5-2所示。

表5-2　　　　　　　　　　　企业家胜任力结构的第二次自我跃迁与企业家学习

学习目的	主要学习内容	主要学习途径	主要学习方式
企业家维持通用胜任力结构	●学习方法与创新方法●优秀企业家成功案例●信息搜寻、处理技术与方法●管理基础理论、管理前沿理论及其管理实践●沟通与协调技巧●时间管理●效率与效益●识人、用人方法和技巧	在企业成长过程中相机选择适宜的途径进行学习	在企业成长过程中综合使用各种学习方式进行学习
企业家胜任力结构的第二次自我跃迁	●企业战略转移与战略联盟●创造市场或创造客户●企业拆分、重组与多元化●企业兼并、收购与破产的理论与实践；●企业危机管理●金融工具及其使用●企业风险管理●成本效益管理	经验（关键事件）	"探索——反思"
		社会关系网络（环境性网络、市场型网络）	"互动——进化"
		教育培训系统	"转移——吸收"

需要说明的是，在企业成长过程中，为了维持通用胜任力结构，企业家需要持续不断地相机选择学习途径和综合使用各种学习方式进行学习。同时，企业家专用胜任力结构的两次自我跃迁也必须经历时间的沉淀与检验，非一日之功。总体来看，作为一个过程，企业家胜任力结构的自我跃迁不是在企业从一个阶段转到另一阶段之间瞬间实现的，而是在企业成长的下一个阶段到来之前的某一个时候就开始，直至下一个阶段到来之后的某一个时候才结束，具有很长的时间跨度。这个过程也可以说是企业家不断学习、超越自我的过程。事实上，对企业成长和企业家胜任力结构进行分类只是为了便于简化研究，现实中的情况远比这样的分类复杂得多。

第六章
企业家胜任力结构的
叠加跃迁和替代跃迁机理研究

第一节 企业家胜任力结构的叠加跃迁机理研究

一、企业家胜任力结构叠加跃迁的涵义与类型

（一）企业家胜任力结构叠加跃迁的涵义

企业家胜任力结构叠加跃迁是指企业家（或企业决策机构）通过企业组织机制，在企业家职位周围进行人员叠加布局（如配置高管副职、助理，或外聘顾问等），以弥补或转换企业家胜任力结构的过程（如图6-1所示）。

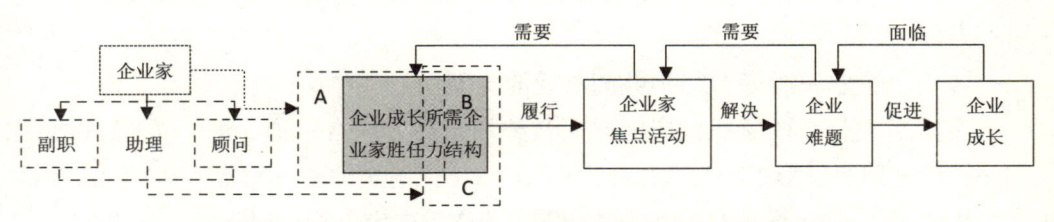

注：A是短虚线框：企业家实际拥有的胜任力结构；B是实线框：企业成长所需的企业家胜任力结构；C是长虚线框：人员叠加所提供的企业家胜任力结构；只有A+C≥B时，才能真正实现企业家胜任力结构叠加跃迁。

图6-1 人员叠加对企业成长所需企业家胜任力结构的弥补或转换及其意义

由图6-1可知，当企业家实际拥有的胜任力结构与企业成长所需的企业家胜任

我国民营企业家胜任力结构及其跃迁机理研究

力结构之间存在缺口时，通过组织机制在企业家职位周围进行人员叠加，可以优化、弥补或转换企业家胜任力结构，但只有当企业家实际拥有的胜任力结构与人员叠加所提供的企业家胜任力结构总和大于或等于企业成长所需要的企业家胜任力结构时，即叠加以后的企业家胜任力结构存在剩余或恰好相等时，才能使企业家胜任力结构实现叠加跃迁，推进企业成长。

理论上，最经济的情况应当是，叠加人员所提供的企业家胜任力结构与企业家实际拥有的胜任力结构之和等于企业成长所需要的企业家胜任力结构，但在实践中，由于胜任力结构难以准确度量，所以，这样的情况更多地是特例。通常情况是叠加人员所提供的企业家胜任力结构与企业家实际拥有的胜任力结构之和大于或小于企业成长所需的企业家胜任力结构。所以，企业家胜任力结构的叠加跃迁是不经济的。但由于叠加人员的方式便于操作，在企业"急需"时，可以通过组织机制较为方便地在企业家周围配置人员，即使有某个成员不合格或不称职，也容易重置或更换，至少它比直接更换企业家要方便和经济得多，而且还不会像更换企业家那样"伤筋动骨"。所以，当企业家胜任力结构自我跃迁面临困难时，企业家（或企业决策机构）通常会优先选择叠加跃迁，而不是替代跃迁（通过解聘或替换企业家实现企业家胜任力结构的跃迁）。

为了满足企业家胜任力结构在构成上、类型上和量质上的要求和避免过多重叠，人员叠加配置时需要重点权衡的一个问题就是叠加后所形成的企业家团队各成员所具有的胜任力结构的差异性和互补性。我们认为，从提高企业家胜任力结构叠加跃迁有效性的角度考察，在进行人员叠加配置时，应兼顾企业家与叠加人员以及叠加人员之间所具备的胜任力结构的差异性和互补性，以基于满足企业成长所需企业家胜任力结构而最大限度地提升人员叠加后所形成的企业家团队胜任力结构为目的。将兼顾差异性和互补性作为人员叠加的一条基本准则，既可以提高企业家胜任力结构叠加跃迁在成本上的经济性，还可以确保跃迁后的企业家胜任力结构与企业成长所需要的企业家胜任力结构在构成上对位、类型上匹配和量质上充分。

（二）企业家胜任力结构叠加跃迁的类型

在广义上，企业家职位周围的人员叠加布局方式有三种，即：（1）分权叠加——设置副职以形成分权式工作团队；（2）依附叠加——配备助理以形成协助式工作团队；（3）嵌入叠加——聘请顾问或咨询专家以形成嵌入式工作团队。

所谓分权叠加跃迁，就是企业家（或企业决策机构）通过组织机制在组织高层配置（如行政、人力、财务、营销和生产等）副职或总监职位等，形成分权式工作

第六章 企业家胜任力结构的叠加跃迁和替代跃迁机理研究

团队,以优化、弥补或转换企业家胜任力结构的过程[1]。企业家通过向这些具有某种特定胜任素质的高管副职或总监授权,让其在一定范围内履行企业家焦点活动,以解决相应领域的企业难题,从而与其一道促进企业成长。传统管理学理论将这种人事布局称为组织分工或管理分权,并认为导致这种分工或分权的成因主要源于企业规模扩张后管理任务变得繁重,而企业家精力又存在不足或有限的状况。我们认为,导致这种分工或分权的原因还在于企业家胜任力结构存在不足或缺口,分权的目的在于弥补企业家胜任力结构的不足或填充企业家胜任力结构的缺口,抑或转换企业家胜任力结构类型。

依附叠加跃迁,就是企业家(或企业决策机构)通过组织机制在组织高层设置助理(如董事长助理、总裁助理或总经理助理等),形成协助式工作团队,以优化、弥补或转换企业家胜任力结构的过程。企业家利用代理或代表的形式,赋予助理在一定条件下和一定范围内履行企业家焦点活动,以解决相应领域的企业难题,从而与其一道促进企业成长。现实中企业高层助理的设置有两种典型做法,一种做法是赋予助理一定职权分管某一领域,在本质上这种形式与在企业高层设置副职或总监职位没有区别,只是称谓不同罢了;另一种(更为通行的)做法就是不赋予助理明确的职权范围,助理的任务就是协助高层正职(特别是在高层正职因某种原因暂时不在或远离工作岗位时代表其)行使某种职权。我们认为,在组织高层设置助理可能不一定是企业家胜任力结构已经存在不足或缺口,但一般而言,助理岗位的设置是对未来企业家胜任素质的培养,即助理岗位是依附于企业家岗位而设置的,今天的助理可能是未来的高管副职或总监,抑或就是未来的高管正职。所以,在本质意义上是基于未来对优化、弥补或转换企业家胜任力结构的"预演",更何况一些具有独特胜任素质的助理在企业家决策前后还可能充当"准军师"的角色。因此,我们认为高层助理的设置可以优化、弥补或转换企业家胜任力结构,并将其称为企业家胜任力结构依附叠加跃迁。

嵌入叠加跃迁,就是企业家(或企业决策机构)通过聘请顾问(如设计顾问、管理顾问和销售顾问等)或与咨询公司进行项目合作,形成嵌入式工作团队,以优化、弥补或转换企业家胜任力结构的过程。企业家通过接受顾问或咨询专家的指导,履行企业家焦点活动,解决企业难题,促进企业成长。之所以将企业与顾问或

---

[1] 根据我国相关法律,企业有关高层人事任免的决策由董事会集体做出,但实际操作中这种集体决策一般会体现董事长或总裁(即核心企业家)的意志。即使高层副职的设置和任免完全取决于董事会集体的看法,董事会集体在做决策时,也会将高层副职与高层正职在个性、能力和行为等方面的互补性作为决策的一个重点加以考察,并权衡某个高层副职设置和任免对高层正职履职的支持程度;更何况现实中不乏由董事长或总裁推荐甚至直接"钦点"任命高管副职的做法。

我国民营企业家胜任力结构及其跃迁机理研究

咨询公司的合作称为嵌入叠加，是因为顾问和咨询者往往是特定时期镶嵌于组织的外部人，不是企业正式组织的成员，但其在向企业提供咨询和辅导工作期间，其工作职责跟正式员工相比没有多大区别。之所以认为是嵌入叠加跃迁，是因为这类人员叠加会给企业带来某种（明晰的或隐性的）新知识、独特诀窍或先进理念，这些新知识、独特诀窍或先进理念可以帮助企业家提升能力和转变行为，从而优化、弥补或转换企业家胜任力结构。

总之，如果说企业成长的创业阶段，更多地是依靠企业家个体（或少数合伙人）独有的创业胜任力结构去创建一个新企业的话，那么，随着企业规模的不断扩展，企业进一步成长所需要的企业家胜任力结构的提供者或载体，逐渐由单一的企业家个体向企业家群体和企业家团队过渡。这个企业家团队不但应当包括正式组织中的所有高层管理者（如董事长、总裁、副总裁、总监以及高层助理等），还应当包括在特定时期镶嵌于组织中为解决企业难题提供特定服务的外部顾问和咨询专家。

从企业实践及其发展趋势来看，企业家的概念已经大大超出了自然人的个体属性而演变成为自然人群体的社会属性，甚至可以认为现代企业家就应该是一种企业家团队制度（谢茂拾，2005）。企业家团队制度之所以越来越重要，是因为一方面由于企业所面临的环境日益复杂多变，另一方面由于企业成长所需要处理的信息和知识倍速增长，从而导致企业家个体越来越无法独立解决企业成长过程中的企业难题。企业家团队在形式上被认为是管理分工的产物，但分工的背后却隐藏着对团队成员和团队整体胜任力结构的衡量，只有那些在胜任力结构上存在着差异并互补的成员，才更有可能被叠加在一起组成企业家团队，从而以团队整体胜任力结构满足企业成长对企业家胜任力结构的需要。

二、企业家胜任力结构分权叠加跃迁的内容

实践中，正常成长的我国民营企业，大多在企业家周围配置了职数不等的副总或总监，形成了自己的企业家团队。这些副总或总监，要么具有某个领域的专业背景，能够提供相关领域的（显性或隐性）知识以填补企业家在相关领域知识的不足。要么在企业所经营的领域拥有较长的职业经历，能够提供某种专业或管理经验（隐性技巧）以优化或弥补企业家在相关方面的能力或行为。这些副总或总监的独特胜任素质能够互补，并与企业家的胜任力结构相结合，共同满足企业成长对企业家胜任力结构的需要。比如我国一些大型地产企业纷纷从海内外聘任（规划）设计副总或总监，其目的就是为了解决企业设计理念落后、设计能力不足所导致的产品研发滞后、品牌难以提升等企业难题；又如我国不少服装企业从海内外聘请营销副总或总监，其目的就是为了基于终端通过优化门店建设、改进

第六章 企业家胜任力结构的叠加跃迁和替代跃迁机理研究

渠道管理以提升产品品牌、革新销售流程和传递企业文化等促进企业成长。

理论上，如果需要，在企业成长过程的所有领域都有可能采用分权人事布局，但企业实践表明，在企业成长不同阶段，企业采取分权叠加的领域有所不同，相应地通过分权叠加方式所实现的企业家胜任力结构跃迁的内容也存在差异（如表6-1所示）。

表6-1　　　　　　　　　　　　　　分权叠加的领域与企业家胜任力结构跃迁的内容

项目 成长阶段	最有可能采取分权叠加的领域	分权叠加可能提供的知识	分权叠加（优化或弥补）跃迁的企业家胜任力结构
创业阶段	产品生产技术；产品销售与市场开拓等	产品生产技术知识；产品销售与市场开拓知识等	资源获取能力；信息搜寻与处理能力；勾画愿景的能力等
守业阶段	产品设计；战略规划与管理；营销管理；人力资源管理；文化建设等	产品创新知识；战略规划与管理知识；营销管理知识；人力资源管理知识；文化营建知识等	资源配置能力；团队建设能力；文化营建能力；战略规划能力；规范管理能力等
展业阶段	投资与风险管理；事业拓展管理等	资本营运知识；多元化经营知识；战略联盟知识；再创业知识；官僚文化革新知识等	资源整合能力；市场创造能力；资本运作能力；危机处理与风险管理能力等

在创业阶段，除了企业家个体独立创业以外，基于社会关系的合伙创业和基于创业资源互补的合伙创业，都有意识或无意识地存在着对企业家创业胜任力结构的权衡。所以，如果是以合伙的形式创业，企业家胜任力结构从企业产生的那一天开始就有可能是以分权叠加的方式形成的企业家团队胜任力结构。表6-1中所要表达的有关创业阶段最有可能采取分权叠加的领域的意思是，对于一个独立创业的企业家而言，除了创业伊始对财务资源十分渴望以外[1]，怎样将产品生产出来和销售出去是企业所面临的重要难题，尤其是在技术密集型行业创业。所以，企业家最有可能在相关领域配置副职，与之共享知识，以达到优化和弥补企业家胜任力结构的目的。到守业阶段，由于企业经营趋于复杂，差不多所有领域都存在着分权的可能，究竟选择哪一领域进行分权，主要取决于企业家自身的胜任力结构状况、管理理念和各领域所能获取的人才状况。我们认为，创业

---

[1] 一般说来，在创业期，财务资源提供者是出于对创业企业家的某种信任才向其提供财务资源。所以，倾向于拥有企业所有权即股权，而不想被缠身于企业中直接从事某项管理活动。当然，如果财务资源提供者想拥有管理权，也意味着其对创业企业家胜任力结构的某种担心或不信任，且认为自己或自己的委托人拥有某种相应的或特殊的胜任力结构，可以优化、弥补或转换企业家的胜任力结构。

我国民营企业家胜任力结构及其跃迁机理研究

型企业家向守业型企业家成长的瓶颈是企业家学习能力的有限性或学习的路径依赖所引致的规范管理知识的不足。所以，从有利于企业家胜任力结构优化、弥补或转型的角度，企业最有可能在企业文化建设、品牌提升、战略规划、营销和人力资源等领域进行人员的分权叠加，以提升企业家的团队建设、文化营建能力以及优化企业家战略规划、指导与授权和品牌提升行为。在展业阶段，企业面临衰老，守业型企业家向展业型企业家成长的掣肘是企业家学习能力的有限性或学习的路径依赖所引致的投资与风险管理、变革管理和再创业知识的不足。所以，在一方面精简机构的同时，从有利于优化和弥补企业家展业胜任力结构的角度，企业最有可能在推进创新和事业拓展领域分权配置人员，以提升企业家的市场创造能力、资本运作能力和优化企业家的危机处理行为等。

三、企业家胜任力结构依附叠加跃迁的内容

除了分权式企业家团队以外，另一种重要的企业家团队形式就是协助式企业家团队。当企业家担心分权叠加会给自己带来不可控风险（比如大权旁落、冲突管理困难等）时，企业家则倾向于通过组织机制在其职位周围设置助理，利用依附叠加的方式跃迁其胜任力结构。通常，助理不会得到更多的授权。所以，有人认为这个职位类似一个附庸，其职责仅在于按正职的意志行事。但人们却忽视了企业高管的助理有不少是具有某类专门知识（比如房地产企业的产品高级设计助理）或丰富经验（如服装企业的营销高级助理）的人才，这些人才表面上是通过依附的形式在按照企业家的意志行事，但实际上他们却在企业家对相关事项的决策前后充当着"参谋"的角色，他们利用其专门知识或丰富经验对企业家焦点活动产生着无形的但有可能是重大的影响，是对企业家胜任力结构的优化或补充。

与分权叠加一样，理论上，如果需要，在企业成长过程中的所有领域都有可能实施依附式人事布局，但企业实践表明，在企业成长不同阶段，企业采取依附叠加的领域有所不同，相应地通过依附叠加方式所实现的企业家胜任力结构跃迁的内容也存在差异（如表6-2所示）。

实践中，在企业创业阶段，企业家对履行焦点活动一般会信心十足，更何况创业伊始，大多数事项都需要企业家亲力亲为。所以，在创业阶段特别是创业早期，企业家较少为自己配备助理，即使在创业后期要设置助理，通常也只是为了处理或应对企业内外关系或形成雏形的财务管理事项；在守业期，企业家可能根据需要有选择地在法律法规、产品设计、营销管理以及战略规划与管理等领域设置助理；展业阶段为了消除官僚文化，企业有可能消减包括助理职位在内的"剩余"职位，当然也有可能为了弥补企业家在资本运作或危机处理方面的胜任力结构不足而增设相应助理职位。值得说明的是，在同时可以设置副职或助理的时候，一般倾向于设置

第六章　企业家胜任力结构的叠加跃迁和替代跃迁机理研究

助理,这不但是为了节约成本,还在于通过依附方式可以观察任职者的实际胜任素质,为将来决定现有任职者的去向留下"后手"。

表6-2　　　　　　　　　　　　　依附叠加的领域与企业家胜任力结构跃迁的内容

项目 成长阶段	最有可能采取 依附叠加的领域	依附叠加可能提供的知识	依附叠加（优化或弥补） 跃迁的企业家胜任力结构
创业阶段	行政管理；公共关系管理；财务管理等	行政管理知识；公共关系知识；财务管理知识等	信息搜寻与处理能力；协调关系等
守业阶段	法律法规；产品设计；营销管理；战略规划与管理等	法律知识；产品创新知识；营销管理知识；战略规划与管理知识等	团队建设能力、战略规划；品牌提升、服务客户、协调关系等
展业阶段	投资与风险管理；事业拓展管理等	资本营运知识；多元化经营知识；战略联盟知识等	资本运作能力；危机处理等

需要注意的是,由于没有明确或过多的权力约束,助理的行为空间具有很大的弹性,这一方面可能使企业家胜任力结构的依附叠加跃迁方式因为无过多的规约羁绊而切实有效,但另一方面助理也有可能由于职责模糊而空置或缺乏职责动力而不为,从而导致企业家胜任力结构的依附叠加跃迁方式无效。

四、企业家胜任力结构嵌入叠加跃迁的形式和内容

从参与形式考察,嵌入叠加可以分为团队嵌入叠加和个体嵌入叠加两种形式。所谓团队嵌入叠加就是企业通过与外部独立的咨询公司进行项目开发和咨询合作,以促进企业成长的方式。站在企业组织的角度,这些咨询公司独立于企业开展工作,在与企业合作期间是以工作团队（咨询小组）的形式嵌入企业组织中从事其咨询辅导活动的。我们之所以将其认为是企业家胜任力结构叠加跃迁的方式,是因为外部咨询公司对企业进行项目开发和咨询辅导,在本质上是利用其专长对企业家胜任力结构"缺口"的弥补或优化转型,在一定程度上其项目开发和咨询活动就是履行企业家焦点活动或对企业家焦点活动的增强,其目的就是帮助企业家解决企业成长过程中的难题,促进企业成长。

个体嵌入叠加就是企业通过聘请技术、设计、生产或管理等特定领域的专家到企业担任顾问[1],为企业家或企业高层出谋划策,以促进企业成长的方式。站在企业组织

---

[1] 一般而言,在实践中,这些不同领域的专家是企业分别从外部聘请进入企业在一定期间以顾问的形式开展工作的,所以我们称之谓个体嵌入叠加。如果企业只聘请了某一领域的（比如管理）专家,当然是典型的个体嵌入叠加,即使企业同时聘请了不同领域的（如人力资源管理、营销管理、规划设计等）专家,但由于这些专家基本都是以个体的形式与企业进行合作的,所以,也是个体嵌入叠加,但不排除这些专家在辅导企业的过程中以团队的形式共同工作,一道解决企业难题。

的角度，这些被聘请的外部专家在一定期限内要进入企业作为准员工开展工作，他们的工作期限、工作内容、工作方式、工作目标和绩效标准一般通过协议约定。这些特定领域的专家，在为企业家提供思想库的同时，大多还会在对企业进行深入调研的基础上，为企业提供某种方案、建议或实际技巧。也就是说，在本质上这些专家是在以顾问的身份利用其专长弥补企业家胜任力结构的"缺口"或促其优化转型，他们的工作就是在履行企业家的焦点活动或是对企业家焦点活动的增强，其目的也是帮助企业家解决企业成长过程中的难题，促进企业成长。

无论是团队嵌入叠加，还是个体嵌入叠加，所涉及领域都十分广泛，一般涉及法律、企业管理（含企业文化、战略、流程与制度）、设计和技术等领域。但企业实践表明，在企业成长的不同阶段，企业采取嵌入叠加的领域有所不同，相应地通过嵌入叠加方式所实现的企业家胜任力结构跃迁的内容也存在差异（如表6-3所示）。

表6-3　　　　　　　　　　　　　　　　嵌入叠加的领域与企业家胜任力结构跃迁的内容

项目\成长阶段	最有可能采取依附叠加的领域	依附叠加可能提供的知识	依附叠加（优化或弥补）跃迁的企业家胜任力结构
创业阶段	生产技术；产品销售与市场开拓等	生产技术知识；产品销售与市场开拓知识等	分析与判断能力；信息搜寻与处理能力等
守业阶段	产品设计；组织变革与流程再造；战略规划与管理；文化营建等	产品创新知识；组织变革与流程再造知识；战略规划与管理知识；文化建设知识等	团队建设能力；文化营建能力；战略规划；规范管理；品牌提升等
展业阶段	投资与风险管理；事业拓展管理；创新管理等	资本营运知识；多元化经营知识；战略联盟知识；再创业知识；官僚文化革新知识等	革新组织和官僚文化；市场创造能力；资本运作能力；危机处理等

在企业成长的各个阶段，企业可以根据自身需要解决的关键性难题，有针对性地选择顾问或咨询专家，这些顾问或咨询专家在其特定领域具有较高的理论造诣和丰富的解决实际问题的经验，而且一旦问题得以解决，就可以解除合作关系，不会导致企业机构臃肿或重叠，也不会增加企业长期的成本负担。一般说来，在创业初期采用嵌入叠加方式的企业相对较少，创业后期的企业可能会有针对性地在生产技术和市场开拓领域聘请外部专家解决难题；在守业阶段，几乎企业所有领域都有可能采用嵌入叠加方式，具体选择哪一领域与咨询公司或顾问合作，取决于企业家的经营管理理念，企业家对企业成长状态、方向和急需解决难题的判断以及企业的财务状况等，战略规

第六章　企业家胜任力结构的叠加跃迁和替代跃迁机理研究

划、文化建设、品牌提升、流程再造等领域合作的频率较高。展业阶段尤以组织与文化变革、兼并与收购、战略联盟等领域合作为重。

值得注意的是，企业家若要通过嵌入叠加方式将其被弥补的胜任力结构"内化"或实现胜任力结构转型，还取决于企业家（或企业家团队）的学习能力、咨询专家或顾问对企业辅导时间的长短以及合作双方的沟通程度和默契程度。

五、企业家胜任力结构叠加跃迁方式的选择

影响企业家胜任力结构叠加跃迁方式选择的因素较为复杂，本研究从企业家、企业和人才供给（市场）三个层面进行概要讨论。

（一）企业家自身因素对企业家胜任力结构叠加跃迁方式选择的影响

站在企业家的角度，本研究认为，企业家胜任力自我跃迁的难易程度和企业家经营管理理念的先进与否会对企业家胜任力结构叠加跃迁方式的选择产生直接影响。如果企业家具有先进的经营管理理念，即使企业家能够通过自我跃迁方式跃迁其胜任力结构，也不排除其在某个特定领域使用嵌入叠加方式弥补或强化其胜任力结构。当然，在企业家很难通过自我跃迁方式跃迁其胜任力结构的情况下，如果企业家的经营管理理念落后，则企业家会被动选择依附叠加、分权叠加或两种方式的组合跃迁其胜任力结构，但如果企业家具有先进的经营管理理念，企业家会主动选择依附叠加、分权叠加和嵌入叠加方式，或选择两种、三种方式组合跃迁其胜任力结构（如图6-2所示）。

企业家经营管理理念	企业家胜任力结构自我跃迁 容易	企业家胜任力结构自我跃迁 困难
先进	●嵌入叠加	●依附叠加 ●分权叠加 ●嵌入叠加 ●组合
落后	—	●依附叠加 ●分权叠加 ●组合

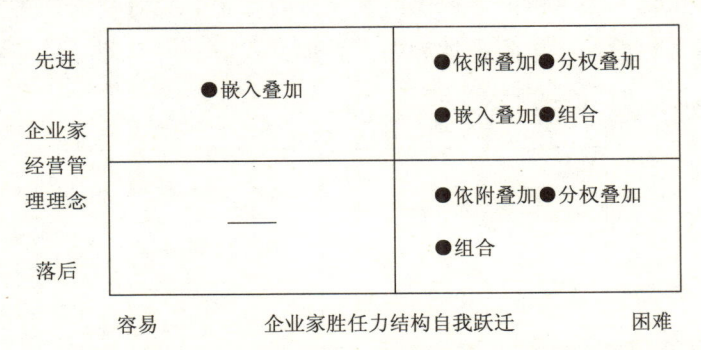

图6-2　企业家胜任力结构自我跃迁、企业家经营管理理念与叠加跃迁方式选择

（二）企业因素对企业家胜任力结构叠加跃迁方式选择的影响

从企业层面分析，我们认为，企业愿景与战略的明确程度和企业财务状况会对企业家胜任力结构的叠加跃迁方式选择产生重要影响。一般说来，如果企业愿景与战略明确，无论企业财务状况如何，出于对企业成长未来状况的乐观预期，企业家可能会采取适宜的人员叠加方式或组合方式，以弥补或转换企业家胜任力结构。如

我国民营企业家胜任力结构及其跃迁机理研究

果企业愿景与战略模糊,即使企业财务状况良好,企业家也有可能出于节约成本或保守经营,拒绝人员叠加或不知道该在什么情况下应当采取怎样的叠加方式跃迁企业家胜任力结构(如图6-3所示)。

```
良好
       ┌─────────────┬─────────────────────┐
       │             │ ●分权叠加 ●依附叠加  │
       │      ?      │                     │
企业    │             │ ●嵌入叠加 ●组合     │
财务    ├─────────────┼─────────────────────┤
状况    │             │ ●依附叠加 ●分权叠加  │
       │     ——      │                     │
       │             │ ●组合                │
不佳    └─────────────┴─────────────────────┘
       模糊          企业愿景与战略        明确
```

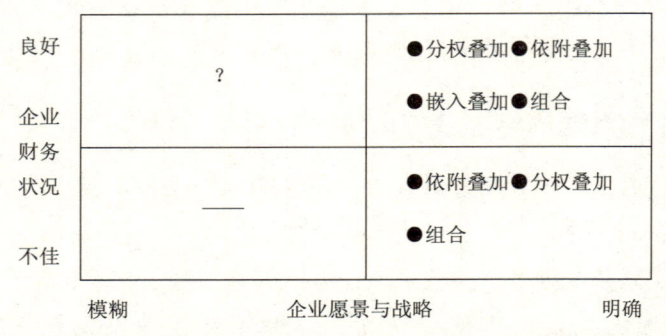

图6-3 企业愿景与战略、财务状况与企业家胜任力结构叠加跃迁方式选择

(三)市场因素对企业家胜任力结构叠加跃迁方式选择的影响

从市场角度分析,我们认为,企业所需高层次人才和咨询顾问专家两类人才的供给状况会对企业家胜任力结构叠加跃迁方式的选择形成制约。如果这两类人才供给都不足,则企业家很难通过人员叠加方式跃迁其胜任力结构;如果企业所需高层次人才供给充分而咨询顾问专家供给不足,则企业家可以通过分权叠加、依附叠加或两种方式的组合等跃迁其胜任力结构;如果企业所需高层次人才供给不足而咨询顾问专家供给充分,则企业家可以通过嵌入叠加方式跃迁其胜任力结构;在企业所需高层次人才供给和咨询顾问专家供给都充分时,企业家对叠加方式的选择余地较大,可以选择分权叠加、依附叠加和嵌入叠加方式或其中两种、三种方式的组合跃迁其胜任力结构(如图6-4所示)。

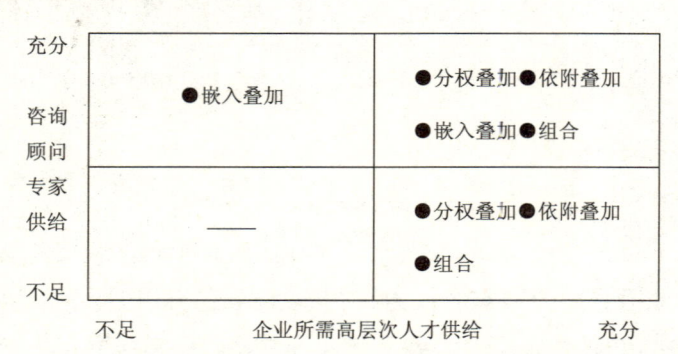

```
充分
       ┌─────────────┬─────────────────────┐
       │             │ ●分权叠加 ●依附叠加  │
       │  ●嵌入叠加  │                     │
咨询    │             │ ●嵌入叠加 ●组合     │
顾问    ├─────────────┼─────────────────────┤
专家    │             │ ●分权叠加 ●依附叠加  │
供给    │     ——      │                     │
       │             │ ●组合                │
不足    └─────────────┴─────────────────────┘
       不足       企业所需高层次人才供给    充分
```

图6-4 人才供给状况与企业家胜任力结构叠加跃迁方式选择

在没有更多约束的情况下,一般说来,在企业成长初期,如果遇到困难,出于节约成本,或是源于自信,企业家一般不会轻易认为是自己的胜任力结构存在缺口而不能解决企业难题,而是将其归因于自己精力的不足或有限。所以,在其

第六章　企业家胜任力结构的叠加跃迁和替代跃迁机理研究

周围增加助手成为人员配置的首选，比如配置助理帮助自己处理公文、接待企业内外部访客、负责对外联络等。但是，随着企业规模的扩展，企业经营变得日益复杂，企业家越来越意识到需要一些与自己一道分担责任的人，于是，分权叠加显得尤为重要。但随着企业的进一步成长，依附叠加、分权叠加和嵌入叠加的合理组合可能成为企业家跃迁胜任力结构的最佳选择。值得一提的是，与依附叠加和分权叠加相比，嵌入叠加有其独有的优势，一方面是嵌入叠加不会在企业家职位周围形成固定的职位凝结，从而不会对企业家产生"取而代之"的心理压力；另一方面嵌入叠加一般可以基于合作双方对工作事项进行事先约定，所以，工作时间、内容、范围和目标等都较为明确，从而可以减少道德风险和逆向选择，降低隐性成本，但团队嵌入叠加会较为显著地增加企业的短期现金流出。

如果企业家胜任力结构无法通过自我跃迁方式和叠加跃迁方式实现跃迁，则替代跃迁方式成了剩下的唯一选择。本研究将在下一节探讨企业家胜任力结构的替代跃迁机理。

第二节　企业家胜任力结构的替代跃迁机理研究

一、企业家胜任力结构替代跃迁的涵义

企业家胜任力结构替代跃迁是指企业家（或企业决策机构）通过企业组织机制替换企业家而实现企业家胜任力结构转换或提升的过程。通常，如果企业家无法通过学习或叠加方式实现企业家胜任力结构的跃迁，或企业出于完善治理结构的考虑，企业家胜任力结构的跃迁都有可能采取替代方式进行。一般而言，如果不出意外，企业家胜任力结构的替代跃迁应当是在企业组织机制的安排下进行的。

企业家胜任力结构替代跃迁的类型主要有预置替代跃迁和临时替代跃迁。预置替代跃迁就是企业按照组织相关机制（如接班人计划）有序替代企业家而实现的企业家胜任力结构跃迁；临时替代跃迁则是在紧急状况下如健康、疾病、死亡等重大变故而造成的企业家临时替代，这种替代可能是假象的胜任力跃迁，即在形式上企业家位置没有发生空缺，但实质上接任者不具有企业成长相应阶段所需要的胜任力结构。出于常规原则考虑，本研究主要关注企业家胜任力结构的预置替代跃迁。预置替代跃迁又分为内生替代跃迁和外引替代跃迁两类。

二、企业家胜任力结构的内生替代跃迁

企业家胜任力结构的内生替代跃迁是指企业组织借助内部接班人计划等机制培

养企业家，通过企业家职位的有序更替而实现的企业家胜任力结构跃迁。

内生替代跃迁具有两个显著特征：其一，内部性。内生替代者来自于企业内部，而非"外人"；其二，渐进性。内生替代作为一种胜任力跃迁方式，渐进有序，即内生替代者一般需要历经企业多个岗位、较长时间的锤炼。只有通过层层甄选和培养，能够解决企业相应成长阶段难题的候选人才能最终成为内生替代者。

到企业实践中，我们很容易地可以观察到这样一种现象：不少企业为了避免因企业家胜任力不足而导致企业发展困境，早早地就锁定了某些人或某个人（比如企业内部一些表现突出的优秀员工，尤其是企业家的家族成员如子女）为企业家胜任力替代跃迁的候选人。企业对候选人通过有针对性的培养，一步一步使他们走向高层管理岗位，并最终成为替代企业家的合格人选。同时，另有一些企业采取了更为开放的做法，它们一开始并不指定某些人或某个人为企业家替代的候选人，而是通过锦标赛型的晋升机制，层层筛选、逐级把控，使绩效（或条件）优异者在竞争中脱颖而出。实际上，无论哪种做法，都隐含了这样一个标准，候选人要最终成为替代者，必须要具备与企业成长阶段相适应的胜任力结构。虽然都同属于内生替代，但两种情况在替代候选人的"选取"问题上存在着本质差异。在前一种情况下，企业或企业家事实上早已心中有数，并较早地"内定"了未来接班的特定候选人，接下来的任务就是针对这个特定候选人进行焦点和强力培养，使他们具备或养成企业成长相应阶段企业家应当具备的胜任力结构，并最终通过接班实现企业家胜任力结构的替代跃迁，我们将该类替代跃迁称为锁定替代跃迁；在后一种情况下，企业或企业家聚焦于那些绩效优异者和品行出众者，但并不"内定"某个特定对象为未来接班人，而是通过某种组织机制如企业接班人计划，利用系统的人力资源制度，长期考量和层层筛选，使合格证最终"浮出水面"，并由其接班实现企业家胜任力结构的替代跃迁，我们将此类替代跃迁称为泛化替代跃迁。

（一）内生锁定替代跃迁的实现路径、基本标准与胜任力获取方式

内生锁定替代跃迁是指在企业内锁定某一特定对象作为企业权杖的接班人并进行重点培养，待条件成熟后接替现任企业家，以实现企业家胜任力结构转换或提升的过程。内生锁定替代跃迁是目前我国民营企业主流的企业家胜任力结构跃迁方式，它超越了企业规模、经营范围、行业特征等因素的限制，普遍存在于我国各类民营企业之中。企业在锁定替代者时通常以家族为圆心在逻辑上存在3种考虑：一是锁定自己的子女为替代者，这通常是我国民营企业的优先选择。企业在合适的时间（通常是在子女接受一定教育以后）将企业家的

第六章　企业家胜任力结构的叠加跃迁和替代跃迁机理研究

子女安排在企业较为重要的、能得到更多锻炼的岗位上，有的从基层做起，有计划地在企业中轮岗，有的一开始就委以高层副职或任高层助理。通过数年的锤炼，在锁定对象已经全面掌握企业营运管理以后，将其晋升到关键高层直至任企业第一把手，最终实现企业家胜任力结构的替代跃迁，通过人员更替填补前任企业家胜任力结构存在的缺口或转换前任企业家胜任力结构的类型。二是锁定企业家族中的其他成员为替代者，在企业家没有子女或子女在身心上存在某种缺陷而家族中又有相应的合适人选时，这种路径成了企业家接班人的次优选择。在锁定对象以后，其培养方法与第一条路径一致。三是锁定企业中毫无亲缘关系的某位特殊员工作为替代者，一般来说，这位特殊员工可能是具有特殊素质的企业家的远房亲戚，也可能是在某类关键事件中得到检验并脱颖而出的"另类"，也就是企业内的某个员工因为拥有某种特殊能力或某个特别表现而被企业或企业家认可，并锁定其作为企业家的替代者加以培养。这类替代者一般表现出强大的学习能力和开拓拼搏精神，或者与企业家的某些特质暗合，并深得企业家的赏识和高度信任。在经过长时期的培养考察后，如果能顺利接班，就可以实现企业家胜任力结构的转换或提升。

相较于后两种内生锁定替代跃迁路径，前一种更富有中国特色。以子承父业模式作为企业家胜任力结构跃迁的方式，更符合中国传统文化导向的"亲疏有别"和"传内不传外"接班惯例。多数企业家相信，以亲情为纽带的家族理性能够有效地减少委托代理模式下的道德风险和逆向选择等问题。因此，也就更有利于实现企业的平稳过渡和快速发展。国内民营企业的代表，如娃哈哈集团、万向集团、方太厨具、格兰仕等就以此方式实现了企业家胜任力结构的替代跃迁。从近些年的案例来看，为了子女能够顺利接班，第一代企业家们大多选择让子女在大学期间攻读工商企业管理相关专业，而且尽可能地将其送到海外进修或攻读学位，以开拓其国际化经营管理视野。一旦子女完成学业，就会被要求回到企业，担任重要岗位的副职或助理职务，并在各部门进行轮岗锻炼，系统熟悉、了解和掌握企业的经营管理状况。这与本研究之前述及的分权叠加或者附加叠加类似，所不同的是，此时的任职者更多的时候扮演的是学习者的身份，只能有限地参与企业决策。

如果选择后两种特别是最后一种内生锁定替代跃迁路径，企业或企业家需要更大的勇气、决心和耐心。

首先，企业家必须深谙识人、用人之道，在人才开发的初期就要慧眼识金，找出并锁定具有成为未来事业领导者的"好苗子"。

其次，企业需要制定一整套基于替代候选人的针对性培养计划，并根据锁定者的特点、结合企业成长战略和目标，循序渐进地培养未来接班人。

最后，企业家必须淡化传统观念，摆脱家族观念的束缚，打破常规，从企业长远的利益出发，遵照现代公司治理理念，进行选人用人。

从现实案例看，内生锁定替代跃迁路径与锁定子女为继承人的培养路径较为相似，企业或企业家会想尽办法对已锁定的未来事业领导人进行锤炼，同样会指派锁定替代者到较为重要的部门进行轮岗，掌握公司核心业务的经营状况，必要时还会将其派往国内国外学习深造。柳传志在最初确定杨元庆为未来企业接班人时，就看中了他是敢于高举大旗、迎接困难、不屈不挠、奋勇向前的人，很快，杨元庆就出任联想重要岗位的负责人，并在后来的十几年里持续在联想重要岗位上任一把手，一路升迁至企业CEO，柳传志顺利地让杨元庆接班，从而实现了企业家胜任力结构的替代跃迁。归纳起来，内生锁定替代跃迁的实现路径、基本标准和胜任力获取方式如表6-4所示。

表6-4　　　　　　　　内生锁定替代跃迁的实现路径、基本标准与胜任力获取方式

实现路径	基本标准	胜任力获取方式
亲缘锁定	与企业家有血缘关系的子女	●在国内或国外大学进行专业系统学习 ●在企业高层岗位任副职或助理，重要岗位轮岗
类亲缘锁定	与企业家有远亲关系并有企业家看重的潜质	●在企业重要岗位任正职并轮岗锤炼 ●在国内或国外教育培训机构进行系统培训
非亲缘锁定	与企业家某些特质、兴趣相投并有潜质	●在企业重要岗位任正职并轮岗锤炼 ●在国内或国外教育培训机构进行系统培训

以亲缘锁定模式完成企业家胜任力结构锁定替代跃迁和另外两种模式完成企业家胜任力结构锁定替代跃迁相比，都是先前"内定"的结果，但在基本标准和培养方式上存有差异。正是这种差异导致了它们存在短板。一方面，亲缘锁定模式往往强调子女对理论知识的把握和学习，受过高等教育的企业家子女们具有很强的创新理念与变革理念，他们的加入能为企业注入新鲜血液，但由于缺乏实际操作经验，在战略执行过程中容易走偏，尤其可能不擅长处理中国情境下特殊的政企关系和复杂的人际关系；另一方面，类亲缘锁定和非亲缘锁定模式又往往过于强调接班人是否具有企业家所重视的某种特质，这样，接班人与原有企业家的风格与行为特征很可能会"如出一辙"，虽然通过不断培养，他们在战略执行方面可能有着不凡的表现，但过于雷同的领导特征可能导致他们无法带领企业成功转型。因此，现实中的

第六章 企业家胜任力结构的叠加跃迁和替代跃迁机理研究

企业，为了保证锁定替代跃迁的顺利实施，往往又在新的企业领导人身边叠加设置特殊顾问职位对其加以指导，先前的企业家自己也在幕后加以辅助。2013年5月，新希望集团的换帅就典型地反映了这一现象。为了保证女儿能顺利继任，刘永好特聘富有经验的陈春花担任联席董事长兼CEO，而自己则隐退幕后把关，这种安排在企业管理治理方面十分独特，也反映了企业家通过内生锁定替代实现胜任力结构转换或提升的不易。

（二）内生泛化替代跃迁的实现路径、基本标准与胜任力获取方式

从信任的角度考察，锁定替代跃迁三种类型的优劣情况是：亲缘锁定＞类亲缘锁定＞非亲缘锁定。但从胜任力结构获得的效果上看，其优劣就很难辨了，如果考虑到人才的自然分布概率，显然内生泛化替代跃迁比内生锁定替代跃迁三种类型更有可能使替代者所具备的胜任力结构与企业成长所需胜任力结构相匹配。理论上讲，泛化替代跃迁不仅向企业员工和社会传递一种公平竞争的信号，而且是从更为广阔的范围，通过规范的组织机制筛选人才，确定候选人，然后加以培养，并从中选拔最适宜促进企业成长的替代者。所以，其成本可能不菲，但从胜任力结构满足程度角度考察，可能最佳。泛化替代跃迁就是不事先锁定候选人，而是通过设置晋升锦标赛机制或接班人培养机制，让员工（包括企业家子女等）参与到公平的胜任力角逐中来，经过从长期系统的不定向筛选到定向选拔，使符合企业成长相应标准的企业家替代者有计划地继任，进而实现企业家胜任力结构转换和提升的过程。

企业采用泛化替代跃迁还可以规避接班人培养偏差。如果事先锁定企业接班人，一旦出现偏差则会出现人才断层甚至团队断裂。比如我们无法肯定企业家的子女就一定是"将门虎子"，也不能肯定企业家的远亲近邻中就一定有成大器者。同时，以特质和兴趣相投为依据而锁定的非亲缘性替代者也不一定就是未来企业家的最合适胜任者。所以，内生泛化替代跃迁是实现企业家胜任力结构转换与提升更为稳妥与保险的方式。

从实践来看，泛化替代跃迁的实现是较为不易的，其一，泛化替代跃迁对企业和员工要求都极为严苛，企业必须建有良好的识人、用人、塑人和举人机制，尤其是发现和培养优秀人才的机制；同时，企业员工必须具有不断地自我砥砺、自我规划和自我发展的意识和能力。其二，泛化替代跃迁的实施，其时间跨度较长、耗费成本较高，从员工入职到最终成长为企业家候选人，需要多重历练、无数考验，甚至可能几经反复，才能最后成为合适的继任者。概括起来，内生泛化替代跃迁的实现路径、基本标准和胜任力获取方式如表6-5所示。

表6-5　　　　　　　内生泛化替代跃迁的实现路径、基本标准和胜任力获取方式

实现路径	基本标准	胜任力获取方式
基于绩效的优秀员工	继任时企业成长相应阶段的胜任力结构	● 自我学习和企业培训 ● 重要管理岗位轮岗 ● 商学院高级管理培训项目

内生泛化替代跃迁是以继任时企业成长阶段的胜任力结构为基本标准的，也就是说，如果在守业阶段，替代者应通过各种方式累积创业型胜任力结构，相应地，在守业阶段或展业阶段接班，替代者应通过自主或企业提供的方式累积守业型或展业型胜任力结构。而胜任力结构的获取方式则主要是自我学习、企业培训和重要管理岗位的轮岗，并辅之以商学院高级管理培训项目。

三、企业家胜任力结构的外引替代跃迁实现路径、基本标准和胜任力获取方式

所谓外引替代跃迁是指企业采用外部聘任而非内部培养的方式，将企业所在行业或企业准备进入领域经验丰富的职业经理人吸纳进来，以替代原有企业家，进而实现弥补、转换或提升企业家胜任力结构的过程。随着职业经理人市场的逐渐成熟，在我国以外引替代方式实现企业家胜任力结构跃迁的情况正在增多，如我国一些民营企业随着自身实力的不断提高和多元化事业的发展，为了应对日益加剧的市场竞争的巨大挑战，开始或已经不惜重金地在业界聘请具有影响力的职业经理人入主，领航企业发展。甚至部分企业为了与国际接轨，大力拓展国际市场，还特地聘请一些具有国际化运作经验的职业经理人加盟掌控企业。

事实上，外引替代跃迁是企业家胜任力结构替代跃迁方式"不得已而为之"的选择。外引替代大多发生在企业规模大于临界值的情形，此时企业家可能意识到靠内生替代的方式已经难以实现企业家胜任力结构的顺利跃迁，为了能够扭转不利局势，使企业能够继续乘风破浪，企业家不得不将"船长"的位子传让给外部更富经验、更加熟悉商海航路的职业经理人。总体而言，从外部引进的企业家职位替代者大都是具有较高学历或海外留学经历，或具有多年在同行标杆企业高层管理任职经验，或长期在某一领域担任咨询专家。概括起来，外引替代跃迁的实现路径、基本标准和胜任力获取方式如表6-6所示。

需要说明的是，大多数企业或企业家对外引替代跃迁方式充满顾虑。首先，作为"空降兵"的外引替代者，能否按照现任企业家的设想经营管理企业具有不确定性；其次，作为一个"局外人"，继任者能否得到企业内部员工，特别是高

第六章 企业家胜任力结构的叠加跃迁和替代跃迁机理研究

管团队的支持具有不确定性;最后,作为"外来的和尚",是否真的能够基于现有企业状况"念好经"具有不确定性。如果前任企业家缺乏足够的决断力且对上述问题存有疑虑的话,外引替代跃迁就难以实现,而倘若事先准备工作不到位,比如企业高管团队不合作、内部员工不支持、家族企业家庭成员反对,强行实施外引替代则通常会遭致失败。但这并不意味着外引替代完全不可取,如果运用得当,外引替代可能会收到意想不到的效果。

表6-6　　　　　　　　　外引替代跃迁的实现路径、基本标准和胜任力获取方式

实现路径	基本标准	胜任力获取方式
从企业外直接引入职业经理人	企业成长相应阶段的胜任力结构（通常以学历、经历、经验等加以判断）	● 系统的高等教育或海外教育 ● 多年的管理从业或高级咨询顾问经历

第一,由于外引替代的对象是本行业经验丰富的职业经理人,一般情况下,都有过在大型标杆企业担任多年高层管理工作的经验,并有过较为不俗的业绩表现。因此,他们已被实践证明具有卓越的管理能力。

第二,企业在从创业阶段向守业阶段成长或从守业阶段向展业阶段成长时,往往面临重大调整或变革,比如管理范式调整、战略目标改变、运作方式变化、经营区域扩展、业务重心转移等,外引替代为应对这些变革提供了可能。即企业或企业家可以在更为广阔的外部市场寻求到合适的替代者,实现企业家胜结构的顺利转换,完成上述变革。

第三,外部继任者受企业内部各种错综复杂人际关系的束缚更少,当企业处于成长瓶颈时,能够以更大的勇气和魄力实施改革,推进企业成长或重生。

总之,企业在创业、守业和展业成长过程中,企业家如果不能通过学习实现其胜任力结构的自我跃迁,也无法通过组织机制实现其胜任力结构的叠加跃迁,就只能通过组织机制实现其胜任力结构的替代跃迁。但需要注意的是,自我跃迁和叠加跃迁包含了对企业家胜任力结构缺口的弥补或对企业家胜任力结构不足的提升,而替代跃迁则更多地意味着企业家胜任力结构的转换。如果采取替代跃迁,对企业家来说,可能面临被替代的痛苦和心理落差,为使企业持续成长并基业长青,企业家必须综合衡量各方因素,在内生替代和外引替代之间进行抉择,并通过组织机制进行战略安排,以确保胜任力结构替代跃迁的顺利实现。

四、企业家胜任力结构替代跃迁方式的选择

影响企业家胜任力结构替代跃迁方式抉择的因素较为复杂。与叠加跃迁的

我国民营企业家胜任力结构及其跃迁机理研究

选择相似，我们同样基于逻辑的视角从企业家、企业和人才供给（市场）三个层面进行讨论。特别需要注意的是，替代跃迁方式的选择与叠加跃迁方式的选择存在很大的差异，叠加跃迁的不同方式在特定情况下可以由企业或企业家进行组合利用，而替代跃迁的不同方式之间不存在组合关系，只存在互替关系，企业或企业家不可能同时选择两种及以上的替代跃迁方式来完成企业家胜任力结构的跃迁。

首先，从企业家的角度看，在考虑替代跃迁时，企业家胜任力结构的自我跃迁和叠加跃迁已不足以保证企业进一步成长对企业家胜任力结构的需要时，企业或企业家就应当考虑通过替代跃迁方式进行企业家胜任力结构的转换。如果企业家的经营理念理念较为先进且身心健康，就会有足够的时间、精力和耐心来悉心栽培内部接班人，较大程度上会选择内生替代方式；如果企业家经营理念落后，且企业家身心健康，企业家就有可能因贪恋权柄而无意培养后继者。当企业家的经营管理理念先进，加之身心疲惫时，因自己缺乏足够的时间和精力进行内部接班人的渐进式培养，企业家多会审时度势地选择外引替代方式跃迁其胜任力（如图6-5所示）。

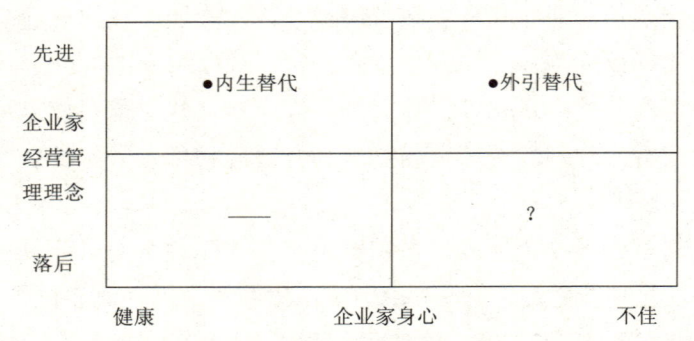

图6-5 企业家身心状况、企业家经营管理理念与替代跃迁方式选择

其次，从企业层面上考察，我们认为企业内部人才供给和财务状况会对企业家胜任力结构的替代方式选择会产生重要影响。一般说来，当企业内部人才供给充分，企业财务状况不佳时，企业家会选择内生替代，这对控制企业成本以及缓解财务不佳问题也较为有利。当企业财务状况较为良好，企业内部人才供给不足时，企业就可能选择从外部引入人才，采用外引替代。但当企业财务状况不佳，内部人才又较为缺乏时，为了企业成长的需要，企业也可能被迫采用外引替代，以转换企业家胜任力结构，但此时企业可能面临求才与求财的两难境地，应更多地使用延迟支付的方式引进高端人才（如图6-6所示）。

第六章 企业家胜任力结构的叠加跃迁和替代跃迁机理研究

	不足	企业内部人才供给	充分
良好	●外引替代		●内生替代
企业财务状况			
不佳	●外引替代		●内生替代

图6-6 企业内部人才供给、财务状况与企业家胜任力结构替代跃迁方式选择

最后,从外部市场角度分析,我们认为,企业家胜任力结构替代跃迁方式选择受企业外部人才供给和市场竞争状况两类因素的制约。当企业外部人才充分,外部市场竞争较为激烈时,企业更有可能选择外引替代方式,引入富有经验的外部职业经理人带领企业突围、转型。当企业外部人才缺乏,无论企业外部市场竞争如何,企业都只能选择内生替代方式。但需要注意的是,如果外部市场竞争趋于激烈,企业此时采取内生替代可能面临风险,因为内部培养接班人有可能在时间上来不及,在胜任力上与企业成长阶段不匹配(如图6-7所示)。

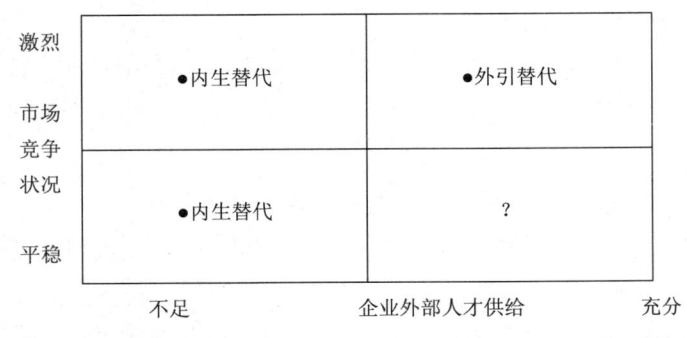

	不足	企业外部人才供给	充分
激烈	●内生替代		●外引替代
市场竞争状况			
平稳	●内生替代		?

图6-7 市场竞争状况、企业外部人才供给与企业家胜任力结构替代跃迁方式选择

第三节 企业家胜任力结构叠加跃迁与替代跃迁的影响因素及其相互关系

一、企业家胜任力结构叠加跃迁和替代跃迁的影响因素

前已述及,企业家胜任力结构的叠加跃迁和替代跃迁主要是通过企业家团队配置、接班人计划等组织安排机制来实现的。在相关部分,本研究还分别从企

我国民营企业家胜任力结构及其跃迁机理研究

业家、企业和市场的角度讨论了企业家胜任力结构叠加跃迁、替代跃迁的选择问题，这里，对影响企业家胜任力结构叠加跃迁、替代跃迁实现效果的因素进行概要性分析。

（一）个体层面：利益者相关的意愿和能力是关键

企业家胜任力结构叠加跃迁或替代跃迁涉及众多的利益相关者，包括企业家本人、企业家团队其它成员或继任者、其它管理人员、股东和商业环境中的其它代理商等。

1. 企业家本人的意愿和能力

在影响企业家胜任力结构叠加跃迁或替代跃迁的因素中，企业家本人的意愿是首要的，即企业家是否愿意让团队其它成员来协助自己的工作或让继任者来替代自己的位置。企业家可能对这些组织安排机制产生抵触，其原因主要在于：一是其对自己一手创立和经营的企业怀有深厚的感情，不舍得将它全部或部分交给别人来管理；二是企业家团队的配置或企业家的继任意味着企业家权力和地位的丧失，他们无法战胜内心的焦虑和超越对自我的否定。正如一位企业家所言，"放弃企业就相当于在自己的死亡证书上签字"。

此外，企业家的能力也是重要的影响因素，包括识人和用人的能力。企业家不仅要有能力识别那些真正有能力"补己之短"与自己合作或替代自己的人，同时还应具备乐于指导、积极配合、愿意公开新观点等特征，要善于通过授权、分享和指导去让企业家团队合作者或继任者最大程度地发挥他们的各自特长，以最终顺利实现对企业家胜任力结构的有效叠加或替代。

2. 企业家团队叠加成员或继任者的胜任力和经历

既然企业要通过企业家团队配置或继任计划等组织安排机制来突破企业家胜任力对企业成长的束缚，实现企业家胜任力结构的叠加跃迁或替代跃迁，那么企业家团队其它成员或继任者的胜任力首先必须要满足企业生命周期相应阶段胜任力结构的要求。譬如在企业守业阶段企业要通过叠加方式或替代方式实现企业家胜任力结构的跃迁，其前提条件是叠加者或替代者必须具备企业家守业型胜任力结构以及企业家通用型胜任能力，即资源配置能力、团队与文化营建能力、战略规划和规范管理，以及学习能力、创新能力、信息搜寻与处理能力、识人用人能力、关注效益和协调关系。其次，作为企业家团队的一员，他们还应具备与人合作的能力，而非只会单打独斗，只有这样，才能最大限度地发挥企业家团队的作用，实现企业家胜任力结构的叠加跃迁或替代跃迁。

此外，企业家团队叠加成员或继任者不同类型的工作经历也对企业家胜任力结构的叠加跃迁或替代跃迁产生影响。内部的工作经历可以让他们对企业有更多的了

第六章　企业家胜任力结构的叠加跃迁和替代跃迁机理研究

解和认同，大大缩短其与企业和企业家的磨合期；外部的工作经历则可以为企业带来更多新观点的冲击，增加团队的异质性，有助于企业和企业家摆脱思维定势，顺利地突破藩篱，实现持续成长。而在家族企业中，不同来源的叠加者或继任者直接影响到叠加或继任的合法性问题和胜任力的确认问题。

3. 其他利益相关者的态度

不管是通过叠加构建企业家团队，还是企业家继任，都需要其它一些利益相关者的支持。只有获得利益相关者如企业员工、股东、客户等的支持，企业家胜任力结构的叠加跃迁或替代跃迁过程才会进行得更加平稳。

（二）人际层面：关系、信任是核心

不同利益相关者之间的关系会对企业家胜任力结构的叠加跃迁或替代跃迁产生重要影响。

1. 企业家本人和企业家团队叠加者、继任者之间的关系

如果企业家本人和企业家团队叠加者、继任者之间的关系和谐良好，就会促进企业家胜任力结构叠加跃迁或替代跃迁的顺利实现，反之亦然。因为如果企业家本人和企业家团队叠加者、继任者之间形成相互尊重、相互理解的支持关系，就可以令双方感受到来自对方的支持和认可，并建立信任和良性反馈循环，进而有效促进知识、社会资本以及网络关系等在企业中的分享或转移。

2. 现有管理者之间的关系

现有管理者之间的融洽程度对团队重建或继任过程会产生重要影响，现有管理者之间的关系越是融洽，就越是可以大大减少团队重建或继承过程的阻力，反之亦然。

（三）组织层面：规则和制度的健全是保证

1. 接班人计划

企业家团队构建和企业家职位的交接更替问题，是企业持续成长面临的焦点问题，接班人计划或继任计划的实施可以从组织制度层面为企业家团队构建和企业家继任提供机制保障。企业家团队构建和企业家继任过程通常会面临两难困境：一方面是成功的接班人计划需要团队合作者之间或继任者与离任者之间管理风格、理念的一脉相承，这需要一个较长时期的磨合过程；另一方面却是创新和竞争方面的压力使得企业无法从容面对以上两个问题，这就需要企业对企业家团队建设或企业家继任有一个比较长期的规划。一个好的接班人计划或传承计划，可以大大减少企业家胜任力结构叠加跃迁或替代跃迁过程的不稳定因素和其关键资源丧失的机会，使企业家胜任力结构的叠加跃迁或替代跃迁得以顺利实现。

2. 培养机制

在企业家胜任力结构的替代跃迁或叠加跃迁中，其企业家团队叠加成员或继任者既可以来自企业内部，也可以来自企业外部，且在理论上这两种来源同等重要。而企业要想有足够的合格候选人，则必须建立能够形成候选人池的培养机制，这种培养机制至少包括关键人才选拔机制、培训机制、绩效机制和薪酬机制，而且只有这些机制和接班人计划或继任计划相结合，才能在企业中养成后备人才群，从而为企业家胜任力结构替代跃迁或叠加跃迁的顺利进行提供保障。

3. 沟通机制

团队成员的理念认同是其价值观念的体现，它决定了团队成员的行为方式。所以，团队成员的目标理念认同程度反映了他们在行为方式上的一致程度，也决定了团队工作的协调和团队功能的发挥程度。但是，团队成员的目标理念认同通常不易达到，这主要由高管团队成员观念认同的多样性所致。

个人理念认同的多样性是由于在现实条件下个人的观念产生受到教育、家庭以及生活环境等各种因素的影响。同样，企业家团队成员各方面的差异决定了他们在理念认同方面存在着差异，进而造成了他们在思维方式和工作习惯上的极大差别。所以，当企业把一个完全没有直接共事过的人员引进来作为企业家管理团队中的一员，团队成员之间在工作中就不可避免地会产生冲突。冲突的出现会导致团队成员之间合作意识和认可程度的减弱，而缺乏合作和认可又会进一步加深冲突，这种恶性循环会在团队建设初期给团队成员间的相互融合造成障碍。防止或消减这种恶性循环的有效办法就是建立良好的团队沟通机制，以促进团队成员在价值理念上的统一。当团队成员对某种价值理念形成一致认同时，就能促进积极团队文化的形成。这种团队文化能够把阻碍团队建设的消极冲突转变为给团队建设带来促进效用的积极冲突，进而塑造团队成员积极参与、公开交流、相互融合、友好协作的良好氛围。

4. 决策模式和权力制衡机制

对于企业家团队而言，合理的决策模式能够形成一个经营者群集，充分发挥各团队成员的异质型人力资本的作用，最大限度地实现企业家胜任力结构的叠加跃迁。

而权力制衡机制则能有效地平衡企业家团队成员的权力，使管理人员更多地关注于企业的发展事项，而非权力之争，从而有利于企业家胜任力结构叠加跃迁或替代跃迁的实现。

（四）环境层面：劳动力市场的成熟度是重要约束

劳动力市场包括内部劳动力市场和外部劳动力市场。内部劳动力市场就是组织内部人才状况与竞争规制所组成的人才交流场所；外部劳动力市场是指组织外部人

第六章　企业家胜任力结构的叠加跃迁和替代跃迁机理研究

才状况和竞争规制所组成的人才交流场所。劳动力市场的成熟程度越高，越有利于企业家胜任力结构的叠加跃迁或替代跃迁，反之亦然。这是因为，劳动力市场越是成熟，就意味着企业越有可能从劳动力市场上获取到合格的或具有培养潜质的候选人，以减少的培训成本就能实现企业家胜任力结构的叠加跃迁或替代跃迁。

总结起来，影响企业家胜任力结构叠加跃迁或替代跃迁的主要因素如表6-7所示。

表6-7　　　　　　　　　　企业家胜任力结构叠加跃迁或替代跃迁的主要影响因素

层面	主要因素
个体层面	企业家本人的意愿和能力
	企业家团队叠加成员或继任者的胜任力和经历
	其他利益相关者的态度
人际层面	企业家本人和企业家团队叠加成员、继任者之间的关系
	现有管理者之间的关系
组织层面	传承计划
	培养机制
	沟通机制
	决策模式和权力制衡机制
环境层面	内部劳动力市场的成熟度、外部劳动力市场的成熟度

二、企业家胜任力叠加跃迁或替代跃迁的障碍及其克服

（一）来自在任者的障碍

在企业家团队构建或企业家继任过程中，企业的在任者控制着企业管理、影响着董事会、掌握着股权，从而可能成为企业家团队构建或企业家继任成功的最大障碍。一般情况下，如果在任者因害怕影响或失去地位而不愿意放弃控制权，可能对在其身边设置助理或副职比较敏感，对即将卸任更是不安。所以，强迫其移交权力就可能意味着企业终结。

另外，多数创业型企业家不仅把大部分精力投入到了企业中，而且他们几乎把自己的全部财产也投放到了企业中。所以，当他们意识到企业控制权可能被削弱甚至移交给他人时，就会担心自己在地位下降的同时财富也会减少。由此便产生抵触情绪，从而自觉或不自觉地排斥或拒绝团队重建或交出权杖，或者以各种理由推延继任时间。

我国民营企业家胜任力结构及其跃迁机理研究

台湾宏碁集团前任董事长兼首席执行官施振荣曾指出，"继任是一个长期思考，至少15年以上"。一项对闽南家族企业创始人关于权力移交问题的调查结果显示，在企业发展方面，70.73%的人认为企业权力移交应该在企业发展的成熟阶段，60.16%的人希望权力移交是在自己完全掌控全局时发生。在个人健康和意愿方面，56.10%的人选择在自己50~60岁时开始考虑继任问题，经过10年左右的安排，60~70岁时正式移交权力。以上数据显示，以闽南家族创始人为代表的中国家族企业创始人有意愿根据个人意志全力掌握企业权力继任过程。

在企业家团队的构建过程中，企业家原来至高无上的决策权将被团队决策模式所替代。企业家害怕失去对权力的掌控，认为这是对自己的否定，因而不愿接受其他团队成员的协助。这使得企业家团队的构建或企业家的继任无法实现，或实现了也无法发挥它应有的作用，因而企业家胜任力结构无法实现叠加跃迁或替代跃迁。

这一障碍的克服，主要依赖于在任者对管理企业以外的个人兴趣的培养。企业家对企业投入的工作时间和精力与他退出企业的时间相关，也就是说，企业家对企业的关注程度越高、依赖程度越大，他在权力继任过程中设置的障碍就越难以克服。目前中国民营企业大部分仍处于创始人时代，创业者从创业开始几乎投入了其全部的时间和精力，不少企业创始人以超长时间工作自诩，并以此作为其他人的榜样。因此，他们几乎没有时间培养除管理企业以外的任何兴趣。也可以认为，企业创始人个人效用单一化（即只从企业发展中获得满意和满足），决定了他们中的多数人很不情愿把企业权力移交出去，并极力推迟继承日期。

从效用多元化的角度分析，如果企业家有很多管理企业以外的个人兴趣和爱好，那么即使离开企业，他也能够从其他活动中获得总效用的提高。效用多元化的企业家随着年纪的增长，更愿意减少工作时间、放松直至放弃对企业的控制，而从其他的行为中获得相同甚至更高的人生满意度。

此外，还可以对企业家团队建设或权力继任过程采取渐进方式。健康和财政是企业家考虑是否放弃对企业控制权的两个重要因素。Kim和Devaney（2003）针对多数家族企业创始人不仅把全部的时间和精力都投入到企业之中，甚至还有所有的积蓄的现实，认为退出企业对创业者来说是一个挑战，因为他们无法想象不在管理企业的日子怎么过。因此，他们提出半退休理论，即对企业创业者来说，有一段时间减少他们的工作时间比让他们从完全工作到完全休闲的转换更具操作性。

企业创始人在逐步放权的过程中依然参与企业经营管理，既有利于保持企业管理风格的延续，也能使继任者获得更多的经验指导和支持，有利于企业平稳渡过权力继承阶段。纵观东西方家族企业的发展历程，生存与延续是家族企业发展的目标。因此，权力继任的首要目标是企业发展的顺延。目前，顺利平稳地完成了控制

第六章 企业家胜任力结构的叠加跃迁和替代跃迁机理研究

权的中心转移,而且发展良好的中国家族企业基本上采用的是这种创始人半退休方式。创始人逐渐淡出各种大型公开决策场合,继任者逐步走到前台,从跟随创始人到共同主持再到独立掌控局面,以渐进的方式完成权力转移。如格兰仕集团的梁氏父子、世茂集团的许氏父子等就是这种继承模式的典型范例。

(二)来自企业家团队新成员或企业家继任者的障碍

一项对奥地利和德国等西欧德语国家的研究发现,1/3的在任者认为在权力移交过程中部分继任者缺乏个人管理经验是最大的障碍,28%已经接管了企业的继任者也认为由于低水平的管理经验使他们在继任过程中产生问题,大约1/5的继任者承认他们有一个被员工和其他企业合作者接受管理能力的过程。因此,对继任者来说,企业权力移交过程中个人经营管理经验是否足以被企业原有成员接受和认同是个障碍。

另一项对闽南家族企业相关调查的数据也证实,继任者管理经验不足是创业者主要担心的问题之一,54.57%的创业者担忧继任者能力经验不足,41.46%的人认为其他高管可能质疑继任者的能力与经验。

对这一障碍的克服主要是加强继任者被企业利益相关者认可的程度、树立继任者个人权威。企业创始人之所以在企业内外获得较高的权威,主要是有真实存在的企业发展历史证明其才能和智慧。因此,继任者不仅需要系统的管理、专业知识技能,还要在外部获得经营管理经验,更要从企业基层做起,通过实际接触,逐步获得其他人的了解和认可。例如世茂集团创始人许荣茂为两个子女安排的进入企业道路都是:高等教育——外部工作实践——企业基层工作——高层管理者——接管旗下上市公司;香港实业巨子李嘉诚为了确保儿子在员工前的权威,先是让两个儿子到海外创业,形成"进可攻、退可守"的局面,即成功了可以作为经营业绩,失败了远在海外无人知晓可东山再起。这些成功地提携继任者的模式对提高企业继任者被企业接受、树立继任者个人权威,从而更好地推动企业权力继任,都有很好的借鉴作用。

另有相关调查数据显示,37.40%的创业者希望子女离开学校后自行创业,34.15%的人希望子女先到其他企业去锻炼。近半数(49.59%)的创业者认为继任者进入公司的起点是基层管理者。这表明多数企业创始人认为实际业绩是树立继任者个人权威的必不可缺的途径。

(三)来自其他利益相关者的障碍

企业的管理权分配和控制权更替不仅影响企业家的利益,还会引起其他利益相关者在企业中利益的变动。在企业管理权和控制权变化过程中,特别是对选择谁做新的企业控制人,各个利益相关者,如非家族股东、银行,甚至供应商、经销商等,都会从各自的利益出发,尽可能多地对决策者施加影响,以期获得对自己在企业未来利益分配中更加有利的方案。对家族企业来说,这一点显得更加明显。家族利益集团中的直接利益相关者对管理权分配和控制权更替的影响力比之于非家族成员更突出。在家族企业管理权分配和控制权更替过程中，亲缘关系可能被利益关系冲击，产生权利和财产纷争现象，严重者导致企业分裂、衰败甚至倒闭。有相关调查显示，47.97%的闽南家族企业创业者认为企业权力移交时最容易发生的问题就是家族成员对权力的争夺，在回答"您认为继任者面临的最大困难是什么"时，67.48%的创业者认为是家族成员争权。由此可见，在中国家族企业权力继任过程中，来自家族成员利益冲突的障碍是最为显著的。

对这一障碍的克服主要是通过明确主要相关利益者的未来利益来实现。一个企业通常承载着诸多人的利益，其中创业者既要考虑企业的未来，也为自己将来的地位、角色和收入担忧；跟随创业者创建企业的旧臣忧虑个人的前途；其他企业成员关心管理权分配和控制权变更后企业的收益分配格局或个人在企业中的职能变化；银行、供应商等则关注企业未来的政策对自己未来利益的影响等。如果不能在管理权分配和控制权变更之前了解这些主要利益相关者对变化后的预期，并对这些预期进行讨论、给予明确的规定，那么，管理权分配和控制权变更过程就会遇到更多人为障碍。因此，在企业家团队构建计划或企业权力更替计划中，必须讨论与制定变动后利益相关者的既得利益战略，并以制度或合约的形式确定下来。对闽南家族企业的调查显示，闽南家族企业创业者希望权力继承之前确定的事项主要有明确继任后企业发展战略（57.72%）、明确继任后老臣的安排（23.58%）和明确继任后其他家族成员的安排（24.39%）。这些数据显示出企业创始人对继任后重要利益相关者利益的重视。

（四）管理人才短缺的障碍

我国私营经济在最初的发展中，管理能力主要来自国有或集体企业能力的转移。20世纪90年代后期，管理能力的供给不足在许多企业表现出来。不少企业一方面难以在市场上找到合适的高素质人才，另一方面内部对人才的培养又跟不上需求。另外一些因素又进一步加剧了这一供需的矛盾：一是大规模的创业迅速地吸收了有限的具有较高企业家素质的人才，而短期内又很难迅速培养一批这样的人才。二是企业普遍地采用家族化组织方式，家长权威高度集权的领导行为带来的直接后果是，中低层次的管理者尤其是非家族成员管理者没有得到足够的授权，结果是其经验积累或在岗学习（干中学）的速度缓慢。三是不少优秀的管理者进入了外资企业，尽管其中也有一些人才流出并进入私营企业，但管理方式和管理经验上的差异经常导致管理思想上的冲突和矛盾。时至今日，尽管随着我国经济的不断发展和人才培养机制的逐渐完善，管理人才的供求矛盾有所缓解，但相对于不断增加的管理能力的需求，管理能力的供给受到人才培育过程的制约而增长缓慢，企业家团队构

第六章 企业家胜任力结构的叠加跃迁和替代跃迁机理研究

建和企业家继任计划作为提升企业成长能力的机制任然受到人才供给不足的限制。所以,管理人才短缺成为企业家胜任力结构叠加跃迁或替代跃迁的一大障碍。

要克服这个障碍,一方面在宏观上需要政府支持,进一步建立和完善学位教育和在职培训相结合的管理人才培养体系,提高管理人才的市场供给总量;另一方面在微观上企业自身应当通过建立健全各项人才培养机制,加大管理人才的培育力度,强化管理人才的自我供给能力。

三、企业家胜任力结构叠加跃迁和替代跃迁的关系

本研究在之前分别对企业家胜任力结构的叠加跃迁和替代跃迁进行了讨论,这里着重分析一下这两种胜任力结构跃迁方式的内在关系。

首先,叠加跃迁可以作为替代跃迁之前的准备。替代跃迁特别是内生替代跃迁,通常会在企业中存在一个较长甚至很长时间的准备,这个准备是指对具有潜力但还不够成熟的候选人的培养过程,在培养过程中一般会涉及重要轮岗锻炼、导师辅导和正规教育系统培养等方式,而在重要岗位任助理、副职等正是企业家胜任力结构叠加跃迁的重要形式。也就是说,替代跃迁方式特别是内生替代跃迁方式通常可以建立在叠加跃迁方式基础之上进行有效实施。

其次,叠加跃迁和替代跃迁方式可以融入一个接班人计划之中。企业接班人计划又称管理继承人计划,是指企业确定和持续追踪关键岗位的高潜能人才,并对这些高潜能人才进行培养和开发的过程。高潜能人才是指那些公司相信他们具有胜任高层管理位置潜力的人。企业接班人计划就是通过企业内部培养提升的方式来系统有效地获取组织所需的具有相应岗位胜任力结构的人力资源,它对企业的持续发展有至关重要的意义。高潜能人才通常就是企业家内生替代的候选人。在对这些候选人进行培养的过程中,比较有效的方式就是有针对性地让他们在企业重要岗位上任职,特别是在高层职位上任助理、副职等,也就是通过高层职位的叠加锤炼,可以筛选出替代企业家的最终人选。可见,企业家胜任力结构的叠加跃迁和替代跃迁可以融入一个接班人计划机制之中实施并有效实现。

第七章
基于企业成长过程的企业家胜任力结构及其跃迁方式案例分析

第一节 贵阳南明老干妈风味食品有限责任公司案例分析[1]

一、贵阳南明老干妈风味食品有限责任公司简介

贵阳南明老干妈风味食品有限公司（简称"老干妈"或"老干妈"公司）的创始人陶华碧，是一位只会写自己名字的农村妇女。1989年的她还只是原核工业部206地质队的一名普通家属，之前丈夫不幸离世，给她留下了两个年幼的孩子。最初，出于谋生的打算，她开始在地质队所在地龙洞堡街上做起卖凉粉和米豆腐的生意。为了卖好凉粉，她特地制作了一种用来做佐料的麻辣酱，生意逐渐红火起来。

凭借自己的一手炒制技术和独特的传统配方，陶华碧将贵州人家庭都可制作的凉粉、凉面和米豆腐调制得别具一格，生意十分火爆。几年下来，有了点积蓄后，便扩大成了饭店，为真心实意地对待顾客，她取名为"实惠饭店"，将家乡具有地方风味的特色菜肴一道道推上餐桌。当中最受顾客满意的当数免费为顾客作为佐餐调料的"风味豆豉"。在这些吃饭的人中，有一位在红星机床厂技工学校念书的男同学名叫欧阳梓刚，他长期在"实惠饭店"吃饭，可有几天，这个同学没有来。陶

---

[1] 本节案例资料来源：（1）贵阳南明老干妈风味食品有限公司官方网站；（2）中国重要报纸全文数据库；（3）中国学术期刊网络出版总库；（4）中国优秀硕士学位论文全文数据库；（5）中国博士学位论文全文数据库；（6）百度搜索工具搜索的其他与老干妈公司及其企业家相关的公开信息。

我国民营企业家胜任力结构及其跃迁机理研究

华碧四处打听，才知道欧阳梓刚没来吃饭的原因是因为家境不富裕，没有钱，于是陶华碧便带话给欧阳梓刚，叫他以后每天来吃饭，不用付钱，并为他交了学费。欧阳梓刚非常感动，就认陶华碧做"干妈"。这个称呼一传十、十传百，"老干妈"的名气也随着陶华碧的爱心越来越为人知晓。

1996年8月，陶华碧不再经营饭店，专门加工辣椒系列产品，创办了贵阳南明老干妈风味食品有限责任公司，并沿用了这个称呼，为公司取名"老干妈"公司。两年后，"老干妈"的工人达二百多人，产值达5014万元。1999年，"老干妈"生产的风味辣椒被评为"贵州省名牌产品"。2001年该公司更是发展到1200人，产值达3亿元，名列全国民营企业50强排行榜第5位。今天，"老干妈"已将市场拓展到全国乃至全球，并相继被财政部等八部委评为"全国农业产业化100家优秀重点龙头企业"，其注册商标也被国家工商总局认定为"中国驰名商标"。2006年，"老干妈"公司生产总值达10.38亿元，上缴税收1.67亿元，并上了两个榜，一个是2005年度中国私营企业纳税百强排行榜——贵阳南明老干妈风味食品有限责任公司以纳税7009万元位居全国第37位；另一个是2006胡润百富榜——陶华碧及张芝庭均以10亿元财富并列325位。2012年，"老干妈"的产值达33.7亿元，纳税4.3亿元。目前，"老干妈"公司拥有四个生产基地，日产"老干妈"20余种系列产品达120万瓶，是国内生产及销售量最大的辣椒制品生产企业。

陶华碧是一个精益求精、追求完美的人。她说，产品靠质量，人品决定产品，产品体现人品。为了使全体员工增强质量意识，该公司对新进厂的员工实行"先培训后上岗"的用工制度，在生产过程中，认真开展"自检、互检、专检"工作。在原料的购进方面，该公司有一套严格的验收标准，在这套标准的要求下，无论是菜油、辣椒，还是豆豉辅料，只要进了该公司的门，就没有一样是不符合卫生标准的。正因如此，该公司的产品近四年的出厂合格率都是100%。

企业做大了以后，他们摈弃了小打小闹、小富即安的小农意识，用现代企业的定位来规范和发展企业。近年来，该公司共耗资数百万元建成了目前国内较先进的集洗瓶、消毒、灌装、旋盖为一体的机械化流水线，此外还建立了设备较为齐全的产品检验化验室，引进了专业的质检化验人员对每批产品按规程操作检验。为了适应当今经济信息化的发展需要，该公司还引进了计算机网络人才和设备，建立了企业自己的网页，使该企业通过互联网走向了世界。在企业管理上，他们积极组织有关人员学习先进的管理理论，对每个关键环节都配备了计算机处理系统，完成了企业数据从人工处理向计算机管理的转变，使企业内部管理步入智能化和知识化的轨道。

现在，"老干妈"系列产品已经建立了完善的销售网络，在北京、天津、石家庄、广州、长沙、上海、大连、南京、武汉、海口等65个大中城市设有省级、市级

第七章　基于企业成长过程的企业家胜任力结构及其跃迁方式案例分析

代理处，该公司还在未获得自营进出口权的条件下，通过与外贸公司的合作，成功地将产品出口到了美国、澳大利亚、东南亚等国际市场，其"中国辣酱"还获得了美国FDA认证。

二、贵阳南明老干妈风味食品有限责任公司的成长阶段

（一）创业阶段：1996年~2001年

这一阶段"老干妈"从企业创立开始，经历了重重磨难，到1999年的成功维权，使"老干妈"走向了稳步发展的道路。

陶华碧在起初卖凉粉的时候，有一天因为太累了身体不适，她没有去买辣椒来制作麻辣酱，一位顾客进门一看，桌上没有麻辣酱了，遂转身离去。这对陶华碧触动很大，于是她开始潜心研究，几年后，她制作的麻辣酱风味更加醇厚，并于1996年创办了贵阳南明老干妈风味食品有限责任公司。

走入正规是产品打入市场的惟一途径，但由于厂子规模太小，在贵阳联系几家生产广口瓶的玻璃制品厂家时，各家都不愿生产。无奈之下，她跑四川联系，把广口瓶问题解决了。但由于资金太少，缺少宣传，很少人知晓陶华碧的产品。没有市场就没有出路，面对资金少得实在可怜的状况，陶华碧只得将产品一瓶瓶打开，然后放在厂门口及街上，让过路人免费品尝。

1997年元月，几位昆明客商慕名而来，尝毕风味豆豉，连声叫绝，随后找到陶华碧，要求做其云南的代理商。当年，这几位昆明客商将"老干妈"带到了昆明糖酒订货会，没想到"一炮走红"，订单源源不断地飞向贵阳。第二年5月，"老干妈"风味豆豉等食品销售额便突破了百万元大关。年底更是突飞猛进，销售额达到了千万元。

1997年11月，"贵阳南明老干妈风味食品有限责任公司"正式挂牌，一个辣酱作坊几经"扩大产能"终于走上了公司化发展之路。当一位出身草根、文化水平有限的"老干妈"，不得不面对规范化、专业化、系统化的现代企业制度时，习惯了事必躬亲的陶华碧明显感到力不从心。产供销问题、财务报表、人事管理、工商、税务、城管等"外事活动"让这位中年妇女应接不暇。

她想到了接班人问题，长子李贵山就此接过了家族企业的权杖。高中文化的李贵山从部队转业后在地质队工作，并未直接参与"老干妈"的经营管理，而在老干妈"公司化"之后，他看到母亲的难处，决定辞职下海，出任公司总经理，"老干妈"二代登上了历史舞台。此后，公司陆续引进了几个大学毕业生，并发展成为管理骨干。

然而，这家诞生于中国乡土、一直依靠自身积累实现企业扩大再生产的草根

公司，在李贵山寻求走向全国之路时，层出不穷的仿冒品成为他们前进路上巨大的绊脚石。1997年，"老干妈"的名号在贵州省内已广为人知。但李贵山意识到，公司化的"老干妈"要摆脱昔日小作坊的身影，必须尽快注册商标，只有这样才有可能使区域性的豆豉辣酱打进全国主流化调味品市场。在此后的3年间，李贵山先后数次提出"老干妈"商标注册申请，却连遭失败。国家工商总局商标局以"'老干妈'为普通人称的称谓，故'老干妈'用作商标缺乏显著特征"为由，驳回了李贵山的申请。漫长的商标注册申请过程，使"老干妈"丧失了保护自己知识产权的最佳时机和基本手段，因而陷入了被侵权假冒者肆意围攻的噩梦之中。有关专家认为，"老干妈"的致命弱点在于，它并没有特别高的技术含量，只有特殊工艺和配方，因而在品牌名称、外包装方面很容易被仿冒。

自1997年以来，仿冒"老干妈"的产品多达五六十种，造假地遍及湖南、四川、陕西、甘肃等省及贵州本省等传统食辣区。

1999年2月，贵阳南明老干妈风味食品有限责任公司向北京市第二中级人民法院提起诉讼，状告湖南华越食品公司及销售"华越老干妈"的北京望京购物中心侵犯其合法权益。在给法院的答辩状中，华越公司等二被告声称自己并未侵权。他们的一个重要论据是"原告未对'老干妈'进行注册，因此不享有商标专用权"。

法院一审判决：华越公司停止使用并销毁其未获得外观设计专利之前的照搬老干妈公司的瓶贴、赔偿对方经济损失15万元，对老干妈公司的其他诉讼请求未予支持。老干妈公司决定"战斗到底"继续上诉。2001年3月20日，北京市高级人民法院对该案作出终审判决：撤销北京市第二中级人民法院一审判决支持贵阳"老干妈"的上诉请求，认定"华越老干妈"侵权成立，判令其停止使用"老干妈"商标名称，停止使用与贵阳"老干妈"瓶贴相近似的瓶贴，同时赔偿贵阳"老干妈"公司经济损失40万元。陶华碧、李贵山母子终于赢得了这场"老干妈"保卫战。维权成为"老干妈"企业蒸蒸日上事业的有力助推器，使"老干妈"得以迅速成长壮大。

（二）守业阶段：2002年至今

维权成功后，侵权公司的产品被勒令撤柜，"老干妈"迅速占领市场，研制并推出了10个系列的新产品，满足了更多人的口味，进一步占有了市场空间。2003年，"老干妈"的产值从2002年的3.8亿元迅速攀升至6.25亿元，上缴国家税收7800万元。

公司在前进中不断规范企业内部管理，完善基础设施建设，持续加大技术改造力度，除新增生产能力外，对原有生产线进行技术改造，企业综合生产经营能力得

第七章 基于企业成长过程的企业家胜任力结构及其跃迁方式案例分析

到大幅提高。在管理上引入了现代化管理体系，并行之有效地组织实施，企业竞争能力和管理水平不断提升。在产成品和原辅料质量监控方面，公司建立了技术手段较为齐全的质量监控中心，提高并强化了原辅料及产成品的自检、自测能力，做到每批次产品都严格按操作规程要求生产，出厂前抽样送省内质量检测及食品检验的权威机构进行检测。几年来，由于企业质量管理体系的建立和质量管理措施的有效实施，使历年来产品的各项指标都达到国家卫生、质量标准，产品出厂合格率始终位于同行业榜首，先后被授予"全国食品行业质量效益型先进企业"、"检验合格企业"、"全国乡镇企业质量管理先进单位"、"国家级农业产业化经营重点龙头企业"称号，并顺利通过了ISO9001：2000质量体系、ISO14001：1996环境管理体系、HACCP认证，产品"油辣椒"通过了"绿色食品"认证，"油制辣椒"系列食品获得"中国名牌"称号，并由"老干妈"公司作为标准的主要起草单位发布了国内首个"油制辣椒"国家标准。

三、贵阳南明老干妈风味食品有限责任公司不同成长阶段的企业家胜任力体现

（一）创业阶段的企业家胜任力体现

1. 分析与机会捕捉能力

陶华碧20岁那年，嫁给了206地质队的一名队员；但没过几年，丈夫就病逝了，扔下了她和两个孩子。为了生存，她不得不去打工和摆地摊。1989年，陶华碧用省吃俭用积攒下来的一点钱，在贵阳市南明区龙洞堡的一条街边，用四处捡来的砖头盖了个简陋的"实惠餐厅"，专卖凉粉和冷面。没有读过一天书的她，全凭着朴素的想法琢磨经营之道。为了赢得顾客，她冥思苦想，琢磨出了别人没有的独到的"绝点子"：别人不过是加点胡椒、味精、酱油和小葱什么的，她却特地制作了专门拌凉粉的作料麻辣酱。这个点子一实施，生意果然十分兴隆。偶然有一天，陶华碧没有备麻辣酱，顾客听说没有麻辣酱，居然都转身走了。她不禁感到十分困惑：难道来我这里的顾客并不是喜欢吃凉粉，而是喜欢吃我做的麻辣酱？！

机敏的她一下就看准了麻辣酱的潜力，从此苦苦地潜心研究起来……经过几年的反复试制，她制作的麻辣酱风味更加独特了。很多客人吃完凉粉后，还要掏钱买一些麻辣酱带回去，甚至有人不吃凉粉却专门来买她的麻辣酱。她不禁喜上眉梢：有这么多人爱吃我的麻辣酱，我还卖什么凉粉？不如专卖麻辣酱！就这样，凭借着自身具备的机会捕捉能力，觉察到了客户对于特质辣椒酱的需求，陶华碧成功的开启了自己的事业之门。1996年7月，陶华碧借南明区云关村委会的两间房子，招聘了40名工人，办起了食品加工厂，专门生产麻辣酱，并定名为"老干妈麻辣酱"。

2. 资源获取能力

大批麻辣酱生产出来以后，当地的凉粉店根本消化不了。陶华碧又亲自背着麻辣酱，送到各食品商店和单位食堂进行试销。没想到，这种笨办法效果还真不错。不过一周的时间，那些试销商便纷纷打来电话，让她加倍送货……结果，她的"老干妈麻辣酱"很快就在贵阳市稳稳地站住了脚跟。

走入正规是产品打入市场的惟一途径，起初，由于生产辣酱的厂子规模太小，在贵阳联系几家生产广口瓶的玻璃制品厂家时，各家都不愿生产。无奈之下，陶华碧跑四川联系，把广口瓶问题解决了。但由于资金太少，缺少宣传，很少人知晓。没有市场就没有出路，面对资金少得实在可怜的状况，陶华碧只得将产品一瓶瓶打开，然后放在厂门口及街上，让过路人免费品尝，正式通过这种方式，陶碧华扩大了"老干妈"的知名度，赢得了更多的客户。

1997年几位昆明客商将"老干妈"带到了昆明糖酒订货会，"老干妈"一下子火了起来。第二年年底，"老干妈"风味豆豉等食品销售额竟然达到了1000万元。

3. 勾画愿景与承诺

在2001年年初，广州有个销售商把年销售"老干妈麻辣酱"的目标定到了3000万元。陶华碧觉得这目标太高，很难实现，就半开玩笑地说："你如果真实现这个目标，我年终就奖你一辆轿车！"销售商听了也没怎么当真，他知道陶华碧特别节俭——她当了这么大的老板，自己却一直连轿车都不配，平时出门办事大多去挤公汽、中巴，即使是去税务所交税，也是兜里揣上作为中餐的两个馒头，坐着农用车往返，她怎么会舍得奖励外人轿车呢？可是到了年终，销售商真的完成了3000万元的销售额。这时，陶华碧表态了："人要讲信用，说出去的话就像泼出去的水，不负责任怎么取信于人？"她力排众议，奖了这位销售商一辆捷达轿车！这事传开后，销售商们都感叹道："还是'老干妈'最讲诚信啊！对她这样的人，谁还会忍心骗她！"

从这件事情可以看出，陶华碧给员工的利益承诺是一定会兑现的，她带头做了表率行为，将"诚信"确立为公司上下行动的指南。

4. 权威导向

在厂里，陶华碧通常会以自己的行为为大家树立一个榜样。陶华碧知道管好工厂要靠管理，可她大字不识一个，怎么管呢？一番苦思冥想后，她认准了一个"管理绝招"，那就是：我苦活儿累活儿都亲自干，工人们就能跟着干，还怕搞不好？风风火火的陶华碧这么说，就这么干，什么事情都亲历亲为。当时的生产都是手工操作，其中捣麻椒、切辣椒时溅起的飞沫把人的眼睛辣得不停地流泪，工

第七章　基于企业成长过程的企业家胜任力结构及其跃迁方式案例分析

人们都不愿干这活儿。陶华碧就亲自动手,她一手挥着一把菜刀,嘴里还不停地说:"我把辣椒当成苹果切,就一点也不辣眼睛了。"员工听了,都笑了起来,纷纷拿起了菜刀……那段时间,陶华碧身先士卒地干,结果累得患了肩周炎,10个手指的指甲因搅拌麻辣酱全部钙化了。她当老板的都这么拼命苦干,工人们还会惜力吗?大家看到老板这么辛苦努力地干活,也都纷纷将自己的劳动奉献给了工厂。这不仅是一种承诺与表率行为的体现,同时也是陶华碧权威导向行为的一种体现。在这些行为中,陶华碧在工人中无形树立了自己的权威,推动了公司向前发展。

(二)守业阶段的企业家胜任力体现

1. 资源配置能力

陶碧华在意识到顾客到她店里并不是喜欢吃凉粉,而是喜欢她制作的辣酱时,便开始将自己的重心以及资源转向研制具有独特风味的辣酱上。维权成功后,侵权公司的产品被勒令撤柜,"老干妈"迅速占领市场,研制并推出了10个系列的新产品,满足了更多人的口味,进一步占有了市场空间。此后,公司不断规范内部管理,持续加大技术改造力度,在管理上引入了现代化管理体系,并行之有效地组织实施,企业竞争能力和管理水平不断提升。在产成品和原辅料质量监控方面,公司建立了技术手段较为齐全的质量监控中心,提高并强化了原辅料及产成品的自检、自测能力,做到每批次产品都严格按操作规程要求生产,出厂前抽样送省内质量检测及食品检验的权威机构进行检测。在守业阶段,"老干妈"将资源主要配置于开发新产品,满足多种人员需求、规范企业内部管理体系,以及对产品的严格监控上,从而为老干妈的未来长远发展奠定了良好的基础。

2. 团队与文化营建能力

2001年,有一家玻璃制品厂给"老干妈"公司提供了800件(每件32瓶)酱瓶。谁知,公司装上麻辣酱刚销售到市场上,就有客户反映:"有的瓶子封口不严,有往外漏油现象。"不巧,一些对手企业很快知道了这件事,马上利用这事攻击"老干妈"。陶华碧知道后非常重视,要求相关部门迅速查处。一些管理人员向她建议说:"可能只是个别瓶子封口不严,把这批货追回重新封口就行了,不然损失就太大了,这可是800件货呀!"陶华碧却坚决地说:"不行!这事关公司的信誉!马上派人到各地追回这批货,全部当众销毁,一瓶也不能漏掉!损失再大,也没有在市场上失信的损失大!"结果,这样的做法虽然使公司暂时损失巨大,但却让人们看到了"老干妈"信守质量的决心,坏事变成了好事。

这仅仅是陶华碧抓质量、秉诚信的实例之一,这些使得陶华碧重视产品质量的观念在企业中广泛传播,随后,员工们也都以此为信条,十分重视产品质量,长此以往,诚信、重质量便成了"老干妈"企业文化的重要组成部分。这让陶华碧赢得了好声誉，也尝到了甜头，从而使她更加把诚信经营当作企业发展的法宝。她自信地说："我不懂什么时髦的管理方法，我就靠诚信，我要诚得别人不忍心骗我！谁要是骗了我，别人就会说：'你连她都忍心骗啊？'"

3. 规范管理

"老干妈"公司在前进中不断规范企业内部管理，完善基础设施建设，持续加大技术改造力度，除新增生产能力外，对原有生产线进行技术改造，企业综合生产经营能力得到大幅提高。在管理上引入了现代化管理体系，并行之有效地组织实施，企业竞争能力和管理水平不断提升。在产成品和原辅料质量监控方面，公司建立了技术手段较为齐全的质量监控中心，提高并强化了原辅料及产成品的自检、自测能力，做到每批次产品都严格按操作规程要求生产，出厂前抽样送省内质量检测及食品检验的权威机构进行检测。从这里可以看出在守业阶段，企业已经颇具规模，陶华碧通过规范各种管理制度为公司建立起了规范的运营模式。

（三）企业家通用胜任力体现

1. 学习能力

1997年8月，"贵阳南明老干妈风味食品有限责任公司"正式挂牌，工人一下子扩大到200多人。小工厂扩大成公司后，一切就必须走上正轨，于是产供销等"五脏六腑"一应俱全，此时，财务、人事各种报表都要创业者陶华碧亲自审阅，工商、税务等很多对外事务都要应酬……所有这些让大字不识的陶华碧最初觉得真是太难了！

为此，她开始苦练记忆力和心算能力，经常让财务人员将财务报表念给她听，最终，她通过自身的努力学习，练就出了超强的记忆力和心算能力。在每次报表出来，财务人员念给她听时，她居然听上一两遍就能记住，并分辨出对错。

陶华碧的长子李贵山，帮助她做的第一件事是处理文件。他读，她听。听到重要处，她会突然站起来，用手指着文件说："这条很重要，用笔划下来，马上去办。"然后，她就在李贵山指点需要她签名的文件右上角画个圆圈。李贵山看着这个圆圈，哭笑不得，于是他在纸上写下了"陶华碧"三个大字，让母亲没事时练习。没上过学的她真就练起字来，竟觉得比当初切辣椒都难。但为了写好自己的名字，她整整练写了三天！但她终于会写并写好了自己的名字……

2. 创新能力

陶华碧虽然文化水平不高，但由于在这个市场中的长期摔打，可以说是形成了自己的经验。在产品的开发上，她无时不在思考——落后的贵州有其他省份比不了的资源优势，特别是未被污染的环境资源造成了空气清新的生态，而许多农产品正

第七章　基于企业成长过程的企业家胜任力结构及其跃迁方式案例分析

是在这种生态下独具它的天然品质，形成了它的利用价值。正是在不断思考又大胆整合贵州辣椒、油料、大豆、生姜等资源的情况下，频出新品，"老干妈"才得以在群雄纷争的调味品激烈竞争中脱颖而出，多品种和稳定的质量使企业迅速发展，短短几年来，"老干妈"累计加工了全省100万亩土地上出产的菜油、辣椒、生姜……带动当地群众脱贫致富，80万人人均增收1060元。陶碧华通过自己的思考与创新，大胆运用贵州省的优势，让"老干妈"享誉盛名。

3. 信息搜寻与处理能力

陶碧华在卖凉粉的同时，发现顾客光顾其店并非喜欢她做的凉粉，而是喜欢其调制的辣酱，机敏的她在卖凉粉的过程中，迅速筛选出关键信息，看准了辣酱的市场潜力，从此苦苦地潜心研究起来……经过几年的反复试制，她制作的麻辣酱风味更加独特了，并最终将辣酱作为重要产品打入市场。

2001年，有一家玻璃制品厂给"老干妈"公司提供了800件（每件32瓶）酱瓶。谁知，公司装上麻辣酱刚销售到市场上，就有客户反映："有的瓶子封口不严，有往外漏油现象。"不巧，一些对手企业不知怎么很快知道了这事，马上利用这事攻击"老干妈"。陶华碧知道后非常重视，要求相关部门迅速查处。一些管理人员向她建议说："可能只是个别瓶子封口不严，把这批货追回重新封口就行了，不然损失就太大了，这可是800件货呀！"陶华碧却坚决地说："不行！这事关公司的信誉！马上派人到各地追回这批货，全部当众销毁，一瓶也不能漏掉！损失再大，也没有在市场上失信的损失大！"结果，这样的做法，虽然使公司损失巨大，却让人们看到了"老干妈"信守质量的决心，坏事变成了好事。

四、胜任力跃迁方式——自我跃迁与叠加跃迁

从老干妈公司的营运过程和陶华碧的种种经营管理行为中，我们不难看出，陶华碧的胜任力跃迁方式主要采取了自我跃迁和叠加跃迁，在自我跃迁中，主要的跃迁途径是企业家学习中的"基于经验的学习"。基于经验的学习包括"干中学"和"关键事件"的学习，陶华碧的文化水平有限，在创立和经营公司的实践过程中，她通过"干中学"学到了很多曾经并不会的知识，比如财务知识。另外，她还通过"关键事件"进行学习，例如陶华碧从维权中意识到了商标的重要性。陶华碧胜任力的自我跃迁主要受到了个体因素的影响：一方面，作为一名单亲妈妈，她拥有独立的性格和坚韧的意志，具有强烈的进取意识，这种意识促使她不服输，努力学习；但另一方面，她有限的文化水平又在一定程度上限制了她的学习能力，这些都使陶华碧想完全通过学习实现企业家胜任力结构的自我跃迁变得困难。所以，她的胜任力跃迁同时又采取了叠加方式。

前已述及，陶华碧将自己的儿子安排在企业中辅佐自己，事实证明，她儿子李贵山加入公司任职，通过叠加跃迁的方式，有效地弥补了陶华碧自身胜任力结构的缺口。

第二节　山东魏桥创业集团有限公司案例分析[1]

一、山东魏桥创业集团有限公司简介

山东魏桥创业集团（简称魏桥或魏桥创业或魏桥集团）的前身是1951年兴建的山东省滨州市邹平县第五油棉厂。十一届三中全会以后，农村改革大潮席卷全国，滨州也同全国一样实行了联产承包责任制，农村生产力一下子释放出来，农业生产迅猛发展，尤其是粮棉业连续几年高产增收，棉花加工企业的发展有了雄厚的物质基础保证，大批小型棉花加工厂兴旺发展起来，魏桥只是其中的一个小型棉花加工厂之一。1998年4月改制为山东魏桥纺织集团有限责任公司，2003年更改为山东魏桥创业集团有限公司。

集团控股子公司魏桥纺织于2003年9月在香港成功上市，当年集团实现销售收入114.3亿元，实现利税15.1亿元，完成自营出口创汇4.39亿美元。

2012年，山东魏桥创业集团有限公司成为一家拥有5个生产基地、10个工业园、总资产830亿元、销售收入1800亿元、员工16万人，集棉业、棉纺、织造、染整、服装、家纺、热电、铝业、盐化于一体的特大型企业，技术装备居世界一流，生产规模和经济效益连续14年居全国棉纺织行业首位，是世界上最大的棉纺织企业和中国大型的铝业生产企业。2012年，集团成功跨入世界500强，位列第440位，荣登世界顶级企业俱乐部行列，一举打破了山东省世界500强企业的"零纪录"。

二、山东魏桥创业集团有限公司的成长阶段

（一）创业阶段：1951年～1989年

魏桥集团的前身是1951年兴建的"魏桥轧花厂"，至今已走过了62年的历程。1979年以前，在当时高度计划经济体制的束缚下，由于没有自主经营权，企业只能从事单一的棉花加工业，年实现利税也一直在四五万元之间徘徊，可以说这29年企业没有什么大的发展。1979年中央工作会议提出扩大企业自主权后，魏桥集团的领导者们开始有了搞活企业的想法，并在1980年实行了以"六定一包"为主要内容的目标成本

---

[1] 本节案例资料来源：（1）山东魏桥创业集团有限公司官方网站；（2）中国重要报纸全文数据库；（3）中国学术期刊网络出版总库；（4）中国优秀硕士学位论文全文数据库；（5）中国博士学位论文全文数据库；（6）百度搜索工具搜索的其他与魏桥创业及其企业家相关的公开信息。

第七章　基于企业成长过程的企业家胜任力结构及其跃迁方式案例分析

管理，这极大地调动了全体员工的生产积极性，企业实现利税当年就达到了54万元。但截至1980年，企业总资产还不足100万元，企业发展处于"停滞性阶段"。

严格说，改革开发以前的魏桥集团，企业虽然已经存在了29年，但基于市场竞争的角度，企业基本没有生存能力。所以，魏桥集团的真正创业应当起始于改革开放以后。

1981年，魏桥集团抓住全国推行扩大企业经营管理自主权的机遇，在全省率先实行了厂长负责制，在没有上级"红头文件"的情况下，冒着风险把农村联产承包责任制的改革经验移植到工厂，在企业内部实行了承包经营责任制，这一举措比1988年国务院颁布工业企业承包经营责任制暂行条例整整早了7年。在推行承包经营责任制的同时，魏桥集团又大刀阔斧地推行了企业内部三项制度改革，最大限度地激活了被计划经济体制所压抑和束缚的员工潜能和资源潜力，极大地增强了企业的活力，锻炼了企业寻找市场缝隙、发现市场机会、快速整合资源的能力，企业实现利税从1981年的93万元猛增到1989年的1085万元，年均增长39.6%，并一举成为全国供销工业效益最好的企业。这期间，他们按照"盯住市场看，瞄准市场干，围绕市场转，跟着市场变"的经营理念，抢抓机遇，不断开辟新的市场领域，把企业推到新的竞争层次上。1984年，他们抓住国家对棉花市场统死、对油料市场放开的有利时机，果断进入油料加工领域，开了全国棉花加工行业的先河，改变了棉花加工企业"半年开工半年闲"的窘况。1989年，魏桥集团又抓住全国棉纺织行业跌入谷底、纺机价格最低的机遇，果断决策，投资600万元上了万锭棉纺厂，为跻身世界最大的棉纺织企业奠定了产业基础。

（二）守业阶段：1990年～1998年

进入20世纪90年代，随着国民经济运行机制逐步趋向市场化，企业改革转向制度创新阶段，魏桥集团也由完善承包经营制度推进到了企业产权制度和组织制度改革阶段。1991年，他们通过设立合资企业冲破了"一大二公三纯"的企业所有制结构，拉开了企业产权制度改革的帷幕，先后于1994年和1996年设立了染织和印染两个合资公司，同时，大胆鼓励高管人员、技术营销骨干和优秀员工购买股权，在减持公有股、推行投资主体多元化上实现了大突破。1997年以后，魏桥集团对企业进行了公司制改革，于1998年设立了山东魏桥纺织集团有限责任公司。同时，魏桥集团从企业面临环境和自身实际出发，立足于提高企业运营效率这一根本目的，加大了企业制度建设的力度，在集团总部与子公司、分公司的关系设置上着眼于行政控制，采取了高度集权的组织控制模式，特别在战略规划、物资采购、生产计划、管理标准、财务、销售等方面实行高度统一的管理体制，加强了集团总部的控制力，依靠有效的组织控制，保证了企业在经济全球化、市场一体化的格局下快速抢抓机

（三）展业阶段：1999年至今

从1999年进入热电联产领域到现在，国内市场经济体制初步建立，经济市场化程度显著提高，经营领域从棉纺进入印染、家纺、热电、铝业等多个领域，魏桥集团实现利税从1999年的2.4亿猛增到2012年的145.97亿元。魏桥创业集团进入"不断展业性飞跃成长"阶段。

三、山东魏桥创业集团有限公司不同成长阶段的企业家胜任力体现

（一）创业阶段企业家胜任力的体现

1. 分析与机会捕捉能力

1979年以前，在当时高度计划经济体制的束缚下，由于没有自主经营权，魏桥集团只能从事单一的棉花加工业，年实现利税也一直在四五万元之间。魏桥集团在1980年实行了以"六定一包"为主要内容的目标成本管理，企业实现利税当年就达到了54万元。从这里魏桥人看到了企业改革的巨大潜力，并激发了魏桥人创新经营的主动性和积极性。

1981年，魏桥集团在企业内部实行了承包经营责任制。同时，又大刀阔斧地推行了企业内部三项制度改革，最大限度地激活了被计划经济体制所压抑和束缚的员工潜能和资源潜力，极大地增强了企业的活力，锻炼了企业寻找市场缝隙、发现市场机会、快速整合资源的能力，企业实现利税从1981年的93万元猛增到1989年的1085万元，年均增长39.6%，并一举成为全国供销工业效益最好的企业。

1984年，抓住国家对棉花市场统死、对油料市场放开的有利时机，果断进入油料加工领域，开了全国棉花加工行业的先河，改变了棉花加工企业"半年开工半年闲"的窘况。1989年，抓住全国棉纺织行业跌入谷底、纺机价格最低的机遇，果断决策，投资600万元上了万锭棉纺厂，为跻身世界最大的棉纺织企业奠定了产业基础。

2. 资源获取能力

1984年山东魏桥集团抓住国家对棉花市场统死、对油料市场放开的有利时机，果断进入油料加工领域。1986年魏桥集团投资毛巾厂项目，当年建厂当年实现利润25万元。1989年，抓住全国棉纺织行业跌入谷底、纺机价格最低的机遇，果断决策，投资600万元上了万锭棉纺厂。之后又筹资6000万元建成3万多枚纱锭的棉纺厂和336台织机的织布厂，到1992年企业年利税已达1260万元。这些奠定企业发展基础的项目举措得以顺利实施并取得良好效果都直接或间接证明了企业家的资源获取能力。

第七章 基于企业成长过程的企业家胜任力结构及其跃迁方式案例分析

（二）守业阶段的企业家胜任力体现

1. 资源配置能力

从1981年开始，魏桥集团的业务就开始涉及到油料加工和毛巾加工行业，勇于探索新的产品和市场，到1989年，又进入到棉纺领域并确立了棉纺生产的主体地位，确定了企业的主营业务，这样在资源的配置上就达到了优化。

1993年到1997年棉纺织市场两次跌入低谷，全行业连续亏损6年，但这一时期魏桥集团先后投资3.3亿元，使棉纺织能力扩大到28万锭。当时企业面临的困境是：国内市场供过于求，纺织行业连年亏损，甚至连国家都不得不狠下杀手限产压锭。但魏桥集团不仅没有停步，反而在5年内投入170亿元，将纱锭从33万枚增加到500万枚，织机从4000台发展到42000台。

为了把企业做大做强，他们积极面向国际国内两个市场两种资源，一手抓扩大进出口，一手抓利用外资。在出口方面，1997年以前魏桥集团充分利用外贸代理和3家鲁港合资企业积极开展一般贸易和加工贸易，企业出口创汇从1989年的43万美元猛增到1997年的5332万美元，年均增长82.7%，棉纺规模从1989年的1万纱锭迅速发展到1997年的28万纱锭，成为全国最大的棉纺织企业。

2. 团队与文化营建能力

魏桥集团在其建设发展过程当中建立起了以"拼搏进取、求实创新，快速高效，勇争一流"的企业精神，坚定"创造财富，造福社会"的使命，以"回报四海客户，痴心不改；称雄五洲市场，矢志不移"为宗旨，不断将企业继续做大做强。逐渐形成了包括"企业发展战略"、"企业经营方针"、"企业治厂方针"、"企业质量方针"、"企业技改战略"、"技改管理方针"、"质量管理方针"、"企业风格"和"企业人才标准"等内容的企业文化规范体系。

3. 战略规划

魏桥集团多年来一直保持持续、快速、健康发展的良好态势，最关键的就在于他们非常注重市场战略的研究，对于"企业究竟搞什么"的产业战略定位以及"如何搞好企业"的竞争战略定位这两个基本问题，始终保持清醒的头脑，只要是看准了的事情，特别是能够实现企业和顾客价值双赢的竞争战略决策，就义无返顾、快速高效地积极推进，从不因为书本上、文件上、权威人士否定而犹豫不决，从而保证了市场战略决策的科学性和有效性，不但从根本上规避了企业的风险，而且抓住了一次次的发展机遇，赢得了一次次的跨越。早在20世纪80年代初，他们就围绕"企业究竟搞什么"这一最基本问题，在企业的产业方向、发展坐标等战略性定位上审慎决策。从1985年到1988年，全国棉花过剩，那几年，董

我国民营企业家胜任力结构及其跃迁机理研究

事长张士平背着自己加工的棉花样品到上海推销，就时常遭遇棉纺厂大门都不让进的尴尬。当时他就想：国家利用剪刀差的方式来支持"上（海）、青（岛）、天（津）"这些国有棉纺企业，他们为什么就不能把企业做大，尽可能多地消化棉花？为什么就不能走出一条充分考虑农民利益、统筹城乡发展的新型工业化路子？全国卖棉难，作为一个小型棉花加工厂又如何生存、如何发展、如何做大做强？可以说，正是对这些问题的深入思考，使张士平萌发了进入棉纺领域的想法。他认为，纺织业在西方发达国家可能是夕阳产业，而在我们这个远远没有实现工业化的国家，由于其世界性的比较优势，绝对是朝阳产业，更是永续产业，尤其在欠发达棉区发展棉纺业比"上、青、天"有着得天独厚的优势。正是因为魏桥集团实事求是地在全国甚至全球产业梯度转移的大格局中审视自己的比较优势，才毫不犹豫地确立了进入棉纺业的战略决策以及"做大做强，争当世界纺织先锋"的战略目标。

产业战略确立以后，能否在选定的产业领域做大做强，建立领先地位，抢占行业制高点，也就是解决"如何搞好企业"的基本问题，关键就在于选择什么样的竞争战略。在竞争战略的选择上，绝不能跟风赶时髦。当时，张士平带领集团从选择的产业和自身实际出发，最终确立了成本领先的市场竞争战略。从棉纺织行业的特点来看，它是一个率先进入完全竞争的高度同质化行业，竞争的焦点就在于成本的高低，特别在世界传统制造业的微利时代，谁的成本低，谁就能取得竞争优势。因此，最适宜棉纺织行业的竞争战略就是成本领先战略。再从魏桥集团的竞争优势看，1989年以前他们有近十年在市场夹缝中顽强拼搏的创业经验，在商机把握、资源整合、风险规避、成本控制等方面都形成了快速高效的固有特色，是全国供销工业系统中首创目标成本管理的样板企业。魏桥集团形成了迅速发现、挖掘和整合资源保持业内成本优势的决策和执行机制，不管是轧花厂还是油棉厂都形成了基于产供销整个价值链的全员成本控制组织体系，形成了以治厂方针"管理从严，生产抓紧，质量从优，经营搞活，生活关心"为灵魂的追求成本领先的企业文化。因此，魏桥集团最擅长实施成本领先战略。

战略就是定位，战略贵在执行。魏桥集团从1989年进入棉纺领域以来，围绕培育和发挥比较竞争优势，横下一条心，以破釜沉舟、锲而不舍的决心和毅力扎扎实实地实施成本领先战略。他们从审查企业产供销整个价值链入手，全面分析成本驱动因素，积极寻找和探索成本优势的一切来源，通过企业文化和管理制度建设，发挥全员的最大潜能，以极限的要求全方位地挖掘降本潜力，并用愚公移山的精神，引导和促使每位员工不断地去延伸降本极限，最大限度地增强企业降低成本的

第七章　基于企业成长过程的企业家胜任力结构及其跃迁方式案例分析

能力,依靠艰苦的努力在国内外纺织行业不断取得并保持了全面的成本领先地位。魏桥集团通过在原料、设备、专件等物资采购方面实行比质比价、竞价招标的办法控制供应成本,通过优化营销网络、创新营销和结算方式、严肃销售纪律等措施控制营销成本,通过采用市场驱动型目标成本否决法严控生产消耗,通过坚持以岗定员、精简高效降低活劳动消耗。目前,魏桥集团吨纱耗棉控制在1020公斤,制造成本在同行业中处于较低水平。企业非生产人员占2.5%、管理人员仅占0.6%,纺部万锭用工和织部百台用工分别为88人和85人,年人均劳效达20万元以上,在全国同行业处于领先水平。

(三) 展业阶段的企业家胜任力体现

1. 资源整合与危机应对能力

产品是企业取胜的法宝,要想占有市场,产品必须适应市场。魏桥集团适时根据信息所反映的市场变化,对原有产品结构进行调整,以多元化产品来适应不同地区、不同层次的需求。并在原有品种基础上,通过技术开发和技术创新提高产品的科技含量和附加值,开发市场紧俏产品,扩大市场畅销产品,淘汰市场滞销产品,1999年上半年共成功研制开发新产品42个,其中投入批量生产的有37个,先后淘汰滞销产品14个,较好的满足了客户需求。

魏桥人并没有停留在已经取得的成就上,为进一步把企业做大做强,"十一五"期间,魏桥集团牢牢把握国家构建和谐社会、统筹城乡经济社会发展、鼓励农村劳动力转移的方针指向,紧紧抓住世界纺织产业向我国转移的机遇,持续优化产业结构,不断转变增长方式,努力延伸"纺织——染整——服装——家纺"产业链,走深加工、精加工之路,扩大印染后整理能力,提高服装、家纺销售产值。在保持加工制造优势的同时,不断加强研发和营销环节,进而提升利润创造能力。在研发和营销环节,瞄准欧美日韩等发达国家的先进水平,不断整合装备、技术、人才等各种生产要素,增强自主研发能力,完善市场开发机制,强化创造和引导市场功能,大力开发高技术含量、高档次、高加附值、高创汇产品,不断增强品牌竞争力。在加工制造环节,进一步提高增量、优化存量,加大用先进技术改造现有纺织产业链的力度,达到全清梳联、全自动络筒、全长车自动落纱细纱机、全高速无梭织机,实现纺织无卷化、无接化、无梭化,全力推进自动化、连续化、智能化进程,纺部万锭用工最终达到30人,在快速反应能力和成本控制水平上争取领先于印度、巴基斯坦、印尼等南亚国家,不断提高企业在国际市场的竞争力。总之,魏桥正通过不断优化研发、生产、营销和管理流程,全面提高整个产业链的快速应变能力。

我国民营企业家胜任力结构及其跃迁机理研究

在1998年发生于东南亚的金融危机风暴中,魏桥集团的生产经营也遇到了很大困难,尤其在出口业务方面影响较为突出,虽然各项指标有不同程度的增长,但与生产能力的扩大没有同步。针对这种现状,魏桥集团及时调整思路,制定了"开拓新市场、发展新客户、开发新产品、全方位开拓、重点突破"的经营方针。在继续巩固日本、香港等市场的同时,积极开拓美国、欧洲等新市场,利用各种信息和渠道发展新客户。在美国原有客户的基础上,又在纽约发展了三家新客户,成功地占领了美国东西部两个大市场。同时,在国内原有八家办事处的基础上,又增设了9家,充分挖掘国内市场的潜力。为了调动营销人员的积极性,实行了销售额和各项费用与个人收入挂钩的办法,营销人员按销售额提取工资,上不封顶,下不保底,多劳多得,从而增强了营销人员的竞争意识和危机感。实践证明,尽管纺织品市场整体而言在当时处于低谷,但市场无处不在,关键是要选准突破口,找好切入点,加大工作力度,把市场观念渗透到生产经营的每个环节。通过努力,魏桥集团构建成了一个具有互补性的市场网络和大市场、大纺织的经营体系,较好地化解了市场风险。

危机应对的另一表现是在2008年的金融危机中。自2008年下半年以来,受国际金融危机的影响,魏桥创业集团的出口也有所下降。为此,集团及时调整了产品的内外销比例,并加大内销力度,于是全国四十多家办事处积极行动。随着国家一系列扶持政策的拉动,以及魏桥创业集团得力的市场应急措施,魏桥创业集团的经营形势很快明显好转。

2. **资本运作能力**

在利用外资方面,集团控股子公司魏桥纺织继2003年9月24日在香港成功上市、募集资金24.41亿港元,2004年5月28日在香港首次配售融资6.66亿港元的基础上,2006年3月2日又在香港配售融资8.31亿港元,在香港证券市场已累计融资39.38亿港元,折合人民币41.53亿元。为了保证发型和配股成功,张士平马不停蹄穿梭于欧美,与跨国投资巨头交流沟通,并邀请他们来魏桥实地考察50多次,大大增强了他们连续增持魏桥股份的信心,其中仅摩根大通持股比例就高达12.49%。这一系列努力不但使魏桥集团防止配售获得13.8倍的市盈率,而且直接推动了国际银团的长期再融资贷款。

另外魏桥纺织利用进出口贸易积极融资,近三年来相继获得了5亿多美元的国际银团长期再融资贷款,为企业加快推进一系列技改重点项目建设,抢占新一轮竞争的主动权打下了坚实的资金基础。魏桥集团通过招商引资和境外上市,累计利用外资10亿多美元,不但优化了企业的资本结构和组织结构,而且推进了制度创新、

第七章 基于企业成长过程的企业家胜任力结构及其跃迁方式案例分析

管理创新和技术创新，还提升了纺织产业的加工深度，拉长了产业链，使企业形成了适应性更强、技术档次更高、附加值更大的产品结构，进一步推动了企业的超常规、跨越式发展。

经过资本运作，魏桥集团已经发展成为一家拥有5个生产基地、10个工业园、总资产830亿元，销售收入1800亿元，员工16万人的集棉业、棉纺、织造、染整、服装、家纺、热电、铝业、盐化于一体的特大型企业。

3. 关注成本

1999年，魏桥集团意识到，市场竞争的焦点是产品价格，当年上半年，魏桥公司的产品价格便平均下降了20%左右。为了把价格下降造成的损失降到最低，必须走内部挖潜、节约增效的路子。

首先，在企业内部开展了"抓管理、反浪费、上质量、增效益"活动。质量是一个企业的生命，产品质量的不合格是最大的浪费，它不但造成经济损失，更重要的是不合格产品会失去客户的信任，导致市场的丢失。以提高产品质量为中心，魏桥集团相关部门进一步健全完善了岗位责任制和工作标准，并缩短质量检测周期，增加专检人员，同时通过岗下轮训、岗位练兵、技术比武等各种方式和途径提高员工素质，增强质量意识，以此保证产品质量的稳定和提高，出口棉纱全部达到国际乌斯特公报25%~5%的先进水平，棉布出口一等品率达99%以上，出口产品商检合格率始终保持100%。本次活动的另一个重点是反浪费，产品成本的高低直接反映在产品价格上，只有降低生产管理成本，杜绝各种浪费现象，才能保持产品的价格竞争优势。魏桥集团在参照过去执行标准的基础上，将各项消耗指标平均下调了一个百分点，在原有用工的基础上，将各单位的生产管理人员又减少5%，1999年上半年，仅这两项措施就节约开支七百多万元。

其次，加大企业内部改革力度，探索新的经营模式。1999年以后，魏桥集团对下属的分厂逐步采取承包方式，每年签订一次合同，根据经济指标的完成情况进行奖罚，公司只为其提供相应的流动资金，并按同期银行贷款收取资金利息，承包单位享有人、财、物、产、供、销一切经营权，但在财务管理方面受公司的定期审计和监督。为了减轻负担，集团将后勤部门的一部分职能分离出去成立了服务公司，集团只提供基础设施投入，其余由公司自负盈亏，这个措施既提高了职工的生活质量，又减少了企业开支。

（四）企业家通用胜任力的体现

1. 创新能力

魏桥集团自进入棉纺织领域的以来，围绕提升自己的纺织制造能力和水平、培植持续竞争优势，不断推进增长方式创新，大力实施集约型增长战略，勇于打破企业界流传的"不搞技改等死，搞技改找死"的悖论，按照"既要量力而行，又要尽力而为；既要在发展中提高，又要在提高中发展"的战略指导思想，不间断地加大"三无一精"（无卷化、无接纱、无梭布、精梳纱）为主的技术改造力度，大力提高增量资产的技术含量，持续优化存量资产，使外延式扩张与内涵式增长有机地融为一体，把企业规模的扩大建立在技术水平不断提升的基础上，从而做到了速度、规模和技术、结构、效益、后劲的高度统一。在技改战略上，魏桥集团一手抓产品差别性技改，通过加大先进技术装备投入，推进工艺创新和产品创新，不断提高产品的技术含量和附加值；一手抓成本领先性技改，通过加大适用技术装备投入，推进系统优化，提高生产效率，降低产品成本。在技改路径上，1989年至1997年魏桥集团主要依靠自我积累，完成技改资金4亿元，棉纺规模稳步发展到28万纱锭，巩固了在全国的市场地位，走出了一条"量力而行、滚动式发展"的路子；1998年至2006年又主要靠资本运营，完成技改资金二百多亿元，棉纺规模迅速发展到700万纱锭，巩固了在全球的市场地位，走出了一条"尽力而为、跨越式发展"的路子。

在技改的具体做法上：一是落实一个"快"字，迅速占领市场；二是瞄准一个"高"字，确保投入质量；三是注重一个"优"字，发挥综合效益；四是追求一个"新"字，技改创新并举。2006年7月，在中国棉纺织行业协会、中国印染行业协会、中国色织行业协会组织的"2006年全国棉纺织、色织、印染产品开发年会"产品评比中，魏桥集团的"全棉染色超柔平布"、"全棉高支高密系列织物"、"抗菌+潮交联全棉贡缎"产品分别获得优秀设计奖和优秀创新奖；2006年8月，魏桥牌"高支高密纯棉坯布"系列产品被评为中国名牌产品；2006年12月，在中国棉纺织行业协会组织的"2006年全国牛仔布行业年会"产品评比中，魏桥集团"纯棉牛仔布靛蓝、特深蓝"产品分别获得优秀新产品奖。

2009年，魏桥创业销售收入突破800亿元。集团提出重视企业自主创新，加快转变增长方式，优化产业产品结构，快速推进项目建设的发展思路。

2. 信息搜寻与处理能力

2005年，实行了40年之久的全球纺织品配额制度寿终正寝，先是美国三次限制中国纺织品进入数量，接着欧盟设限威胁接踵而至。然而面对如此动荡的国际市场，张士平带领的魏桥创业集团不仅没有收缩阵线，反而逆势而上，出人意料地投入70亿元巨资，扩建纺织印染服装系列项目。

张士平说，每一次市场波动都蕴藏着巨大的发展机遇，市场地位和发展差距往往在市场低谷时形成。追溯魏桥创业的发展历史，这种迥乎常态的逆向决策对张士平来说并非首次。从20世纪80年代初起步时，这位魏桥创业的决策者便弄潮在纺织市场和宏观政策的风口浪尖。也正是这一次次的"离经叛道"，缔造出了全球第一的传奇。魏桥集团在与世界接轨的过程中，面对动荡的国际市场，魏桥集团通过信

第七章　基于企业成长过程的企业家胜任力结构及其跃迁方式案例分析

息搜寻，以及对信息的处理，勇敢逆流而上，把握机遇出其不意，投入巨资，正是这种在相同的环境中对周边信息的不一样的处理方式造就了魏桥集团成功的神话。

3. 识人用人能力

2010年以来，魏桥创业五次提高工人工资，每人每月增加500元，各种福利待遇一应俱全。以人为本、发展企业，魏桥集团依托人才，加大项目和科技投入，不断推动自身转型升级。

4. 协调关系

长期以来，张士平带领魏桥集团坚定"为国创业，为民造福"这一信念，始终把带动一方经济发展、扩大劳动就业、增加农民收入和构建和谐社会作为企业的重要追求，正确处理和把握好企业与员工、与用户、与地方、与自然、与环境、与社会的关系，不断培植企业的和谐竞争优势，努力建设和谐企业，促进了企业快速、健康、协调和可持续发展。一是注重在增加国家和地方财政税收、促进农民增收、扩大农民就业等方面发挥积极作用。二是注重拉动集团各工业园驻地的城市建设和为企业配套的一、二、三产业发展。三是注重建立和完善让职工住有所居、病有所医、老有所养的安居、医疗和养老保障机制。如在安居保障方面，魏桥集团为解除职工的后顾之忧，为已婚职工提供一套成本价楼房，在魏桥工业园和邹魏工业园建起了可容纳学前幼儿2000名、达到省级规范标准的高档次幼儿园，并投资资助各工业园驻地的中小学校建设，保证方便职工子女上学。又如在医疗保障方面，魏桥集团从企业实际出发，制订了《职工医药费补贴及报销制度》，根据职工入厂年限，除一次性每月给予医药费10～30元的补贴外，在职职工因重病住院的，可按60～95%的不同比例给予报销住院费用，工伤住院费据实报销。另外，各工业园还设立了卫生室，为职工及其家属提供简单医疗服务，同时集团还出资与驻地医院签订了为职工及其家属提供优惠医疗服务的协议，如对职工及其家属挂号费全免，治疗费、手术费及床位费减半，检查优惠等。四是注重加强能源和资源节约工作。五是注重环境保护工作，积极推行清洁生产。六是注重在提高农民素质、推动农民向产业工人和城市居民的转变中发挥积极作用。

此外，魏桥集团与本地银行的关系也让不少企业羡慕，但这离不开张士平的胆识、勇气和自信。以兼并滨州一棉为例，兼并前滨州一棉亏损额合计高达6000万元，拖欠贷款达3800万元。但魏桥集团毫不犹豫地将银行债务全部承揽下来，且兼并当年就盈利2000多万，次年盈利4000万，魏桥集团也由此更加赢得了银行的信任。

5. 关注效益

魏桥集团长期以来，不但规模在不断扩大，而且效益不减，这主要得益于魏桥集团一直坚持质量与成本两条腿走路的方针。首先是严格产品质量控制。坚持以优质产品拓展海外市场，赢得客户信任。其次是加强成本控制，强化魏桥集团成本领先战略，以确保魏桥集团的产品在国际市场上的强势竞争力。按照国内竞争同行一位高管的话说："在海外市场的竞争中，我们根本无法和魏棉竞争，他们一旦进入某个市场，我们只能撤退，因为成本上我们高其太多。"

魏桥集团的成本控制主要是通过以下几个途径来实现的：（1）降低固定成本。与其他企业比较，魏桥集团在投资方面一是投资少，二是效率高。以热电厂为例，邹平县电力总公司1996年投资兴建热电厂，规模为三炉两机，投资为2亿元，工期为24个月。而魏桥集团1997年投资的热电厂，规模为三炉三机，投资为9000万元，工期为10个月。（2）减少运营成本。魏桥集团的非生产人员仅占2.5%、管理人员仅占0.6%，与同行业相比是最低的。（3）降低可变成本。魏桥集团吨纱耗棉控制在1020公斤，制造成本在同行业中处于较低水平；纺部万锭用工和织部百台用工分别为88人和85人，年人均劳效达20万元以上，在全国同行业处于领先水平。

四、山东魏桥创业集团企业家胜任力结构的跃迁方式

首先，作为累计持有魏桥创业集团36.27%股份的张士平，显然既是创业者，又是守业者，还是展业者，魏桥能从20世纪80年代初起步，由一个名不见经传的企业顺利成长为如今的世界500强，张士平功不可没。可见，在魏桥集团的成长过程中特别是改革开放以后张士平接管魏桥集团以后，企业家胜任力结构的跃迁更多地采取了自我跃迁的方式。

其次，魏桥集团公司现在下设三大产业集团：魏桥纺织集团、魏桥铝电集团、魏桥海洋化工集团。三个产业集团的掌门人分别是：张红霞——张士平之女，张波——张士平之子，李玉祥——张士平好友。另外，张士平家族或者亲戚其他成员也分别在集团公司不同的岗位担任要职：次女张艳红担任威海工业园的总裁，大女婿杨丛森担任铝电公司副总，张士平的外甥及外甥媳妇也在公司分别担任重要职务。

魏桥集团由一家"山寨厂"发展为世界最大的纺织企业，张士平可以说是灵魂人物。其子女张波及张红霞继承了衣钵，在1999年魏纺成立大会当日，均被直接委任为董事，并分别担任董事长及总经理，令公司平添了几分家族味道。社会上存在不少对该企业是否家族管理的疑问，正如魏桥集团公司一位副总的坦白言语那样："外界都说魏桥是家族式管理，我认为这正是其成功的主要原因之一。由于家族式的管理，使得政策自上而下可以铁板不移地执行下去，而且在信息流通的过程中也很少出现信息的流失和偏移。"囿于中国目前的法制环境和社会信用体制，中国企业的管理模式创新存在某种局限。所以，家族企业的管理模式有其特有的优势，相应地，企业的职业化管理模式仍然存在很大风险。魏桥集团的一些做法也许与现代

第七章　基于企业成长过程的企业家胜任力结构及其跃迁方式案例分析

公司管理模式相去甚远，但是它在改革开发以后三十多年的成长过程中走出了一条非常成功的路子，是值得深入研究的一个范例。因此，可以认为，魏桥集团的企业家胜任力结构同时也采取了叠加跃迁的方式，虽然从已有的资料无法清楚地看出，张士平周围的高管任职情况，但其子女在魏桥集团属下主要产业集团的任职无疑是对张士平胜任力结构的补充和强化。

按照现有的状态，我们预计魏桥集团在将来张士平董事长退出经营管理职位时，可能会采取锁定替代跃迁方式实现企业家胜任力结构的跃迁。

第三节　万向集团（工业）公司案例分析[1]

一、万向集团（工业）公司简介

万向集团（工业）公司（简称万向或万向集团）创立于1969年，原来是一家农机修理厂。改革开放以后，成立了万向集团。公司创始人鲁冠球，把一个铁匠铺发展成为实力雄厚的现代企业集团，被誉为企业界的"常青树"。

万向集团专业生产底盘及悬架系统、汽车制动系统、汽车传动系统、轮毂单元、轴承、精密件、工程机械零部件等汽车系统零部件及总成，是目前国内主要的独立汽车系统零部件专业生产基地之一。

截止2012年10月31日，万向集团的账面总资产约598.08亿元，净资产约178.79亿元。2012年实现营业收入1165.83亿元，员工近5万名，现有专业制造企业32家，在国内形成了4平方公里的制造基地，拥有国家级技术中心、国家级实验室、博士后科研工作站。企业在发展过程中，无一季度亏损。万向集团以生产专业化、产品系列化为基础，实现了产品走出去、人员走出去、企业走出去，成为中国最大的汽车零部件制造企业，主导产品国内占有率达65%以上，在海外8个国家分别设立了31家公司，产品进入了美国通用、福特等国际级大汽车公司的生产线，覆盖了世界六十多个国家和地区。

万向集团已发展成为国家120家试点企业集团和520户重点企业之一，位列中国民营企业竞争力排行第7位，全国企业500强第127位，制造业第58位。目前万向以"大集团战略、小核算体系、资本式经营、国际化运作"的战略方针形成了以"万向集团"整合汽配资源，以"万向控股"整合金融资源，以"万向三农"整合农业资源的格局。

---

[1]本节案例资料来源：（1）万向集团（工业）公司官方网站；（2）中国重要报纸全文数据库；（3）中国学术期刊网络出版总库；（4）中国优秀硕士学位论文全文数据库；（5）中国博士学位论文全文数据库；（6）百度搜索工具搜索的其他与万向集团及其企业家相关的公开信息。

二、万向集团（工业）公司的成长阶段

（一）创业阶段：1969年~1979年

1969年，万向集团始于一个仅有84平方米的小"铁匠铺"，全部员工7名，所有资本4000元。创始人鲁冠球历尽艰辛，挂出了"宁围公社农机厂"的招牌，从此万向集团这条船启锚远航，走上了艰难的创业之路。农机厂创办之初，在一无足够资金，二无人才，三无管理经验的情况下，鲁冠球采取了"多角经营"，即靠作坊式生产，拾遗补缺，生产犁刀、铁耙、万向节、失蜡铸钢等五花八门的产品，为企业完成了最初的原始积累，凭精神、凭体力、凭苦干，摆脱了一穷二白的状况，赚了一点点钱，在计划经济的夹缝里，企业得以生存下来。但"多角经营"在分散企业风险的同时，也肢解了企业仅有的一点资金和技术力量。1974年，万向根据市场的迫切需要，转产当时的短线产品——汽车万向节十字轴总成。1975年试制成功并投放市场后，受到了用户的广泛欢迎，工厂也因此被浙江省汽车工业公司列为生产定点厂。当时国营大厂停产或半停产"闹革命"，万向节厂则钻了这个"空子"，占领了不少市场，争取了不少用户，使工厂规模迅速扩大，经济效益日益提高。为了长远发展，1979年，万向进行了战略调整，把70多万元年产值的"多角"产品调整掉，集中力量专业化生产进口汽车万向节。现在看来，这种调整，给万向选准了产品，也给万向选择了一条不断成长并走向成功之路。

（二）守业阶段：1980年~1989年

当鲁冠球选准了万向节后，为提高员工质量意识和打造品牌，1980年，把价值43万元不符合标准的万向节送往废品收购站。虽然这个做法使全厂员工半年没发奖金，但质量意识从此深深地烙在了员工心中。同时，工厂开始全面企业整顿。工厂基于"先生产后生活"，"先质量后产量"，"先上学后上班"，"先制度后制造"的理念，制订了各项严格的管理制度，并推行全面质量管理，把质量责任落实到每个部门和每道工序。1984年，万向工厂的万向节第一次出口美国。从此，万向以"立足国内，面向国际，扎根企业内部，脚踏实地工作"为工作方针，以产品专业化为基础扩大企业规模，万向呈现出一日千里的发展态势。1980年底，在全国万向节厂整顿检查中，以99.4的高分居全国行业之首，从而被列入全国仅有的三家万向节定点生产专业厂之一。从1982年开始，产品先后被评为省优、部优，获得了国家银质奖。

在此基础上，万向以科技进步和科学管理为手段，走专业化生产、系列化产品道路，逐步形成了规模经济与规模效益，将生产与销售成本控制在一个较低的水平，从而成就了企业的基本竞争力。1980年到1989年期间，钢材提价1.3倍，煤提价

第七章 基于企业成长过程的企业家胜任力结构及其跃迁方式案例分析

5倍，而万向工厂的产品价格却基本不变，职工年收入增加了6倍，经济效益年均增长40%以上。凭借高质量、低成本，杭州万向节厂成了国内的行业老大。

（三）展业阶段：1990年至今

1990年，经浙江省人民政府批准，万向集团正式成立。万向进入了"企业集团化、经营国际化"的阶段。

依托万向节形成的优势，对汽车零部件产品进行了系列化开发，先后开发了轿车等速驱动轴、汽车传动轴、轴承、轿车减震器等产品系列。1994年，万向钱潮股票在深圳上市交易。1996年开始，集团进行资产重组，钱潮公司收购机械公司、特轴公司、汽轴公司、传动轴公司等7家汽车零部件企业60%的股权，以较低的投入，以最快的速度获得了多家年销售亿元，利润千万元稳定的成长性公司，短时间内形成了巨大的生产能力，迈入高速成长期。

在发展零部件主业的同时，通过调整产业结构，以资本运营为主要手段，积极培育新的产业。形成了以万向钱潮股份有限公司为代表的汽车零部件系统供应，以万向美国公司为龙头的海外营销，以上海万向投资有限公司为核心的流通贸易，以万向集团公司为主体的实业、股权、不动产和投资银行业务等四块产业。初步形成以主业（汽车零部件）为核心的多角化发展体系。

这一阶段，鲁冠球提出"大集团战略、小核算体系、资本式运作、国际化市场"的战略方针，调整产业、产品结构、市场结构、人员结构、资本结构，谋求跨行业、跨国界发展，取得良好效果。他不光让产品走出国门，还派员到国外创办企业。万向集团已发展成为国家120家试点企业集团和520户重点企业之一。2012年实现营业收入1165.83亿元，员工3万余名，现有专业制造企业32家。

尤其是进入21世纪以后，万向已从"资本式运作"发展到"资本式经营"，从"国际化市场"发展到"国际化运作"，确立了突出万向制造核心理念，向拥有核心价值能力的现代化跨国集团发展的目标。2013年，还成功收购了美国电动汽车电池制造商A123系统公司。

三、万向集团（工业）公司不同成长阶段的企业家胜任力体现

（一）创业阶段的企业家胜任力体现

1. 分析与机会捕捉能力

鲁冠球在创业初期，钻了"停产闹革命"的空子，在铁锹、镰刀都买不到，自行车也没有地方修的年月，他充分意识到了人们对于这些产品的需求，于是毅然收了5个合伙的徒弟，挂了大队农机修配组的牌子，在童家塘小镇上开了个铁匠铺，而且生意越做越红火。

2. 资源获取能力

1969年，宁围公社的领导找到了鲁冠球，要他带着他的伙伴去接管"宁围公社农机修配厂"。这个所谓的农机修配厂其实只是一个只有84平方米破厂房的烂摊子。鲁冠球变卖了全部家当和自己准备盖房的材料，把所有资金投到了厂里，把自己的命运押在了这个工厂的命运上。在农机厂创办之初，工厂里没有人才也没有资金，鲁冠球采取了"多角经营"的方式，即靠作坊式生产，拾遗补缺，生产犁刀、铁耙、万向节、失蜡铸钢等五花八门的产品，为企业完成了最初的原始积累。

（二）守业阶段的企业家胜任力体现

1. 资源配置能力

为了确定万向的主导产品，鲁冠球做了广泛的市场调查。在各方面汇集起来的信息中，有一条引起了他的极大兴趣：国家在调整国民经济各部门发展比例时，为缓解铁路的瓶颈制约作用，决定大力发掘公路运输的潜力。而万向现在的产品万向节已有一定生产规模，而且万向节平均2万公里就要更换，属易损品。

围绕万向节，鲁冠球等人进行了深入细致的市场调查和论证工作，其结果有忧有喜。忧的是全国已有56家生产汽车万向节的企业，市场已趋饱和，且部分企业产品已出现积压。而喜的是，从中国汽车工业公司得到一个信息：国家将进口大批汽车，但国内没有一家批量生产进口车万向节的企业，由此国家将每年花费大笔外汇，而且供货时间还得不到保证；他们还进一步了解到，当时全球轿车社会保有量不下4亿辆，每年仅维修就要2.2亿套万向节，这项产品的市场前景十分广阔。

通过对这些信息的综合分析，鲁冠球等做出抉择并迅速制定长远发展方针：从生产进口汽车万向节入手，"第一步，为国家填补空白；第二步，在实践的基础上提高质量，同外国货开展竞争；第三步，将产品打入国际市场，为国家创汇"。为了实施这一决策，万向人克服重重困难解决了生产进口车万向节的技术问题和工艺问题，并果断调整之前已经多元化的产品结构，对拥有70余万元年产值的其他产品停止生产。

2. 团队与文化营建能力

当有人问及什么是企业最重要的社会责任的时候，鲁冠球认为："正确教育员工是企业的社会责任非常重要的一个方面。尊重员工、善待员工，首先就应该给员工一个好的环境，使他们可以心平气和地工作，这样才可以生产出好的产品，我不是为了生产而生产，我要让他们将工作变成乐趣，这样就不会老想着还有多少工作要做。让员工在企业里非常的快乐，这就是企业的最重要的社会责任。"在万向发

第七章 基于企业成长过程的企业家胜任力结构及其跃迁方式案例分析

展初期，员工基本上都来自农村，他们在生活行为上有不少缺点，万向会帮助他们改正，员工则可能会将他们在企业所学到的做人道理告诉给自己的家人，进而影响整个社会。正是通过这样的方式，万向在生活的各个细节影响着员工，从而逐渐组建起了稳定企业生产的基层高素质团队。

1980年鲁冠球因为一个客户对产品质量不满意，就将那批相关的所有产品作为废品，卖给收购站，价值约43万元。鲁冠球的行为让员工深深地认识到了产品质量以及自身素质的重要性。随后，鲁冠球开始了全面企业整顿，他最先提出了"先生产后生活"的技术路线，规定每年税后利润的80%必须用于技术投入，改15年折旧为7年折旧，集中资金进行技术改造；然后提出了"先质量后产量"的产品质量观，并为此建立了产品检测中心，以严格产品质检；同时针对员工实施"先上学后上班"制度，办起了职工业余学校，让职工学文化，学技术，并规定，从此以后进厂者必须具备高中毕业以上文化程度；最后规定"先制度后制造"，并立即制订严格的管理制度，推行全面质量管理，把责任落实到每个部门，每道工序。由于产品质量过硬和服务好，万向的品牌价值得以不断上升。

万向集团在创业、守业和展业的过程中，基于其独到的经营实践，总结提炼出了具有独特内涵的包含企业哲学、企业宗旨、企业理念、企业精神、企业道德和企业作风等的企业文化。如万向集团的企业哲学包含了三个层次：一是经营哲学，即财散则人聚，财聚则人散；取之而有道，用之而欢乐；二是管理哲学，即人人头上一方天，个个争当一把手。三是人本哲学，即两袋投入，使员工身心与物质受益。又如万向集团的企业宗旨就是"为顾客创造价值，为股东创造利益，为员工创造前途，为社会创造繁荣"。

万向集团的企业文化是这个独特民营企业成长经验的沉淀，反映了这个独特民营企业的朴素价值观，正是在这样一个企业文化的引导下，万向集团形成了以技术为依托、质量为核心的经营理念。

3. 规范管理

1980年，鲁冠球把价值43万元不符合标准的万向节送往废品收购站，以此强化企业员工提高质量的意识。因为这个事件，全厂员工半年没发奖金，但质量意识却深深地烙在了员工心中。同时，以这个事件为契机，万向开始了全面企业整顿。然后在"先生产后生活"、"先质量后产量"、"先上学后上班"、"先制度后制造"方针的指引下，万向围绕全面质量管理这个主题进行了管理制度建设。1980年底，在全国万向节厂整顿检查中，万向工厂以99.4的高分居全国同行之首，从而被列入全国仅有的三家万向节定点生产专业厂之一。从1982年开始，万向产品先后被评为省优、部优，并获得国家银质奖章。

4. 战略规划

20世纪80年代初，万向提出了"立足国内，面向国际，扎根企业内部，脚踏实地工作"的战略方针，并确立了"产品或产业专业化发展"战略，且先后实现了在国内和国际万向节市场争份额的目标。20世纪80年代末，万向制定了"相关多元化产业战略"，并明确了万向的主导产业即汽车零部件产业。面临专业化和产业化带来的技术升级和规模扩大，鲁冠球认为，一方面万向要不断提高技术、质量标准以满足客户的需求，另一方面万向迫切需要抛弃不规范的"人治"，建立科学的生产管理制度、人力资源管理制度和企业内部管理模式。

进入20世纪90年代，鲁冠球提出"大集团战略、小核算体系、资本式运作、国际化市场"的战略方针，并调整产业、产品结构、市场结构、人员结构、资本结构，谋求跨行业、跨国界发展，且取得了良好效果。万向不光让产品走出了国门，还派员到国外创办企业。

鲁冠球把万向这么多年"走出去"的过程概括为九个"三步走"。第一是主体转换"三步走"，从产品走出去到人员走出去，再到企业走出去；第二是市场提升"三步走"，从维修市场到间接配套，到直接配套；第三是营销策略"三步走"，从打别人的品牌到创自己的品牌，到组合品牌优势；第四是技术进步"三步走"，从仿制到自己开发，到合作开发；第五是人才培养"三步走"，从国内派人到本土化用人，到内外一体化培养人；第六是效益增长"三步走"，从别人赚钱到低于内销利润，自己赚小钱，到与主机厂合作，高于内销利润，联合赚大钱；第七是资金来源"三步走"，从向朋友借钱到国内批准投钱，到用国外银行的钱；第八是战略延伸"三步走"，从国际营销到国际生产，到国际资源配置；第九是社会形象提升"三步走"，从国内企业认可到跨国公司认可，到国内外政府认可。

（三）展业阶段的企业家胜任力体现

1. 资源整合与危机应对能力

首先，鲁冠球抓住产品配套的机会，引进国际整车厂的技术。比如为通用公司配套期间，通用从生产现场到工艺改进，从原材料供应到关键技术创新，每一个细节都在跟踪监督，并帮助万向梳理程序，找出问题，制定解决方案。同时，鲁冠球多次派人到通用公司学习。因此，万向引进了先进的技术，还学习了解决技术问题的方式方法，少走了很多弯路，更直接地满足了整车厂的需要。"作为零部件企业，整车厂的需要才是我们的追求。""通过引进国际先进技术，我们的核心技术能力得到了有效的提高。"鲁冠球如是说。

其次，抓住与世界汽车零配件知名企业合作机会，开展标杆学习。万向与美国汽车零配件的知名大企业如伊顿、旦纳、德尔福等公司都开展了业务上的合作，这

第七章　基于企业成长过程的企业家胜任力结构及其跃迁方式案例分析

些企业的高级主管都多次赴萧山考察万向集团。鲁冠球把这些先进企业作为交流、学习的"标杆",学习他们先进的管理经验。他说,"我们要与大公司合作,只有与他们合作,在他们的帮助下,才可以学到许多东西","现在我们还只能老老实实给大公司当配角,而且可能要当几十年、上百年,当然最后我们的理想是想与这些大公司平起平坐"。同时鲁冠球清醒地认识到拿来的不一定是合适的,如何吸收、如何创新适合自己的管理模式还需要不断在实践中领悟。

另外,有记者在访问鲁冠球时,问起关于2008年金融危机的问题:"有人说,这场经济危机之所以让大家的反应这么强烈,某种程度是因为我们习惯了持续增长的好日子,对于突如其来的波动没有思想准备。在这场危机中,大家都很关心万向的情况,请您简单介绍一下。"鲁冠球回答到:"对于万向来说,我们从2008年9月开始有感觉,到12月的时候受影响最大,简直可以用'心惊肉跳'来形容。总体来看,危机对万向的冲击主要表现在三个方面:

"第一,也是我感觉最强烈的就是订单减少,由于订单的减少,万向基本没有加班了。其实我们在2005年发展势头还好的时候,就已经感到了行业发展将面临的巨大压力。美国最大的汽车零部件供应商就是在那一年申请破产的,我们在看到机会的同时也感到了竞争的残酷,所以提前做了一些预防和准备。直到2008年9月,万向还保持着33%的增长。从10月份开始,订单大幅下降。到12月为止,我们的实际收益比计划下降了十几个百分点。如果整个2008年始终按9月份的势头发展,我们会比原定计划超过8个亿完成,但10月、11月、12月的下滑使得全年增长只有16%,比2007年减少了18%。这个数字在别人眼里还算可以,但是按照万向平均每年增长25.89%的目标,还有很大差距。

"第二,汇率变化的影响。在业内,我们的合同一直以美元计算,近两年来,由于人民币汇率不断提高,如果要维持原本的价格底线,产品出口就必须提高价格,这无疑会削弱我们的价格竞争力;但是,如果保持产品的外币价格不变,则势必挤压原有的利润空间。尤其是2008年9月、10月,人民币对美元的汇率不断下降,这不只是盈利的问题,还有信誉问题。如果为了盈利而取消合同,明年怎么办?下次怎么办?企业经营是道德和诚信的问题,有的代理可以商量,有的就不能商量,于是眼睁睁看着真金白银就这样流出。

"第三,股票的市值严重缩水。仅"万向钱潮"一支股票,与最高峰时候相比就缩水高达130个亿。上市公司的股票市值共缩水72%,等于损失了几百个亿。"

这个记者又问道:"那一段是不是企业最困难的时期?"鲁冠球:"那倒不是。我的担心主要来自万向的员工。以前由于订单充足,公司一线生产的工人经常加班加点，一周工作六七天都比较正常。因为万向按效益发工资，订单多了大家都有钱赚。所以，我们的员工都愿意加班，最怕没有事情做。但是到10月、11月、12月，由于订单少了，有些一线工人的工作时间已经降到四五天。以前，我每个周末都会到公司去跟大家一起加班，看到他们高兴我也高兴。但那几个月，我从楼上走下来却发现整个工厂里冷冷清清的没有人。没活干大家都不好受，我的心里就更不是滋味。有人觉得民营企业家都是资本家，都站在员工的对立面上一味地剥削和压榨他们。我不这样认为，我们的思想、我们的境界、我们做的事根本不是他们所谓的'资本家'。"

2. 资本运作能力

鲁冠球将"国际化市场"做到"国际化运作"，2000年鲁冠球收购世界上万向节专利最多的美国舍勒公司，2001年收购美国纳斯达克上市公司UAI并被外界尊为"收购师傅"，每年可以新增7000万美元的市场，在美国共收购了近20家公司，并在不断的学习和实践中总结出一套并购和整合的法则；他将"资本式运作"做到"资本式经营"，目前万向集团旗下拥有40多家全资子公司，8家国内上市公司，6家金融机构。

国际创业带有构建跨国公司的明确趋向，主要借助跨国并购推进。在短短的几年时间内，万向通过收购、兼并、参股与控股等方式，迅速推进集团的国际创业。期间发起的海外并购不少于9起：

（1）收购英国AS公司。英国AS公司是一家专业汽车轴承销售公司，在欧洲市场享有一定声誉，曾为万向在欧洲的主要销售商之一。AS公司的大部分产品由万向提供，由此使万向实现了对该公司供货渠道的事实上的控制。一旦万向停止向其供货，该公司便会陷入困境。万向正是看准了这个机会，提出收购AS公司50%股份的要求。1997年7月，双方正式达成协议，万向完成了对AS公司的收购，并由此掌握了在欧洲轴承市场的一定主动权。

（2）收购美国舍勒公司。美国舍勒公司成立于1923年，是一家世界上拥有最多万向节专利，并在全球44个国家建有万向节销售网络的跨国公司，万向产品的最初出口，就得益于舍勒公司订货，并以"贴牌制造"方式与该公司建立了长期业务联系。2000年4月，在经过多年谈判后，万向最终以很低廉的价格整体收购了舍勒公司，从而一举获得了该公司的品牌、技术、设备以及全球营销网络。

（3）以无形资产控股美国IPPD公司。IPPD公司原是万向在美国的轴承客户之一，年销售额200万美元左右。2000年，万向美国公司经过成功运作，仅仅通过无形资产注入便完成了对下游企业的收购，获得美国IPPD公司51%股权，实现对其绝对控股。

（4）收购LT公司。LT公司是供应美国汽车轮毂单元的最大制造装配商之一，在

第七章 基于企业成长过程的企业家胜任力结构及其跃迁方式案例分析

北美拥有世界一流的加工装配工厂，与万向有多年贸易往来，2000年10月，万向收购了LT公司35%的股权，自此，万向在北美也拥有了自己的加工装配基地。

（5）收购美国UAI公司。建立于1981年的UAI公司在美国汽车配件维修市场中拥有最高的市场占有率，其营销网络遍布全美，美国各大汽车零部件连锁店及采购集团都是其客户。2001年，UAI公司经营陷入困境，其股票价格在纳斯达克急剧下滑，万向利用这个时机，以280万美元收购了UAI公司的21%股权，成为其第一大股东，并被授权在必要时以实际拥有58.8%的股权确保对上市公司的绝对控制能力，这次收购开创了中国民营企业收购国外上市公司之先河。

（6）收购洛克福特公司和CBC公司。2003年，万向收购了全球最大的一级供应商"百年老店"洛克福特公司和美国历史最悠久的轴承生产企业之一CBC公司，由此获得了每年8000万美元的订单，为其进一步拓展轴承产业积累了实力。

（7）收购美国AI公司。2007年，鲁冠球又一次挥军美国，并购了美国AI公司，这标志着万向直接进入到了全球汽车产业链的核心层。

（8）收购美国DS汽车。2009年3月，万向集团成功收购了美国DS汽车转向轴业务的所有有效资产，包括全部专利及知识产权。收购完成后，新公司预计将为目前十分不景气的美国汽车业挽救约150个工作机会并达到100万～150万根转向轴的年产量。DS公司前身为铁姆肯（Timken）下属转向轴业务分部，其业务主要集中于美国三大汽车制造商，在美国汽车市场上有着自己的一片天地，而此次万向集团的成功收购，进一步巩固了万向在国际上的地位和水平，可以说是万向收购史上的一大创举。

（9）收购美国A123系统公司。美国A123是全球著名的汽车电池系统领域技术领先企业。这项收购的重要性并非其交易规模，而在于万向创造了一个收购美国高科技公司的成功范例。

（四）企业家通用胜任力体现

1. 学习能力

在创业阶段，企业家的主要学习行为是体验学习，即市场竞争中的"干中学"。当时，鲁冠球作为工厂的当家人，首先要解决的就是原材料问题，因为一个区区社队企业是没人给你解决原材料计划指标的。鲁冠球心急如焚，四处打探废钢材的踪影。也许是天无绝人之路，1973年春天，萧山县物资局召开春耕物资调度会，鲁冠球从会上得知一个重要信息：杭州织带厂有300吨废钢零料，一时派不上用场，堆放在镇江码头，正急于卖掉。鲁冠球喜出望外，连夜坐火车赶赴镇江。经过几次往返，鲁冠球终于买到了这批材料，并用这些材料产出了第一批产品——犁刀。

鲁冠球刚上任那年，厂里的万向节产品大量积压，工人已经数月开不出工资。刚巧，当年全国汽车零部件订货会在山东胶南县召开。得到消息后，鲁冠球租了两

我国民营企业家胜任力结构及其跃迁机理研究

辆汽车，带上销售科长，满载"钱潮牌"万向节产品直奔胶南。因为万向节是乡镇企业，根本进不了场洽谈业务，鲁冠球就在场外摆地摊，用塑料布摊了一地。一连3天，那些进进出出的财大气粗的汽车客商连眼也不斜一下。鲁冠球就派几个人到里面订货会上探个究竟，原来买方与卖方正在价格上"咬"着，谁也不肯让步。这时鲁冠球就盘算着："假若自己的产品降价20%，也还有薄利。好！那我们降价。"说着就马上要供销员贴出降价广告。这一下摊前顾客就蜂拥而至了，"钱潮牌"万向节质量不比订货会上的差，而且还比许多厂家好，价格要比其他厂家低20%，一下就获得了210万元的订单。

鲁冠球把一个铁匠铺发展成为实力雄厚的现代企业集团，他的精神世界也得到了升华。他不但在实践中为发展中国民营企业带领农民致富走出了新路，而且在理论上也做出了重要贡献。几十年来，他孜孜以求，不倦学习，获得了高级经济师和高级政工师的职称，他还根据三十多年来的经营实践撰写了大量的理论文章，已有六十多篇论文在《求是》、《人民日报》、《光明日报》和《经济日报》等全国和地方报刊杂志上发表，被誉为"农民理论家"。他的许多具有前瞻性的思路和做法，不断被实践所检验，不知不觉中成了潮流的领导者，许多人称鲁冠球为企业思想家。这种不断学习、不断创新的企业家精神随着企业的成长得以不断升华，我们不难从万向的理念中感受到鲁冠球的睿智。

随着万向的不断壮大，万向汇集了来自世界各地的高素质专业人士，这些人为万向的发展出谋划策，同时也是鲁冠球学习交流的对象。目前，万向集团有院士顾问4名，每年引进外国专家近50名，21名签约博士，博士后科研工作站在浙江省建站最早，培养的博士后也最多。

鲁冠球每天为自己安排了5小时的学习时间，从晚上7时到12时看书看报，看电视新闻，就是外出开会也要基本做到。2001年11月21日下午，鲁冠球获得香港理工大学荣誉工商管理博士学位。香港理工大学对鲁冠球的好学不倦精神和经营业绩给予高度评价，在赞辞中称："早在1984年鲁冠球就成了浙江大学管理研究生班的一名学员，2000年，他成为浙江大学工商管理特聘导师。""他经营企业的心得和深入浅出的理论，亦为推动中国的企业改革和经济发展奠下了稳固的基础。""作为一位优秀的企业家，一位为国家进步而不断思量、努力的国民，他叫认识他的人敬佩不已。"

总之，鲁冠球提倡"读万卷书，行万里路，交万人友，创万年业"。他曾经这样总结自己的学习历程：这些年，我先后上浙江大学管理系旁听，参加联合国国际劳工组织赴挪威的厂长、经理培训班，参加中国企业家代表团到美国做管理考察，在工作实践中不断加强学习，看书读报成了工作之余的第一件事。平时我出门

第七章　基于企业成长过程的企业家胜任力结构及其跃迁方式案例分析

总不大带钱包，但书和笔记本是必不可少的，看到或听到好的东西就记下来，慢慢消化。同时，千方百计寻师访友，向各方有识之士求教，如向经济学家、学者交朋友，探讨并向他们求教经济管理、企业管理等方面的知识、经验，并应用于实践。由于不断加强学习，在企业工作中不断实践，比较明显的提高了自身的管理水平和理论水平。"

2. 创新能力

在不断成长的过程中，敢于创新，鼓励创新，不断创新，是万向竞争取胜的法宝。万向（或鲁冠球）的创新可以用这样一些事实来佐证：（1）不甘心当农民，要当工人要致富的愿望使鲁冠球办起了粮食加工厂；（2）20世纪80年代敢于第一个在全县提出承包而且在企业内部也实施层层承包；（3）敢于放弃计划包销自主面向市场；（4）20世纪90年代实行股份制改造并在乡镇企业中第一个上市，推行集团化管理模式，不断地推出适应企业成长的管理模式；（5）扩展产品线，由单一的万向节产品扩展到等速万向节、传动轴、轴承、减震器等8大系列；（6）调整产业结构，大力发展贸易、金融、投资业务，使之成为新的利润增长点；（7）20世纪80代就开始大力拓展海外业务，成为第一家向美国出口汽车零部件，第一个向通用、福特配套的中国企业；（8）创立激活智慧、分配未来的经营者基金；（9）1994年第一家提出西进的企业；（10）第一家乡镇企业收购美国纳斯达克上市公司；（9）成立第一家民营企业主导的创业投资公司等。创新贯穿于万向的整个成长历程，创新成就了万向的辉煌业绩。这一系列在市场、管理、产品、技术等方面的创新，提高了万向的竞争力，使其能够始终站在变革的前列，成为中国民营企业的领头羊。

3. 信息搜寻与处理能力

20世纪80年代，围绕万向节，鲁冠球等人进行了深入细致的市场调查和论证工作，他们发现，全国已有56家生产汽车万向节的企业，市场已趋饱和，且部分企业产品已出现积压。但从中国汽车工业公司得到一个信息：国家将进口大批汽车，而国内没有一家批量生产进口车万向节的企业，由此国家将每年花费大笔外汇，而且供货时间还得不到保证；另还进一步了解到，当时全球轿车社会保有量不下4亿辆，每年仅维修就要2.2亿套万向节，这项产品的市场前景十分广阔。通过对这些信息的搜寻和处理，鲁冠球等做出了抉择并迅速制定长远发展方针：从生产进口汽车万向节入手，"第一步，为国家填补空白；第二步，在实践的基础上提高质量，同外国货开展竞争；第三步，将产品打入国际市场，为国家创汇"。

4. 识人用人能力

用人原则。鲁冠球认为一个企业要增强竞争力，必须靠员工积极性的充分发挥，按经济规律办事。将利益和效益相结合，这是调动职工积极性、创造性的关键所在。如何把利益和效益原则结合起来呢？他1988年创立了一个"两袋投入"的概念，就是抓职工的"脑袋投入"和"口袋投入"，使员工身心与物质受益。

人才引进。广泛招聘人才，每年就有200个左右高校毕业生进入万向工作。2001年全年引进院士3名，博士及博士后7名，硕士27名，大学以上近300人。这一年，万向建立了"博士后科研流动站"，为吸引高层次人才搭建了又一个好的平台。

人才激励。在"立足创造"原则的基础上，丰富对人力资本的激励措施和手段。2001年2月，鲁冠球为万向美国公司推出了经营者基金，尝试"激活智慧、分配未来"的人力资本奖励模式，为万向加快海外发展，营建跨国集团奠定了人力资本开发的政策基础。

培养员工。首先，万向的民营企业身份注定了工人绝大多数为农民工，鲁冠球用了很大精力致力于农民工的改造，不厌其烦地加强对农民工的思想政治工作，培养他们树立时间观念、质量观念和组织观念，并最终把他们改造为合格的现代企业员工。其次，尝试在集团式经营中培养企业家群体，即采取"企业分家"的办法，将企业分解成一个个经济实体，车间主任们都派出去当厂长，让他们直接去面对市场。随着企业组建集团，新的领域和区域不断扩大，许多骨干人员都能成长起来被派出去独当一面。

万向用人观。有德有才者，大胆聘用，可三顾茅庐，高薪礼聘；有德无才者，委以小用，可教育培训，促其发展；无德无才者，自食其力；无德有才者，坚决不用，如伪装混入，后患无穷。

四、万向集团（工业）公司企业家胜任力结构的跃迁方式

（一）从创业到守业的企业家胜任力结构跃迁方式：自我跃迁兼叠加跃迁

从创业到守业阶段，为了更好地促进万向集团成长，鲁冠球不断地通过学习途径来进行企业家胜任力结构的自我跃迁。其中，最主要的自我跃迁方式包括基于经验的学习、基于教育系统的学习和基于社会网络的学习。同时，附带采用了叠加跃迁方式。

1. 基于经验的学习——企业经营过程中的"干中学"

1983年，当承包责任制在中国大地上刚开始探索，人们对"风险"二字普遍陌生的时候，万向率先开个人风险承包之先河，先行在企业的招工制度、分配制度、责任制度和经营管理制度等方面采取了一系列改革举措，拉开了万向制度创新促发展的序幕，有力地调动了员工的积极性，生产蒸蒸日上。企业以其突出的成绩，被省政府授予浙江省先进集体称号。

第七章 基于企业成长过程的企业家胜任力结构及其跃迁方式案例分析

1986年,当股份制尚还停留在学术界小圈讨论的时候,万向却冲破重重阻力,率先实行内部员工入股,把员工利益与企业的效益紧密地联系在一起,大大增强了员工的主人翁责任感和企业的凝聚力,企业也因此从一家乡镇小厂发展成为国家二级企业、国家一级企业。

2. 基于教育系统的学习

1983年,鲁冠球通过聘请的浙江大学管理顾问关系,开始旁听浙江大学管理系研究生管理课程。每周星期三这天,他都从萧山赶到杭州市区的浙大参加学习,以弥补他在企业管理理论上的空缺和不足。

也就是从那时起,鲁冠球才有了之前所言及的他每天5小时的学习习惯,并开始了他将所学管理理论与经营实践相结合进行不断探索和不断创新的历程。鲁冠球每天利用5小时的学习时间,阅读各类书报大约四五万字,同时,还通过电视和互联网媒体获得各类信息。鲁冠球基于管理实践进一步对管理理论进行思考探索,先后在包括《求是》、《人民日报》、《光明日报》和《经济日报》在内的各类报刊上发表论文40余篇。

3. 基于社会网络的学习

鲁冠球主要是通过组织厂外顾问团、聘请长期管理顾问等方式利用专家型网络这个途径进行学习的。鲁冠球说:"(20世纪)80年代初,由于我们是乡镇企业,产品进不了国家计划,经过浙江大学一位教授的指点,我们开始考虑出口,选择了外销促内销的发展道路。"鲁冠球一直非常重视利用专业管理思想为企业的成长导航,他聘请专家、教授,组织一个厂外的专家顾问团,定期到厂里指导工作并向他们咨询请教各类实际问题。同时,他还聘请浙江大学王爱民教授作为他的长期顾问。正是遵照顾问的建议,鲁冠球专门聘请了技术厂长来负责企业的技术问题,从而把自己从一线中解放出来,将工作重心转移到了企业内部管理上。

在通过社会网络学习的同时,鲁冠球的所聘请的厂外顾问团和长期管理顾问具有"编外"助理的性质。所以,其实鲁冠球在向顾问专家学习进行胜任力自我跃迁的同时,也在通过顾问专家直接渗透万向实际,利用专家智慧弥补自己胜任力的缺口或不足,从而实现企业家胜任力结构的叠加跃迁。

(二)从守业到展业的企业家胜任力结构跃迁方式:自我跃迁、叠加跃迁和替代跃迁

1. 自我跃迁——基于教育系统和"干中学"的学习

2001年11月,鲁冠球获得了香港理工大学荣誉工商管理博士学位。前已述及,香港理工大学学位授予赞辞中称:"早在1984年鲁冠球就成了浙江大学管理研究生班的一名学员,2000年,他成为浙江大学工商管理的特聘导师。""他经营企业

我国民营企业家胜任力结构及其跃迁机理研究

的心得和深入浅出的理论，亦为推动中国的企业改革和经济发展奠下了稳固的基础。""作为一位优秀的企业家，一位为国家进步而不断思量、努力的国民，他叫认识他的人敬佩不已。"显然，这项荣誉不但是对鲁冠球经营业绩的赞扬，而且是对鲁冠球好学不倦精神的肯定。

另外，鲁冠球对万向"走出去"过程9个"三步走"的概括，更是鲁冠球"干中学"成果的高度展现（见本章之前相关内容）。

2. 叠加跃迁

如前所述，鲁冠球聘请厂外顾问团和长期管理顾问，通过在其身边附设顾问"虚职"，听取专家建议来弥补自己胜任力的不足。随着万向的不断壮大，万向汇集了越来越多的来自世界各地的高素质专业人士，这些人才为万向的发展共同出谋划策。目前，万向集团有院士顾问4名，每年引进外国专家近50名，博士后科研工作站在浙江省建站最早、培养的博士后最多。这些人才的聚集，一方面为鲁冠球丰富了学习的对象，另一方面，在很大程度上可以直接弥补鲁冠球胜任力的缺口和不足。

3. 替代跃迁

1994年23岁的鲁伟鼎出任万向集团总裁。鲁冠球虽已把总裁大印交给了儿子鲁伟鼎，自己退居幕后，但事实上，他是退而不休，万向发展的大方向还由他掌舵，也许，他认为儿子鲁伟鼎接任总裁一职还欠火候。

许多年以前，人们叫鲁伟鼎"伟鼎"，而不是"鲁伟鼎"。据说那是鲁冠球刻意要隐瞒或者淡化他的身份，好让他在万向的基层岗位锻炼。

关于父子俩，有一个比较经典的传说：从小顽皮的鲁伟鼎在学校里就不是那种很乖的学生。一天，鲁冠球在一辆狂奔的大卡车后面看到正在表演"生死时速"的鲁伟鼎。这个场面除了让他心惊肉跳之外，促使他做了一个决定：由老子亲自培养儿了。

自此，高中没有读完，鲁伟鼎就结束了在国内的求学经历。老鲁把小鲁送上了飞往新加坡的飞机。临走时，他只对鲁伟鼎说了一句话："别给我丢脸。"在那里，鲁伟鼎学习了半年企业管理后回国。之后鲁冠球每天带着鲁伟鼎一起上下班，教他如何处理企业的各种事务。通过长时间的言传身教，鲁伟鼎已成长为一个成熟、稳重的接班人。1971年出生的鲁伟鼎就这样早早地进入了万向集团，在集团的各种岗位轮转，1992年底开始任集团副总裁。

在担任集团副总裁的两年时间里，鲁伟鼎建树不小——万向钱潮在1994年成功上市、万向美国公司于1994年成功创立，这其中，这位20出头的少帅立下了汗马功劳。1994年，23岁的鲁伟鼎被父亲推到了台前，担任万向集团总裁。

对孩子寄予厚望，是所有中国人的习惯。更何况是筚路蓝缕走过来的中国第一代民营企业家呢？一生辛苦换来的财富希望在自己的后代手里传承，无可厚非。尽管

第七章　基于企业成长过程的企业家胜任力结构及其跃迁方式案例分析

面对媒体的追问，鲁冠球曾说过："现在我选我儿子，如果将来有能力超过我儿子的优秀人员出来，只要能够把企业搞得更好，能够为农民多增加收入，为农村富裕做出贡献的，我可能会要调一个，这个是可以改变的。"在更多的场合，鲁冠球谈及自己的儿子都是处处让他感觉满意。他表示"从这么多年的业绩来看，伟鼎能胜任这个职务，他有这个能力"。"伟鼎与我比起来，优点是冲劲足，缺点是还有点娇气"。

在接任之初，鲁伟鼎曾被人质疑是否有能力胜任这样一个资本大集团掌舵人的位置。但是鲁伟鼎并没有在意外界的反映，而是埋头专心于在父亲所创事业的基础上，扩大集团的竞争力，在国内及国际市场上交出让人满意的答卷。

作为万向美国公司的实际负责人之一的鲁伟鼎，一上任就接连实现了在海外市场传奇版的并购整合。先是以极低的价格收购了拥有全球万向节技术专利最多的企业——舍勒，获得了舍勒公司的品牌及销售渠道，完美地实现了蛇吞象的传奇。2001年，趁美国上市公司UAI在并购扩张出现问题时，万向入主UAI，使得2000年才开始实施制动器项目的万向一举打开了制动器产品进入美国市场的通道。2005年，万向美国成功收购PS公司60%的股权。此项收购打通了向美国三大汽车制造企业供货的渠道。万向还通过收购美国最悠久的轴承生产企业GBC公司获得了完整的市场网络。

鲁伟鼎通过以"股权换市场、参股换市场、设备换市场、市场换市场、让利换市场"等各种方式实现了万向集团董事会主席鲁冠球"走出去"的跨国经营战略，显示了年轻的鲁伟鼎对国际资本市场娴熟的把握能力。

如果说鲁伟鼎带领万向在国际市场上的一系列并购整合是一种传奇的话，其在国内的一系列资本运作则是童话故事。鲁伟鼎风驰电掣般地完成了万向主业母体"万向钱潮"上市、企业"公司制"的改造。与此同时，万向更是在资本市场频频出手。先是"万向钱潮"成为"华冠科技"的二股东；2001年12月，万向投资成为"承德露露"的二股东；2005年推出的回购第一大股东露露集团持有的全部国有股的股改方案，使万向成功地控股了承德露露。目前，万向控股参股的上市公司包括华冠科技、承德露露、中色股份等已经有近10家之多。

除此之外，鲁伟鼎还开始尝试涉足其他行业。2001年，建立了中国汽车网，2006年8月，中国汽车网成功完成与以国际著名投资银行高盛集团为代表的Series B投资者的战略股份融资，使得万向在汽车行业的产品及服务更加优化。2004年，万向参与投资了浙江省商业银行，以持股10.34%并列为第一大股东。同年，鲁伟鼎重组了浙江省工商信托。加上之前的万向租赁、万向期货和通联资本，万向已经拥有多个金融企业。

创业难，守业亦难，展业更不易。作为家族企业的第二代传人，由于过早地承担了财富创造的责任，鲁伟鼎比一般的同龄人更加稳重与沉实，对是非曲直有着清晰的自我判断，能够清楚地认识到自己目前拥有的是父辈的努力结果。因此，他更加努力地用行动证明自身的价值。在鲁伟鼎的办公室里，永远都摆放着父亲的一张大照片。鲁伟鼎说："父辈们创造了过去，经历着现在，还将继续走下去。而我们这一代是踩着他们打下的基础，沿着他们开辟的大道前进，理应走得更好、更远。"

2003年，美国《时代》杂志和美国世界新闻网联合评出了"2003年全球最具影响力企业家"，万向集团总裁鲁伟鼎作为大陆唯一的企业家名列其中。在入围的20位企业家中，华人有两位，除鲁伟鼎外，另外一位上榜华人是时任中国香港长江实业副主席的李泽钜。

鲁伟鼎最新的一个和新经济有关的动作是成为中国最大的民营电影制作和发行公司华谊公司的股东。

海归王中军是近日露脸最多的创业板新贵，他麾下的娱乐王国华谊兄弟一举孵化了9名亿元富豪，其中不乏原本就是福布斯宠儿的马云、江南春等名人。这其中，有一个人借道华谊，实现了从外界褒贬不一的"富二代"到"隐形富豪"的华丽转身，此人正是鲁伟鼎。

"我的前辈告诉我，我自己也这样觉得，要量力而行，同时要有平衡的心态，但千万不要跟自己说不可能。"鲁伟鼎真正像他所说的一样，不仅继承了财富，更加继承了责任。

第四节　四川新希望集团有限公司案例分析[1]

一、四川新希望集团有限公司简介

四川新希望集团有限公司（简称新希望或新希望集团）创业于1982年，其前身是南方希望集团，是刘永言、刘永行、陈育新（刘永美）、刘永好四兄弟创建的大型民营企业——"希望集团"的四个分支之一。在南方希望资产的基础上，刘永好组建了"新希望"集团。目前，新希望集团有农牧与食品、化工与资源、地产与基础设施、金融与投资四大产业集群，集团从创业初期的单一饲料产业，逐步向上、下游延伸，成为集农、工、贸、科一体化发展的大型农牧业民营集团企业。2012年底，集团注册资本8亿元，总资产超过400亿元（其中农牧业占72%），集团资信评等级为AAA级，已连续8年名列中国企业500强之一。集团拥有企业800余家，员工

---

[1] 本节案例资料来源：（1）四川新希望集团有限公司官方网站；（2）中国重要报纸全文数据库；（3）中国学术期刊网络出版总库；（4）中国优秀硕士学位论文全文数据库；（5）中国博士学位论文全文数据库；（6）百度搜索工具搜索的其他与四川新希望集团及其企业家相关的公开信息。

第七章　基于企业成长过程的企业家胜任力结构及其跃迁方式案例分析

超过8万人，其中有近4万人从事农业相关工作，有大专以上专业员工近2万人，同时带动超过450万农民走上致富道路。

1982年，刘永好等四兄弟变卖家产，筹备1000元开始创业；1992年，希望集团注册成立，刘永好任集团总裁；1992年和1995年，刘氏兄弟两次对管理制度进行调整并明晰产权。

1996年，投资金融行业，倡导组建了中国第一家民营银行，新希望成为民生银行大股东。

1997年，以南方希望下辖部分企业为基础，组建四川新希望集团公司；1998年，四川新希望农业股份有限公司在深圳证券交易所成功发行并上市；同年，新希望集团进入房地产业，首个项目开发当时成都最大房地产项目——锦官新城。

1999年，刘永好等43位民营企业家在北京联名发出《信誉宣言》，为营造良好的秩序和社会环境做出贡献。

2001年，与四川阳坪签约，由此新希望进入乳制品行业。

2003年，新希望被国家九部委评为农业产业化国家重点龙头企业。新希望集团进入中国企业500强。

2004年，新希望集团与工会签定员工集体合同，建立企业、职工双方稳定和谐的劳动关系。

2005年，新希望与山东六和集团强强联合，形成中国最大的农牧企业；2006年，新希望与加拿大海波尔种猪项目、洪雅县新农村建设项目启动；2006年，新希望收购石羊集团，并携手2008年奥运会猪肉食品独家供应商——千喜鹤集团；2007年，新希望与金川集团签约20万吨烧碱和20万吨聚氯乙烯工程项目，至此，国内最大PVC生产基地落户甘肃金昌。

2007年，新希望正式发布首份年度社会责任报告，成为中国企业中最早发布年度社会责任报告的企业。

2008年，新希望荣列"2008中国企业500强"第186位。

2010年以来，在"新农村"建设方面，新希望集团已在四川、重庆、贵州、云南、山东等省市逐步开展产业带动的帮扶工作，联系和帮扶82个村走上了致富之路，发展建设原料种植和畜禽养殖基地4.6万亩，辐射带动的基地共300万亩、农户近300万户，使所在地农村农民年平均增收700元以上。新希望还将建设3500个富农信息站，以及农业产业链全过程管理系统，为农户和经销商提供农业产业链全过程管理、市场供求、科技资讯、农产品交易等综合信息服务。

2012年，新希望集团有限公司以753.8亿元的总收入，排在2012年中国民营企业500强第12位。

二、四川新希望集团有限公司的成长阶段

（一）创业阶段：1982年～1986年

1982年，刘永言、刘永行、陈育新（刘永美）、刘永好四兄弟一道辞去公职，到川西农村创业，在极其困难的条件下，他们变卖手表、自行车等家产，筹集1000元人民币资金，开始了艰苦的创业历程；1986年，时任国务委员、国家科委主任宋健视察育新良种场，并题词"中国经济的振兴寄希望于社会主义企业家"，于是刘氏兄弟将育新良种场改为四川新津希望饲料厂，从此"希望"成为刘氏兄弟事业的品牌。

（二）守业阶段：1987年～1998年

1990年，希望集团初具规模，刘氏兄弟大胆调整产业，致力于饲料产品的研发和生产；1992年，希望集团注册成立。1995年至1997年之间，在南方希望资产的基础上，刘永好组建了四川新希望集团公司。1998年，四川新希望农业股份有限公司在深圳证券交易所成功发行并上市。

新希望集团从种植业、养殖业起步，历经艰难，自强不息，终于获得成功，并使企业持续地发展，成为中国最有代表性的民营企业之一。在1995年，新希望集团依靠先进的技术、过硬的产品质量、创新的营销手段和带动广大农民致富的决心，使企业发展成为20亿销售收入的大型民营企业，是四川省政府评定的全省最大规模民营企业十强第一位。

（三）展业阶段：1999年至今

在产业发展上，新希望集团由小到大，从单一饲料产业逐步向上、下游延伸，在农牧领域不断做大做强以猪、禽、奶牛为主的产业链建设（包括饲料、饲养、屠宰、种畜、兽药、乳品、肉食加工等），同时抓住机遇，投资了金融、房地产、化工等行业，取得了很好的回报，成为集农、工、贸、科一体化发展的大型农牧业民营集团企业，再反哺农牧业。

在集团法人治理上，新希望将家族以外的成员进入集团董事会，同时聘请拥有国际背景、专业胜任力强的职业经理人担任集团高级管理职务，形成了强大的经营团队。

三、四川新希望集团有限公司不同成长阶段的企业家胜任力体现

（一）创业阶段的企业家胜任力体现

1. 分析与机会捕捉能力

20世纪70年代末，中国进入了改革开放的新时代，个体、私营经济成为社会主义经济的补充。20世纪80年代初，各级政府对于个体、私人经营经济逐步开放并给

第七章 基于企业成长过程的企业家胜任力结构及其跃迁方式案例分析

予有限度的支持。刘永好与其他三位兄弟敏锐地察觉到相关信息，并抓住了这一大好机遇，于是，他们辞去了在省、市、县相关部门所任的公职，下海经商，掀开了创业史上的第一页。当时正值养殖热潮席卷全国，于是他们开始饲养鹌鹑。

2. 资源获取能力

由于刘永好几兄弟下海创业比较早，很多东西都没有人经历过。所以，在摸爬滚打中遇到了不少困难，也创造了很多"第一"。如在创业初期由于受到政治气候的影响企业发展受到限制时，几兄弟便主动与当地政府沟通，积极获取国家政策的支持，在当地政府的鼓励和支持下，他们变卖手表、自行车等家产，筹集1000元人民币资金，开始艰苦创业并最终获得了成功。

3. 勾画愿景与承诺

创业之初，兄弟4人根本没听过"产权"二字。到后来，由于老三把家押上，老二又出资较多，加之俩人在艰难起步阶段出力最多，因此，兄弟间曾口头约定"老三与老二占大股"。到1988年财源滚滚而来时，老二与老三主动提出"利润平均分配"的原则。这样的家族精神杜绝了财产纷争，使任何物质利益和意见分歧都服从于家族利益，兄弟4人的力量凝聚为一。在创业时期，精神力量比利益驱动更有效，如果过早地明确利益规则，容易使人患得患失，难以形成共同目标。刘氏兄弟们在创业阶段的这种相互扶持、同甘共苦的精神是一种面对未来的承诺，为当时集团的员工以及集团的后续发展树立了表率。

（二）守业阶段的企业家胜任力体现

1. 战略规划、资源配置能力

1992年，刘氏兄弟的产业出现第一次分化。老二刘永行提出大胆的设想，应该变企业经营为经营企业，按新津县饲料场的成功模式，复制出一批企业，到各地办分公司，拓展全国市场。这一设想得到老大刘永言支持，刘永言的想法更大胆：刘氏产业不仅要跨区域扩张，而且要跨行业发展，进军高科技领域，实现产业多元化。老大、老二的战略设想在董事会上得到一致认同，按照兄弟4人的价值取向与各自特长，刘氏产业被划分为三个领域：老大刘永言向高科技领域进军；老三陈育新负责现有产业运转（包括新津饲料场和饲料研究所），并且开拓房地产；老四刘永好跟随二哥到各地发展分公司，建饲料场。刘氏兄弟的第一次明确分工，带来刘氏产业的一次根本性变化——产权明晰。这样明确的分工和初步的产权明晰既是他们卓越战略规划的体现，又是公司对稀缺管理资源重新配置的取向。

2. 团队与文化营建能力

新希望在发展过程中，逐渐形成了以"加减乘除"为特征的经营管理文化。

我国民营企业家胜任力结构及其跃迁机理研究

具体来讲，就是以下这些：

"加"，就是增加诚信，树立共赢理念，注入国际理念和现代管理理念。（1）要取信于客户，取信于员工，取信于政府，只有诚信才能兴企；（2）共赢理念，就是只有大家共同做企业，企业才会发展。刘永好说，要"与客户共享成功，与员工共求发展，与社会共同进步"。要跟合作伙伴、跟客户、员工以及社会共赢，只有共赢，事业才能做大、做好、做长；（3）注入国际理念。早在20世纪80年代末，刘永好兄弟就到国外学管理，并走访了美国和欧洲的可口可乐、麦当劳等跨国公司。从跨国公司那里，他们学会了怎样将一个产品进行规范化推广。回国后他们很快着手做好第一个工厂，进而将其模式化复制。另外，通过学习，对外开放，把具有国际背景的、有经验的优秀人才引来为己所用，让他们在企业发挥作用，这就是"加"，是与国际的融合。（4）强化现代管理的意识，加强培训。集团规定，每家工厂大约要有3至5个后备干部，全集团加在一起就是数百位。通过培训、学习和合作，来增强现代管理的意识，培养优秀的职业经理群体，并提拔和引进更多的管理干部把他们放到重要的岗位上。

"减"，就是减去纯家族式管理的不足。一方面，家族管理的瓶颈制约中，最突出的是来自资金和人才的压力。外来的管理人才引不进来，引进来了不能充分发挥才能，这一不足要减去。另一方面，要给家族企业的老板"减负"。减去老板过多的一些职务，减去老板对很多具体事务的管理。经过大约一年半的努力，刘永好已经减去50多个董事长职务，辞去了希望集团法定代表人的职务，专司于新希望的宣传。

"乘"，就是要注意生产经营、品牌经营、资本运作的结合。生产经营做好了，就有好产品，品牌运作做得好就可以把产品卖个好价格，资本运作做得好，在资本市场就可以求得一个增值，这个增值就是乘法。

"除"，一要除去短期化行为，二要除掉老板和老总一手遮天的习惯。如果老板或老总一个人说了算，谁的话都不听，在他那里的员工和人才总是留不住。所以，要消除一手遮天的问题。

此外，刘永好还提出新希望企业文化三段论，即"像家庭、像军队、像学校"。首先，企业应该像家庭一样，和睦温馨，团结一致，但必须避免家族式的管理。新希望集团提倡企业文化像家庭，就是提倡一种有凝聚力的亲情文化。但同时，集团又规定家族成员不能担任重要管理职务。这样一来，虽然有损少数人的利益，但得益的却是企业，收获的是更多有学识、有才华的社会人才。其次，好的企业应该像军队一样，纪律严明，令行禁止。新希望在管理上坚定不移地抓住了两个关键点：一是财务独立，二是推行技术的垂直管理体系，这可以保障集团的技术创

第七章　基于企业成长过程的企业家胜任力结构及其跃迁方式案例分析

新，并有效地扼制只顾眼前利益的短期行为。最后，优秀的企业也应该如同一所学校，让它的员工能够不断成长、提高。新希望成立了自己的商学院，选拔优秀的基层管理人才进行深造，给合格的学员提供了更大的舞台。

3. 规范管理

由于竞争激烈，在1995年3月的董事会上，老二刘永行与老四刘永好各自挂帅之事端上桌面。经董事会通过，以1995年4月13日为界，总部所有下属分公司的资金与资产全部冻结，不许公司间流动，也不许总部调拨。根据"资产基本平分"的原则，将各地的27家分公司（26个饲料场加1个面粉厂）一分为二，划为东北与西南两个区域。经过估算，老二刘永行与老四刘永好共同创造的财富约值2亿元。老四刘永好得到西南片区，老二刘永行得到东北片区。1995年5月15日，刘氏兄弟在董事会文件上正式签字，仪式是在坦诚友好气氛中进行的。在这份文件中严格规定：两个片区禁止跨区域开拓；管理人员在片区间流动必须双方共同认可；董事会成员今后的一切开支均不在集团报销。

老大刘永言创立希望大陆公司，老二刘永行成立希望东方公司，老三陈育新建立希望华西公司，老四刘永好办起希望南方公司。兄弟四人共同拥有创业时期的老家底——新津饲料场和科研场，产权平均。由此，母体小子体大的格局形成，兄弟之间既分又合。此后，兄弟间的合作与从前大有不同，严格按各自出资多少来确定股份比例，合作完全建立在明确的资产关系上，这种新型合作关系完全按商业规则运作。

（三）展业阶段的企业家胜任力体现

1. 资源整合与危机应对能力

东方公司与南方公司分立后，老二刘永行与老四刘永好的总部各自分设，俩人发展思路迥异：刘永行试图走一条自己积累自我发展的道路，战略核心是实业稳步扩张为主，资产运作为辅；而刘永好想探索资本经营的新途径，快速聚合资本以迅猛扩张。刘永行的东方公司通过资产运作，与30多家亏损的国有企业建立资产纽带。其中，1/3采取兼并收购形式，2/3采取合资控股形式。这种大规模的扩张，使东方公司下属企业的数目从14家增加到53家，资产规模增加4倍。刘永好的南方公司的下属公司也达到30多家。这一系列的资源整合和早期的资本运作为新希望的上市奠定了坚实的基础。

此外，新希望开始不断投资其他领域，进行多元化扩张。刘永好通过新希望集团的全资子公司"北京永好科技发展有限公司"，收购了上市公司双鹤药（600062）的部分股份，虽然只持有3.4%的股权，但还是成了公司的第二大股东，并一直持续到现在。到2000年他又相继收购了有国际金融公司参股的华融化工65%

的股权和四川科讯多媒体有限公司24%的股权。这些投资可以说也是一种危机预防措施。因为回报率日益下降的饲料业无疑令人担忧,新希望集团需要一种或者几种产业作为新的利润增长点,并且这种增长应该是稳定的,不能有太多的泡沫、危险和不确定性。

2. **资本运作能力**

1998年3月11日,4000万新希望农业(000876)股票在深圳挂牌发行,新希望共获得2.68亿元的融资。上市公司这一身份为新希望的资本运作提供了一个更好的平台。于是,新希望开始投资其他领域,进行多元化的发展。刘永好通过新希望集团的全资子公司"北京永好科技发展有限公司",发起了收购上市公司双鹤药业(600062),虽然只持有3.4%的股权,但还是成了公司的第二大股东,并一直持续到现在。到2000年他又相继收购了有国际金融公司参股的华融化工65%的股权和四川科讯多媒体有限公司24%的股权。

此外,刘永好还踏足金融行业,于1993年倡导发起成立民生银行。虽然在银行的发起阶段,希望集团还没进入股东的前10位,但是从1999年5月到2000年5月,新希望先后完成了对民生银行股份的收购,成为占股9.99%的大股东。后经过刘永行处置股份、刘永好之女刘畅拍卖购股,刘畅代表南方希望持股量达4.7%,刘氏家族成为民生银行的第一大股东。这场银行争夺战的大获全胜,使刘永好走上了金融坦途。随后,2002年民生保险组建,总股本8亿,其中刘永好的新希望集团投资6000万元,成为民生保险的第一个发起股东。

2002年2月,新希望顺利进入"资金质量最好的信托公司"——福建联华信托投资公司,并以1.3亿的出资成为第二大股东。同年8月,四川南方希望还以2000万元的出资获得了金鹰基金管理公司20%的股权。2003年初,新希望又以5.6亿元在上海组建新希望投资公司,并将民生银行的股份置入其中。刘永好的目的是组建一个企业家的联合体,将大家的投资经验和闲置资本投入到国有企业MBO业务中,组成一个MBO基金,这也是新希望投资的业务方向,同时联华信托还可以为新希望投资提供一定的投资通道,产生资金与出口的联动效应。

2001年,刘永好还斥资10亿元杀入乳业,起点是阳平乳业。之后,新希望在全国迅猛扩张,在四川、云南、安徽等地,收购或控股了12家乳品企业,成为全国乳业"新力量"。

现在,新希望的产业结构就像一架飞机:新希望的总部是这架飞机的头,确定方向和实施决策;饲料业是飞机的身子,处于主要产业的位置;金融是飞机的左翼,房地产是飞机的右翼,而刚刚步入的高科技领域是尾翼——即使失败了,对全

第七章　基于企业成长过程的企业家胜任力结构及其跃迁方式案例分析

局损伤也不大。取得这样辉煌的战绩，离不开刘永好主动、自信的个性和强烈的成就欲，更离不开他超常的资本运作能力。

3. **影响他人**

虽然是私营企业，但刘永好认为在社会主义中国，整个财富都是社会的，而社会财富又分三块：一块是国家占有的；另一块是集体占有的；还有一块是个人占有的。个人占有的这一块，是由整个社会赋予的，应该回报一部分给社会。因此，他在1997年就提出了"私有公用"的新概念。在这种新概念的引导下，刘永好近几年投资光彩事业就近2亿元人民币，在凉山、达川、南充、三峡等老、少、边、穷地区兴建9家扶贫饲料工厂。此外，刘氏兄弟还捐款2000万元用于修路、办电、办学，其中兴建光彩小学、希望小学就达4所之多。这种高尚的情怀无疑为刘永好增添了极大的个人魅力，赢得了他人的尊重。在新希望集团，很多员工就是以老板刘永好为自己的目标。刘永好的人格魅力也为公司的职业经理人提高素质提供一个范本和动力，促使职业经理人主动融入企业、献身企业。

4. **关注成本**

新希望集团在做每一项投入时都会考虑到投入与产出的对比问题，慎重决策。新希望关注科技对生产力的促进作用，早在1995年新希望集团的信息化就已经开始实施，当时总公司申请了域名，建立了自己的网站，各集团公司内部都建立了相应的局域网，配备了各种基础硬件，这为集团以后的信息化发展奠定了基础。同时，新希望还建立了相关的技术部门，负责整个集团的信息化建设，保障网络及设备的正常运转。另外，业务人员还针对日常工作的需要，开发出各种灵活适用的小程序，以满足各部门的需求。如集团编辑部在内部报纸的派发上需要花费大量的人力、物力，而运用了技术人员开发的小程序后，既减少了人力又提高了工作效率。小范围内的技术研发，成本小，收益大，能切实地为企业解决实际问题。总之，集团一切以投入产出比为标准，推行但不崇尚ERP。公司并不急于一次性将ERP全部套用于整个生产流程，而是从各流程的特点出发，分部门实现信息化，例如首先在财务和物流这两大模块上进行试运行。新希望的ERP更多的是从自身实际出发，关注ERP所能带来的切实价值。这些反映了刘氏兄弟对成本和效益的关注。

（四）企业家通用胜任力体现

1. **学习能力、创新能力**

创业6年时间以后，刘永好4兄弟积累了1000万元，具有了年产15万只鹌鹑的能力，"育新良种场"成为全世界最大的鹌鹑养殖基地，这表明企业的原始积累已经完成。但是种植和养殖毕竟只是下游产业，处于较低层次，基本还是靠天吃饭，

我国民营企业家胜任力结构及其跃迁机理研究

以之为主业没有太多的发展前途。当时，农业大省四川正在兴起养猪热，但刘氏兄弟没有盲目跟风，而是凭借敏锐的商业直觉，转行做饲料。于是他们亲自去泰国正大参观，研究饲料。他们几乎倾其所有现金，投资300多万元，购买了国产颗粒机等设备。1989年，"希望"企业自行开发生产的"希望牌"一号乳猪全价颗粒饲料面世，质量与泰国"正大"饲料相媲美，于是，希望饲料一举成名。他们以此为依托，在很短的时间内建成了一座年产10万吨的猪饲料厂，育新良种场一下子变了，而且这一变就由靠天吃饭变成了靠市场吃饭。1990年1月，希望饲料的销量猛增到4000吨，超过了正大成都公司的销量。1991年，希望集团的产量和销售收入都增长了1.5倍左右，已经拥有过亿资产，并且与正大集团在西南形成了势均力敌的局面。1992年，他们注册成立希望集团，陈育新成为最早的法定代表人，饲料加工便成为了该集团的主导产业。他们这种急流勇退，转向上游产业的行为充分彰显出了企业家的良好学习能力和创新能力。

2. 信息搜寻与处理能力

新希望在创立之初通过多种渠道搜集各类信息，抓住了改革开放的机遇，并在艰难的道路中为自己开辟了一个走向未来的不断壮大之路。在农业大省四川正在兴起养猪热时，刘氏兄弟没有盲目跟风，而是凭借他们敏锐的商业直觉和信息收集与处理能力，最终从养殖鹌鹑转行到做饲料，之后希望饲料一举成名。在后来的成长道路上，新希望更是靠其超强的信息搜寻与处理能力，进入金融、房地产等新领域，成功实现多元化发展。

3. 识人用人能力

一方面，新希望在人才选拔上十分看重学历，但更看重实际工作能力；另一方面，新希望还特别看重一个人是否具备勤奋、敬业、守纪律和奉献精神以及创新意识。刘永好说，"这些条件不一定在一个人身上全部体现，关键是把不同特质的人用在不同的地方，以发挥他们的特长，我觉得这是最好的用人之道。"

新希望内部培养经理人时，首先分析集团未来的业务战略发展需要哪些人才、目前人才的现状，然后通过一系列的管理人员测评制度，如能力测量、素质评估、员工访谈等，找到需要和现状之间的差距，最后确定职业经理人发展的资质模型。人尽其用，实现员工和企业的共同成长，这是刘永好识人用人的基本原则。

4. 关注效益

正如本章前面所述，新希望集团在做每一项投入时都会考虑到投入与产出的对比问题，慎重决策（参见本章前述相关内容）。

5. 协调关系

刘永好认为，民营经济的发展离不开良好的政治环境。他不仅热爱自己的企业，还积极参加各种政治性社会活动。他深知自己企业的发展得益于国家改革开放的政策，他明白国家和民族的利益高于一切，有幸能参加关系国家和民族命运大事的商议，是自己最大的心愿，因此，他珍惜工商联副主席和全国政协常委的身份，尽力尽责。

新希望集团有一个让很多企业和企业家无法接受的经营理念，即"1：10"理念。用刘永好的话来说，就是要最少最少的得到、最多最多的给予。他认为，希望的上帝是农民，我们不是给农民1分利，从中切一半留给自己，也不是给农民3分利，从中切一半留给自己，而是依靠政策、科技、实干，尽全力让他们得10分利，我们才可以得1分利。中国之大，农民之多，1分利看起来小，但加起来就很大。基于这样的理念，新希望集团与客户、与公众建立了和谐的关系。

四、四川新希望集团有限公司企业家胜任力结构的跃迁方式

（一）自我跃迁

不管是在前期的创业阶段还是中后期的守业和展业阶段，刘氏兄弟都注重自身的持续学习，不断追求进步，以转化或提升自身的胜任力结构，满足企业成长的需要。由于刘氏兄弟的文化程度都较高，也具有较好的学习能力，因此，在企业的发展过程中，他们较少通过参加培训等正规教育系统来继续学习，相反，更多的是基于经验和社会网络来学习，如创业初期到泰国正大的参观学习以及中期通过走访美国、欧洲的知名企业来学习等，这种在实践过程中的"干中学"和基于关键事件的焦点学习，为企业家储存了经验、开阔了视野和累积了能力，使他们对未来关键事件的洞察和处理更为有效。而基于环境型和市场型网络的学习对于提升他们的创新和战略管理能力有巨大的帮助。

（二）叠加跃迁

刘氏兄弟各自挂帅之后便相继引进外来人才，配置高管副职或助理，进入决策高层，形成工作团队，以弥补、强化或转换自己的胜任力结构。集团刚分离后，老大引进一名博士任大陆公司总裁，老二欲出100万元高薪聘请东方公司总经理，老四则想建一条"人才高速公路"。

刘永好所领导的新希望集团一直非常重视对职业经理人的运用，他对职业经理人实行渐进授权，给予他们足够的自由决策空间，并且允许他们犯错误，保护和支持其开展工作。2008年，新希望集团的董事会由刘永好、刘永好的夫人和女儿以及三名职业经理人组成，可见其对人才叠加功效的看重。

（三）替代跃迁

同许多非公有制企业一样，希望集团在创业初期也是家族式管理的。20世

纪80年代，企业的对外代表是老三陈育新。90年代中期，陈育新隐退，刘永好成为家族的代言人，几个哥哥则在背后全力支持他。这种情况一直持续到1996年，当时陈育新有意复出，而且刘永好一直忙于扩张也无暇料理集团事务。所以，刘永好提议让二哥来做法定代表人，并获得了刘永言和陈育新的同意。刘永行遂于1996年接替刘永好成为了希望集团的法定代表人，而刘永好则专心打造自己的新希望集团。直至后来，兄弟4人明晰了产权，各自挂帅，才再一次改变了格局。刘氏兄弟之间极强的凝聚力和他们各自受限的时间、精力以及发展重心使得新希望集团形成了较为独特的替代跃迁。2013年5月，刘永好退休，其女儿刘畅任董事长，董事陈春花出任新希望联席董事长，并兼任CEO。这是一次十分特别的企业家胜任力结构替代跃迁。之所以特别，是因为新希望在董事长职位上同时出现了两个人，一个是刘永好的女儿刘畅，任董事长，另一个是管理专家陈春花，任联席董事长，且后者兼任CEO。所以，准确地说，新希望的这次企业家胜任力结构跃迁既具有叠加跃迁的性质，又具有替代跃迁的形式。

第五节　红豆集团有限公司案例分析[1]

一、红豆集团有限公司简介

红豆集团有限公司（简称红豆或红豆集团）是江苏省重点企业集团，多年来，红豆以优异的销售业绩稳居中国服装业百强亚军。从企业草创的1957年，到走出困境的1983年，再到目前产业相对多元化，走过了辉煌的创业历程。企业产品也从最初的针织内衣，发展到服装、橡胶轮胎、生物制药、地产四大领域。2001年1月，"红豆股份"在上交所上市，企业开始迈入资本经营。

红豆集团有10家子公司，其中一家为上市公司。集团目前有员工2万多名，间接带动就业10万人。1994年红豆服装被评为"中国十大名牌"；2004年4月，"红豆"被评为"中国十大最具文化价值品牌"；2007年3月，"红豆"荣获中国服装行业最高殊荣——成就大奖。2007年4月，红豆成为国内首家通过"CSC9000T企业社会责任"认证的企业；2008年1月，红豆荣获"领袖气质——2007CCTV年度雇主调查"最具分享精神雇主特别奖。2010年6月，红豆集团被国家工商总局认定为首批商标战略实施示范企业，成为江苏唯一一家入选企业。2011年11月，红豆集团获

---

[1] 本节案例资料来源：（1）红豆集团公司官方网站；（2）中国重要报纸全文数据库；（3）中国学术期刊网络出版总库；（4）中国优秀硕士学位论文全文数据库；（5）中国博士学位论文全文数据库；（6）百度搜索工具搜索的其他有关红豆集团及其企业家的公开信息。

第七章　基于企业成长过程的企业家胜任力结构及其跃迁方式案例分析

得"CCTV中国年度品牌"。2012年5月，红豆集团技术中心被评为国家级技术中心，成为中国纺织服装行业拥有国家级技术中心的唯一一家企业。

2012年产销同比增长15%，税收同比增长29%。专利产品销售达20多亿元。

二、红豆集团有限公司的成长阶段

（一）创业阶段：1957年~1994年

1957年草创，1983年，港下针织厂迎来了真正的春天，一个叫周耀庭的普通农民以他天生的企业家禀赋，对这个饱经沧桑的小厂进行了大刀阔斧的改革，这个设备、工艺落后的祠堂小厂开始了划时代意义的蜕变，也带来了红豆集团今后的辉煌。

（二）守业阶段：1995年~2001年

1995年，就在服装产业如日中天的时候，已担任集团公司副总经理的周海江为避免行业单一的风险，提出了集团适度多元化的发展思路。之后的红豆集团产业逐渐多元化，并大力推进品牌建设，实现转型升级：由生产经营型向创造运营型转变、由资产经营型向产融结合型转变、由国内企业向跨国企业转变、产业升级及竞争力升级。企业产品也从最初的针织内衣，发展到服装、橡胶轮胎、生物制药、地产四大领域。2001年1月，"红豆股份"在上交所交易，企业开始迈入资本经营。

（三）展业阶段：2002年至今

2001年1月，"红豆股份"的上市标志着红豆集团迈入资本经营阶段。2007年，在国家鼓励企业"走出去"政策的激励下，红豆迈出了又一个关键一步——到柬埔寨创办占地11.08平方公里的经济合作开发区，这也是国家商务部批准的首批8大境外园区之一。现在，红豆在柬埔寨工业园道路、水电、办公区域等基本设施已经建好，已有7家企业签约，3家企业入住。集团有十家子公司，其中一家为上市公司，拥有美国纽约、洛杉矶两个境外分公司，产品出口20多个国家和地区。

三、红豆集团有限公司成长不同阶段的企业家胜任力体现

（一）创业阶段的企业家胜任力体现

对创业阶段一些具体事项的处理体现了周耀庭的分析与机会捕捉能力以及资源获取能力。

当周耀庭到港下针织厂任厂长时，小厂只有8台老掉牙的棉纺车，仓库堆满了库存，工人大部分都回家了。但是他认为国家出台了改革开放的大好政策，只要工厂管理方法得当，有资金，小厂就能起死回生。于是，他就跑银行借贷款，而根据厂子以前的信誉，银行拒绝了，没办法，周耀庭只好用自家的房产做抵押，借了

我国民营企业家胜任力结构及其跃迁机理研究

6500元,买回了一吨棉纱。这件事情一方面体现了周耀庭的资源获取能力,另一方面也体现了他的分析与机会捕捉能力。周耀庭之所以不惜拿自家房产做抵押贷款为企业买原材料,是因为他捕捉到了当时改革开放的信息,并认为当时是一个创业的大好时机。

1992年6月16日,无锡市太湖针织制衣总厂,联合多家企业、院校、科研单位,成立江苏省首家乡镇企业集团——江苏红豆针纺集团,集团下设7个子公司,周耀庭出任董事长兼总经理。

(二)守业阶段的企业家胜任力体现

1. 资源配置能力

1995年,就在服装产业如日中天的时候,已担任集团公司副总经理的周海江为避免行业单一的风险,提出了集团适度多元化的发展思路。经过一段时间的市场调查,周海江倾向涉足摩托车及橡胶行业,他看好这一市场,并迅速投资5000多万元建成了初具规模的生产线。其后,摩托车产业不断扩大,从二轮到三轮再到电动车,形成了集团的一大产业。摩托车产业的形成还带动了红豆橡胶轮胎制造业的发展,使其成为红豆集团的又一大支柱产业。

2. 团队与文化营建能力

企业文化像一只无形的手,为红豆的发展不断增添强大的动力。红豆意味着忠诚、美好、吉祥、如意,它激发红豆人的民族自豪感,树立追求美好事物的信念,发扬爱厂如家、忠于职守、勤奋敬业、无私奉献的精神。

红豆将创名牌产品与培养名牌员工同时并举,实行员工上岗前全员培训制度,开办红豆中专学校、红豆大专班,为企业的发展造就一大批后备人才。1995年10月,红豆推举思想好、素质高、忠于"红豆"事业的邱飞萍、戴玉红等10名外来妹上大学。这一举措极大地激发了3000多红豆妹热爱红豆事业的积极性,同时使员工产生了巨大的向心力和凝聚力。

红豆以人为本,为每一位员工营造"家"的环境。现在,来自全国各地的1000多名大学生和海内外的高级技术管理人才在红豆集团的不同岗位上工作。2002年6月,红豆投入巨资在原有的两幢人才楼基础上建起了豪华气派的红豆花园,专供外来人才居住。在红豆集团的两万多名员工中,有一大部分是外来工,企业在发展的同时自觉地维护外来员工的合法权益。1992年6月集团成立了以服务外来员工为宗旨的工会组织,把对员工的关爱真正落实到行动中。在红豆集团,员工们不仅有专门的宿舍、食堂和标准的安全生产装备,而且享有丰富的文娱生活。每逢重大节日,公司高层领导宁愿放弃和家人团聚的机会,也要和工人们在一起用餐,并利用

第七章 基于企业成长过程的企业家胜任力结构及其跃迁方式案例分析

这一机会和一线工人沟通信息。红豆集团和谐的员工关系和以爱为中心的企业文化的形成离不开周耀庭和周海江突出的文化营建能力。

3. 规范管理

企业发展起来以后，周海江对企业管理制度进行了全面的兴利除弊的改革。他率先在企业内部推行"三制"、"三零"和"三变"，"三制"即内部市场制、内部股份制和考核责任制；"三零"为应收款为零、库存为零、不良品为零，有效提高了企业的运行质量；"三变"即从资产经营向资本经营转变、从产品经营向品牌经营转变、人才的选拔从领导的任命向竞争上岗转变。随后又出台了"四制联动"——母子公司制、内部市场制、内部股份制、效益承包制联动，这些企业管理制度的建立和变革，大大增强了企业的竞争力。

4. 战略规划

创业初始，周耀庭就有长远的战略规划，并具有品牌意识。他认为产品要有市场，必须创出名牌，首先应该给产品取个有内涵的名字。当时港下针织厂的产品名字叫"山花"，周耀庭认为这实在是太土，不利于新产品打开市场，最后太湖边的这棵红豆树给了周耀庭灵感。相传那是梁朝昭明太子萧统因思念恋人而含泪所栽，唐代大诗人王维因此写下了《相思》："红豆生南国，春来发几枝，愿君多采撷，此物最相思。"于是，周耀庭决定用具有民族特色的"红豆"做商标，借"红豆"之名，扬产品之名、企业之名，1984年红豆品牌就这样诞生了。

1993年美国的"玛格丽"牌服装公司就曾到红豆集团洽谈贴牌生产项目，但周耀庭与其他企业高层人员认真考虑后拒绝了他们的要求，他们认为接订单虽然是一种快捷的赚钱方式，但只能使企业兴旺一时，企业的持续经营还是要靠品牌，品牌可以成为企业几代人的追求，使企业保持长盛不衰，其远见卓识可见一斑。

周耀庭之子周海江于1988年进入红豆集团，在"红豆"成长的29年里，他伴随了24年，尽管后来也是"子承父业"，但可以说他是个"一代半"的企业家，一直帮辅着父亲。周海江也是高瞻远瞩，到红豆工作不久，就提出"创名牌"的建议。那时，许多企业连产品商标都没有，更不要说创名牌了。周海江先人一步地建议在中央电视台投资160万元做广告，这让厂部一班人意见很难统一，有人说这笔钱等于工厂全年的利润，可以买很多设备，也可以造很多厂房，而广告则是可做可不做的事情，弄不好等于打水漂。但是周耀庭坚定支持周海江，借了钱上央视做广告。160万元广告费，在当时的央视已算大户，而广告效果比今天花1.6亿元还强。"红豆"品牌也由此较早地印入消费者心中，于是产品销路迅速拓展，而且红豆品牌成为首批"中国驰名商标"。

（三）展业阶段的企业家胜任力体现

1. 资源整合与危机应对能力

在2001年红豆股份上市以后，红豆集团便逐渐实施了产业相对多元化策略，以整合资源大力推进品牌建设，实现集团多重转型升级，即由生产经营型向创造运营型转变、由资产经营型向产融结合型转变、由国内企业向跨国企业转变，并最终达到产业升级和竞争力升级的目的。企业的产品也从最初的针织内衣发展到服装、橡胶轮胎、生物制药、地产四大领域。这样不仅丰富了品牌内容，同时也分散了风险，提高了红豆集团的危机应对能力。

2. 资本运作能力

2001年1月8日，江苏红豆实业股份有限公司5000万A股在上海证券交易所成功上市，为"红豆"净募集资金3.58亿元。周海江将募集到的3亿多元资金投入到8个项目中，使4.2平方公里的红豆科技工业园初具规模。此后，他又积极为公司寻找新的经济增长点，2002年成立了红豆置业公司，开拓房地产市场，并很快获得成功。

2002年、2003年红豆先后在美国纽约、洛杉矶成立了分公司。为更直接地面向国际市场，红豆以音译字母"Hodo"为设计创意，推出企业全新标志和品牌形象。此外，红豆还与著名设计师王鸿鹰联手，于2005年11月底推出了Hodo高档女装，经过一年的市场开拓，Hodo高档女装已顺利进驻国内二十多个中高档商场。

2006年1月24日，红豆股份又高票通过股改，企业开始进入全流通时代。红豆在一个产权清晰的现代企业制度下寻找新的发展。2011年以后，一方面为了实现服装业务的国际化，红豆集团开始着手对国外服装品牌的收购；另一方面，还着力为旗下橡胶轮胎与生物制药两大业务进行上市布局。

（四）企业家通用胜任力体现

1. 学习能力

限于周耀庭所处的那个年代，他所接受的教育十分有限，但他非常善于从专家顾问那里以及实践中学习，不管是国内的还是国外的，他一点都不保守，博采众长，见到好的就学，而且能够学以致用，这是一个企业家十分可贵的品质。

2. 创新能力

周耀庭深信民营企业不创新就没法生存，不创新就没法发展。因此，他坚持把自主创新放在首位。早在1998年，周耀庭就拆巨资，与法国著名的ESMOD服装设计学院联合创办了"红豆—ESMOD国际培训中心"，并邀请法国教授长期授课，为红豆培养国际水平的设计师，以提高红豆产品的设计含量和品牌形象。以红豆集团旗

第七章　基于企业成长过程的企业家胜任力结构及其跃迁方式案例分析

下的著名时尚休闲品牌依迪菲为例，设计人员中有70%为"红豆—ESMOD国际培训中心"的毕业生。

他不仅对传统产业进行技术创新，还抓住时机，通过人工培育红豆杉来提炼抗癌良药紫杉醇，向高科技产业生物制药领域进军。现在，红豆年专利的拥有量已经达到226件，被评为全国专利试点先进单位，专利产品的销售额占企业总销售额的1/4。

此外，他还对制度进行创新，其中最为重要的就是产权制度的改变。过去许多企业家认为，只有将企业的股份由一人掌握，才有利于集中管理，统一经营。而周耀庭则认为只有企业内部的高层人员都持股，将大家的利益与企业相联，企业才能更加有活力。

3. 识人用人能力

在选拔人才上，周耀庭变一贯的"相马"为"赛马"，让人才在竞争中脱颖而出。他说"能者上，庸者下"不是把有能力的人推上去，把没有能力的人拉下来，而是要让他们心甘情愿，没有能力的主动下，有能力的通过毛遂自荐主动上。"能人"的标准不是哪一个干部说了算，而是由员工、业绩和市场说了算。红豆董事会、监事会、经理层的"三权制衡"和所有权、经营权的"两权分离"，促使红豆集团形成了责权分明、各司其职、相互激励又相互制约的良性循环，以及"能者上，庸者下"的竞争局面。可见，周耀庭用人非常民主，就连他的接班人也是采取海选的方式，他的儿子周海江是披荆斩棘、几经筛选，才最后取得胜利的。

4. 协调关系

红豆集团始终积极承担社会责任，作为一个民营企业，它首先创造了2万多个就业岗位，解决了不少人的就业问题，每年还会上缴数亿元的利税。而且，红豆一直热心公益，1995年，红豆出资10万元为身患白血病的北京服装学院毕业生宋颜圆了举办个人时装展的梦想，同时出资5万元为她做了骨髓移植手术；出资1200多万元，帮助无锡市内外的8个村、12个厂发展经济，并在锡山市荡上村和延安市黄陵县建起了红豆小学。1996年教师节前夕，周耀庭带着价值40万元的4000件红豆衬衫，慰问革命老区的贫困教师。2004年红豆集团捐款200万，让贫困大学生回家过春节。2005年7月，红豆捐出23.6万元来资助巴中市巴州区青木乡76位老红军的遗孤，帮助他们走上脱贫致富之路。这一切也使得红豆与政府、公众建立起了良好关系。

四、红豆集团有限公司企业家胜任力结构的跃迁方式

（一）自我跃迁

无论是红豆集团的第一代企业家周耀庭，还是第二代企业家周海江，都非常注重自身的学习。除了在实践中的"干中学"和基于社会网络的学习，他们还非常注

重参加正规教育系统的学习。如周海江最大的业余爱好就是学习，他每天的工作时间超过15个小时，但无论多忙，他总要抽出时间来学习。多年来，他进中央党校学政治，进南京大学学计算机，进美国马里兰大学学经济管理理论，还参加CEO进修班学习管理实战技能。2003年8月完成了美国西南国际大学与上海同济大学联合开设的博士生课程并取得博士学位。两代企业家都十分注重学习积累，正是这种学习积累帮助他们不断完善自身的胜任力结构，并引领企业发展。

（二）叠加跃迁

由于时代原因，周耀庭那一代人的文化程度比较低，接受教育也比较少，因而管理方法趋于定性和粗放，他们可能在严格管理和人情化管理上做得很好，但是通常不谙科学管理。因此，随着企业的不断壮大，周耀庭积极引进人才，聘请职业经理人，包括召回毕业于深圳大学、被分配在河海大学任教的儿子周海江来辅佐企业，这些做法都是顺应现代企业发展的要求，学习西方先进经验，以形成企业家决策团队，最终达到企业家胜任力结构叠加跃迁的目的。

（三）替代跃迁

虽然最终子承父业，周海江从父亲周耀庭手中接过了红豆集团的管理权杖，但是中间历经磨练。之前，总经理一度曾是外聘的非家族人士，直至2004年9月15日，周海江才通过海选，从20个候选人里脱颖而出，以绝对高票当选为红豆集团新一任总裁，从而完成了企业家胜任力结构的替代跃迁。

第八章
本课题研究的
结论、不足与未来研究展望

一、本课题研究的主要结论

改革开放三十余年,中国民营企业取得了长足的发展,但是哪些因素促进了中国民营企业的发展呢?这个问题引起了无数学者的兴趣,有学者从宏观环境去寻因,也有学者从微观机制上去寻因……在我们看来,企业家胜任力结构是推进企业成长不可或缺的重要因素。那么,能够推进企业成长的企业家胜任力究竟又有哪些呢?企业成长不同阶段的企业家胜任力结构存在差异吗?不同地区、不同行业的企业家胜任力结构存在差异吗?

本研究在对已有企业家胜任力相关研究进行综述的基础上,从企业成长不同阶段企业家面临的焦点问题出发,首先构建了一个基于企业成长不同阶段的企业家胜任力结构理论模型;其次基于企业家访谈修订这个模型;再次,使用统计分析方法检验了修订模型;又次,基于经验研究探讨了企业家胜任力结构的跃迁机理,最后通过案例分析进一步诠释了企业家胜任力结构及其跃迁机理。

(一)对企业成长阶段的重新划分

本研究根据自身研究课题的需要,结合已有的企业成长相关研究成果,以规

我国民营企业家胜任力结构及其跃迁机理研究

模因素和管理因素为标准,借鉴贾生华(2004)的表述,将企业成长过程划分为创业、守业和展业三个阶段(如图8-1所示)。

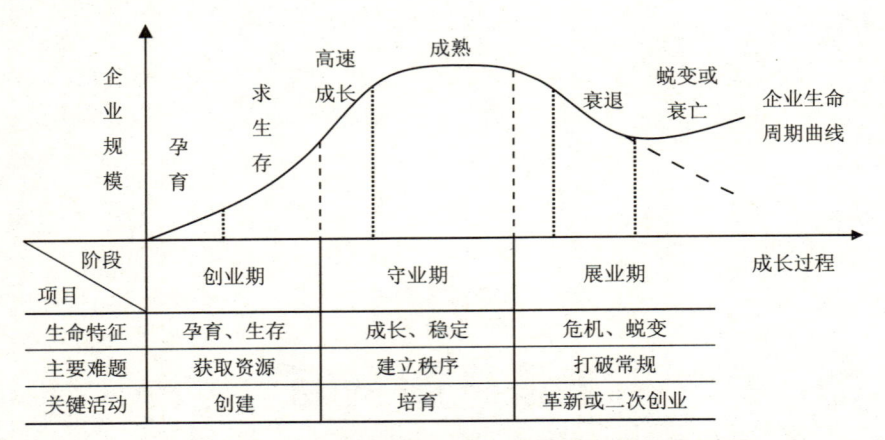

图8-1 企业成长过程与创业、守业和展业三个阶段

阶段项目	创业期	守业期	展业期
生命特征	孕育、生存	成长、稳定	危机、蜕变
主要难题	获取资源	建立秩序	打破常规
关键活动	创建	培育	革新或二次创业

创业阶段就是孕育和新建一个企业,并使企业在生存下来之后以一定速率继续成长的阶段。在创业期,企业在解决了生存问题以后,推出了合适的产品,拓展了一定的市场。但这时候企业各方面条件都很不完备,或者说很不成熟,没有稳固的持续发展能力。所以,怎样获取资源是这一阶段企业面临的主要难题。守业阶段是指企业制度化、规范化,并走向成熟,自动适应环境的阶段。守业不是静态地固守积存的企业资产,而是要在进一步获取企业资源的动态过程中,通过规范化的管理使企业资源实现优化配置、企业能力得以充分发挥。因此,这一阶段企业面临的主要难题是如何建立有效的经营管理秩序。展业阶段,则是指企业通过兼并、重组或二次创业,整合资源,寻找新的市场机会和增长点,突破瓶颈或起死回生,继续或再度成长的阶段。它是指企业通过拆分、调整、重组或兼并、创新和变革,应对生命老化或衰退,通过重建品牌、重塑市场或创新客户增强企业影响力或促使企业获得新生的过程。这一阶段企业遭遇的主要难题是如何打破常规,使企业摆脱僵化而持续成长或使企业扭转颓势而蜕变重生。

(二)对企业成长不同阶段特征、难题和企业家焦点活动的辨析

在对企业成长不同阶段重新划分的基础上,为了更好地揭示企业家胜任力结构这个研究主题,本研究对企业成长不同阶段的特征、难题和企业家焦点活动进行了较为深入的辨析(如表8-1和8-2所示)。

(三)提出了一个企业家胜任力结构的理论模型

本研究在对已有企业家胜任力研究文献的基础上,根据我们所辨析的企业成长不同阶段特征、难题和企业家的焦点活动,将企业家胜任力结构从横向分成了两

第八章 本课题研究的结论、不足与未来研究展望

类,即适用于企业成长所有阶段的通用胜任力和对应于企业成长不同阶段的专用胜任力,从纵向分成三类,即创业胜任力结构、守业胜任力结构和展业胜任力结构,而后通过对11位在职企业家的访谈进行分析整理,形成了企业家胜任力结构理论模型(如表8-3所示)。

表8-1　　　　　　　　　　　　　　　　　　　　　　　　　　　　　　企业成长不同阶段的特征

特征	企业成长阶段		
	创业	守业	展业
市场竞争	高度不确定性 行业竞争弱	业内竞争趋烈 多样化竞争	剧烈 全方位竞争
组织结构	非正式 集权领导	正式复杂 分权专业化管理	臃肿官僚 集权合法化
市场份额	由低渐高 有潜力	快速增加 市场趋于饱和	增长乏力 市场饱和
产品	新颖 不稳定	量质稳定 渐趋老化	老化 更新换代
财务状况	资金缺口大 融资渠道狭窄	稳定良好 资产配置多元化	不佳 资产配置结构劣化
文化	非规范化 企业家文化	渐趋规范 企业文化	僵化 官僚文化

表8-2　　　　　　　　　　　　　　　　　　　　企业成长不同阶段的难题与企业家的焦点活动

企业成长阶段	企业的主要难题	企业家的焦点活动	
		焦点事项	具体活动
创业	机会难握	寻找、识别和捕捉创业机会	寻找创业机会;识别创业机会;捕捉创业机会
	资源匮乏	寻找并取得人力、财力资源	寻找合作伙伴;获取财政支持;获取关键人力资源
	市场弱小	推介产品和开拓市场	宣传推介产品;开拓市场
守业	竞争力缺乏	培育核心竞争力	对产品重新定位;选择主营业务;做大做强品牌;权衡多元化经营;企业其他核心竞争力的培育
	营运效率递减	推进规范管理	优化组织结构;再造业务流程;规范和完善管理制度;明确资源配置方向;提高执行力
	创新精神减弱	激发创新精神	从企业发展史中提炼企业价值观;弘扬企业创新精神;塑造企业英雄;规范企业文化
展业	重塑战略	推进企业重组或战略转移	产品或服务创新;突破发展方向和战略转移;拓展新的经营领域;收缩经营领域
	资源不足且配置劣化	获取资源并重组资源	寻求政府政策支持;利用企业网络获取财务资源;获取和留住关键人才
	结构臃肿和文化僵硬	推进组织变革和文化创新	创新组织结构;创新企业文化;调整利益关系

表8-3　　　　　　　　　　　　　　　　　　　企业家的通用胜任力结构与专用胜任力结构

阶段 \ 项目	专用 能力	专用 行为	通用 个性	通用 能力	通用 行为
创业	资源获取能力、分析与判断能力、机会捕捉能力	勾画愿景、未来承诺、权威导向、个人表率	主动、自信、直觉、冒险、持久性、成就欲	学习与创新能力、信息搜寻与处理能力、组织与决策能力	协调关系、关注效率、识人用人
守业	资源配置能力、团队建设能力、文化营建能力	战略规划、指导与授权、品牌提升、服务客户			
展业	资源整合能力、市场创造能力、资本运作能力	保持警觉、危机处理、影响他人、关注成本			

（四）实证分析并形成了我国民营企业家胜任力结构模型

1. 企业家通用胜任力结构

本研究通过问卷调查，采用主成分分析法，利用SPSS17.0对预测试数据进行因子分析以及利用AMOS17.0对正式测试数据通过路径建模进行验证性因子分析，最后得出的企业家通用胜任力结构包括"学习能力、创新能力、信息搜寻与处理能力、识人用人能力、关注效益、协调关系"6个因子，分别属于"能力"与"行为"这两个维度（如表8-4所示）。

2. 企业家创业型胜任力结构

本研究通过问卷调查，采用主成分分析法，利用SPSS17.0对预测试数据进行因子分析以及利用AMOS17.0对正式测试数据通过路径建模进行验证性因子分析，最后得出的企业家创业型胜任力结构包括"分析与机会捕捉能力、资源获取能力、勾画愿景与承诺、权威"4个因子，分别属于"能力"与"行为"这两个维度（如表8-5所示）。

第八章 本课题研究的结论、不足与未来研究展望

表8-4　　　　　　　　　　　　　　　　　　　　　　　　　　　企业家通用胜任力结构

胜任力层次、维度		序号	题项
通用胜任力结构	能力		
	学习能力	1	善于从社会关系中丰富知识
		2	善于从实践活动中整合知识
	创新能力	3	善于发现解决问题的新方法、新手段
		4	敢于打破常规做事
	信息搜寻与处理能力	5	善于从多种渠道搜集各类信息
		6	根据需求加工并筛选出关键信息
		7	将各类资源按某种目的合理组合起来
	识人用人能力	8	善于寻找人才
		9	善于识别人才
		10	善于使用和激励人才
	行为		
	关注效益	11	积极行动并对可能发生的事情提出预案
		12	有很强的时间观念
		13	能用科学方法和手段在多方案中选择最优方案
	协调关系	14	与政府部门、公众媒体建立良好关系
		15	与金融机构建立良好关系

表8-5　　　　　　　　　　　　　　　　　　　　　　　　　　　企业家创业型胜任力结构

胜任力层次、维度		序号	题项
创业型胜任力结构	能力		
	分析与机会捕捉能力	1	能将复杂问题简单化并剖析出其规律性
		2	能自如地应对和化解难题
		3	能察觉到潜在需求
		4	能察觉到未被使用并可满足潜在需求的资源
	资源获取能力	5	能通过各种方法获得财务资源
		6	能通过各种途径获得信息资源
		7	能通过各种途径寻找到合作伙伴
	行为		
	勾画愿景与承诺	8	向合伙人描绘企业未来蓝图
		9	向员工表明企业发展将为其带来什么利益
		10	向合伙人表明企业发展将为其带来什么利益
	权威导向	11	以自己为中心做决定
		12	借助个人权力推动工作执行

3. 企业家守业型胜任力结构

本研究通过问卷调查，采用主成分分析法，利用SPSS17.0对预测试数据进行因子分析以及利用AMOS17.0对正式测试数据通过路径建模进行验证性因子分析，最后得出的企业家守业型胜任力结构包括"资源配置能力、团队与文化营建能力、战略规划、规范管理"4个因子，分别属于"能力"与"行为"这两个维度（如表8-6所示）。

表8-6 企业家守业型胜任力结构

胜任力层次、维度			序号	题项
守业型胜任力结构	能力	资源配置能力	1	能够找准主营业务
			2	能够根据需要合理调整资源的使用方向
			3	合理授权，并持续反馈，有效控制
			4	为客户提供满意产品和周到服务
		团队与文化营建能力	5	能根据任务、职责搭建团队并指明团队目标和方向
			6	协调物质、精神文化建设，明确企业宗旨、使命和价值观
			7	塑造典范引导员工行为
	行为	战略规划	8	制定战略规划与分步目标
			9	明确战略重点与战略措施
		规范管理	10	调整组织结构和岗位设置，明确职责分工
			11	规范各项管理制度、标准及业务流程

4. 企业家展业型胜任力结构

本研究通过问卷调查，采用主成分分析法，利用SPSS17.0对预测试数据进行因子分析以及利用AMOS17.0对正式测试数据通过路径建模进行验证性因子分析，最后得出的企业家展业型任力结构包含"资源整合与危机应对能力、资本运作能力、影响他人、关注成本"4个因子，分别属于"能力"与"行为"这两个维度（如表8-7所示）。

（五）对企业家胜任力结构自我跃迁、叠加跃迁和替代跃迁及其机理进行了探讨

本研究认为，为了满足企业成长对企业家胜任力结构的需要，企业家胜任力结构应当随企业成长而发生转换，即企业家胜任力结构从一种结构转换为另一种结构，我们称之为"企业家胜任力结构跃迁"。

本研究将企业家胜任力结构跃迁分为三种类型或方式，即自我跃迁、叠加跃迁和替代跃迁。自我跃迁是指企业家利用企业内外部各种资源主动学习，自我转换和升级企业家胜任力结构的过程；叠加跃迁是指企业家（或企业决策机构）通过企业组织机制，在企业家职位周围进行人员叠加布局（如配置高管副职、助理，或外聘顾问等），以弥补或转换企业家胜任力结构的过程；替代跃迁是指企业家（或企业决策机构）通过企业组织机制替换企业家而实现企业家胜任力结构转换或提升的过程。

第八章 本课题研究的结论、不足与未来研究展望

表8-7　企业家展业型胜任力结构

胜任力层次、维度		序号	行为描述
展业型胜任力结构	能力		
	资源整合与危机应对能力	1	优化已有资源的配置
		2	挖掘需求并引导需求，不断开拓新市场
		3	密切关注内外环境变化，调整企业战略，有进有退、有取有舍
	资源整合与危机应对能力	4	敏锐察觉可能发生的危机并建立应对机制
		5	出现危机时反应迅速，积极应对
		6	危机过后总结反思
	资本运作能力	7	利用发行股票、债券等方式优化资本结构
		8	利用拆分转让、收购、重组等方式优化经营结构
		9	进行投资组合，分散投资风险
	行为		
	影响他人	10	能以自己的言行改变他人思想与行为
		11	有个人魅力，受他人尊重
	关注成本	12	采用新技术、新工艺、新方法降低各项成本
		13	熟知财务状况，注重开源节流
		14	精简机构，裁减冗员

1. 企业家胜任力结构的自我跃迁机理

企业家是通过学习而实现其胜任力结构的自我跃迁的。企业家胜任力结构的第一次自我跃迁（即从创业型胜任力结构向守业型胜任力结构的转换以及通用胜任力结构的维持）与企业家学习之间的关系机理如表8-8、8-9所示。

2. 企业家胜任力结构的叠加跃迁机理

本研究将叠加跃迁分为三种类型或方式，即分权叠加跃迁、依附叠加跃迁和嵌入叠加跃迁。分权叠加跃迁是指企业家（或企业决策机构）通过组织机制在组织高层配置（如行政、人力、财务、营销和生产等）副职或总监职位等，形成分权式工作团队，以优化、弥补或转换企业家胜任力结构的过程；依附叠加跃迁是指企业家（或企业决策机构）通过组织机制在组织高层设置助理（如董事长助理、总裁助理或总经理助理等），形成协助式工作团队，以优化、弥补或转换企业家胜任力结构的过程；嵌入叠加跃迁是指企业家（或企业决策机构）通过聘请顾问（如设计顾问、管理顾问和销售顾问等）或与咨询公司进行项目合作，形成嵌入式工作团队，以优化、弥补或转换企业家胜任力结构的过程。

在企业成长不同阶段，企业采取分权叠加的领域有所不同，相应地通过分权叠加方式所实现的企业家胜任力结构跃迁的内容也存在差异（如表8-10所示）。

我国民营企业家胜任力结构及其跃迁机理研究

表8-8　　　　　　　　　　　　　　　　　　　企业家胜任力结构的第一次自我跃迁与企业家学习

学习目的	主要学习内容	主要学习途径	主要学习方式
企业家维持通用胜任力结构	●学习方法与创新方法●优秀企业家成功案例●信息搜寻、处理技术与方法●管理基础理论、管理前沿理论及其管理实践●沟通与协调技巧●时间管理●效率与效益●识人、用人方法和技巧	在企业成长过程中相机选择适宜的途径进行学习	在企业成长过程中综合使用各种学习方式进行学习
企业家胜任力结构的第一次自我跃迁	●管理哲学与管理心理学基本知识●计划管理方法●预算管理方法●企业战略规划与管理●企业文化及其建设●品牌建设与管理●企业管理制度与流程建设●团队建设与管理	教育培训系统	"转移——吸收"
		社会关系网络（环境性网络、市场型网络）	"互动——进化"
		经验	"探索——反思"

表8-9　　　　　　　　　　　　　　　　　　　企业家胜任力结构的第二次自我跃迁与企业家学习

学习目的	主要学习内容	主要学习途径	主要学习方式
企业家维持通用胜任力结构	●学习方法与创新方法●优秀企业家成功案例●信息搜寻、处理技术与方法●管理基础理论、管理前沿理论及其管理实践●沟通与协调技巧●时间管理●效率与效益●识人、用人方法和技巧	在企业成长过程中相机选择适宜的途径进行学习	在企业成长过程中综合使用各种学习方式进行学习
企业家胜任力结构的第二次自我跃迁	●企业战略转移与战略联盟●创造市场或创造客户●企业拆分、重组与多元化●企业兼并、收购与破产的理论与实践●企业危机管理●金融工具及其使用●企业风险管理●成本效益管理	经验（关键事件）	"探索——反思"
		社会关系网络（环境性网络、市场型网络）	"互动——进化"
		教育培训系统	"转移——吸收"

第八章 本课题研究的结论、不足与未来研究展望

表8-10　　　　　　　　　　　　　分权叠加的领域与企业家胜任力结构跃迁的内容

项目 成长阶段	最有可能采取 分权叠加的领域	分权叠加可能提供的 知识	分权叠加（优化或弥补） 跃迁的企业家胜任力结构
创业阶段	产品生产技术；产品销售与市场开拓等	产品生产技术知识；产品销售与市场开拓知识等	资源获取能力；信息搜寻与处理能力；勾画愿景的能力等
守业阶段	产品设计；战略规划与管理；营销管理；人力资源管理；文化建设等	产品创新知识；战略规划与管理知识；营销管理知识；人力资源管理知识；文化营建知识等	资源配置能力；团队建设能力；文化营建能力；战略规划能力；规范管理能力等
展业阶段	投资与风险管理；事业拓展管理等	资本营运知识；多元化经营知识；战略联盟知识；再创业知识；官僚文化革新知识等	资源整合能力；市场创造能力；资本运作能力；危机处理与风险管理能力等

同理，在企业成长不同阶段，企业采取依附叠加的领域有所不同，相应地通过依附叠加方式所实现的企业家胜任力结构跃迁的内容也存在差异（如表8-11所示）。

表8-11　　　　　　　　　　　　　依附叠加的领域与企业家胜任力结构跃迁的内容

项目 成长阶段	最有可能采取 依附叠加的领域	依附叠加可能提供 的知识	依附叠加（优化或弥补） 跃迁的企业家胜任力结构
创业阶段	行政管理；公共关系管理；财务管理等	行政管理知识；公共关系知识；财务管理知识等	信息搜寻与处理能力；协调关系等
守业阶段	法律法规；产品设计；营销管理；战略规划与管理等	法律知识；产品创新知识；营销管理知识；战略规划与管理知识等	团队建设能力；战略规划；品牌提升、服务客户、协调关系等
展业阶段	投资与风险管理；事业拓展管理等	资本营运知识；多元化经营知识；战略联盟知识等	资本运作能力；危机处理等

同理，在企业成长不同阶段，企业采取嵌入叠加的领域有所不同，相应地通过嵌入叠加方式所实现的企业家胜任力结构跃迁的内容也存在差异（如表8-12所示）。

表8-12　　　　　　　　　　　　　　　　嵌入叠加的领域与企业家胜任力结构跃迁的内容

项目 成长阶段	最有可能采取嵌入叠加的领域	嵌入叠加可能提供的知识	嵌入叠加（优化或弥补）跃迁的企业家胜任力结构
创业阶段	生产技术；产品销售与市场开拓等	生产技术知识；产品销售与市场开拓知识等	分析与判断能力；信息搜寻与处理能力等
守业阶段	产品设计；组织变革与流程再造；战略规划与管理；文化营建等	产品创新知识；组织变革与流程再造知识；战略规划与管理知识；文化建设知识等	团队建设能力；文化营建能力；战略规划；规范管理；品牌提升等
展业阶段	投资与风险管理；事业拓展管理；创新管理等	资本营运知识；多元化经营知识；战略联盟知识；再创业知识；官僚文化革新知识等	革新组织和官僚文化；市场创造能力；资本运作能力；危机处理等

此外，本研究还从企业家自身因素、企业因素和环境因素三个方面对企业家胜任力结构叠加跃迁方式的选择进行了独到的讨论。

3. 企业家胜任力结构的替代跃迁机理

如果企业家无法通过学习或叠加方式实现企业家胜任力结构的跃迁，或企业出于完善治理结构的考虑，企业家胜任力结构的跃迁都有可能采取替代方式进行。

本研究将替代跃迁预置替代跃迁和临时替代跃迁。预置替代跃迁是指企业按照组织相关机制（如接班人计划）有序替代企业家而实现的企业家胜任力结构跃迁；临时替代跃迁则是在紧急状况下如健康、疾病、死亡等重大变故而造成的企业家临时替代，这种替代可能是假象的胜任力跃迁，即在形式上企业家位置没有发生空缺，但实质上接任者不具有企业成长相应阶段所需要的胜任力结构。出于常规原则考虑，本研究主要关注企业家胜任力结构的预置替代跃迁。而本研究又将预置替代跃迁分为内生替代跃迁和外引替代跃迁两类；内生替代跃迁又包括内生锁定替代跃迁和内生泛化替代跃迁两类。

首先，内生锁定替代跃迁是指在企业内锁定某一特定对象作为企业权杖的接

第八章　本课题研究的结论、不足与未来研究展望

班人并进行重点培养，待条件成熟后接替现任企业家，以实现企业家胜任力结构转换或提升的过程。内生锁定替代跃迁是目前我国民营企业主流的企业家胜任力结构跃迁方式，它超越了企业规模、经营范围、行业特征等因素的限制，普遍存在于我国各类民营企业之中。企业在锁定替代者时通常以家族为圆心在逻辑上存在3种考虑：一是锁定自己的子女为替代者，这通常是我国民营企业的优先选择。二是锁定企业家族中的其他成员为替代者，在企业家没有子女或子女在身心上存在某种缺陷而家族中又有相应的合适人选时，这种路径成了企业家接班人的次优选择。三是锁定企业中毫无亲缘关系的某位特殊员工作为替代者。一般来说，这位特殊员工可能是具有特殊素质的企业家的远房亲戚，也可能是在某类关键事件中得到检验并脱颖而出的"另类"，也就是企业内的某个员工因为拥有某种特殊能力或某个特别表现而被企业或企业家认可，并锁定其作为企业家的替代者加以培养。

归纳起来，内生锁定替代跃迁的实现路径、基本标准和胜任力获取方式如表8-13所示。

表8-13　　　　　　　　　内生锁定替代跃迁的实现路径、基本标准与胜任力获取方式

实现路径	基本标准	胜任力获取方式
亲缘锁定	与企业家有血缘关系的子女	● 在国内或国外大学进行专业系统学习 ● 在企业高层岗位任副职或助理，重要岗位轮岗
类亲缘锁定	与企业家有远亲关系并有企业家看重的潜质	● 在企业重要岗位任正职并轮岗锤炼 ● 在国内或国外教育培训机构进行系统培训
非亲缘锁定	与企业家某些特质、兴趣相投并有潜质	● 在企业重要岗位任正职并轮岗锤炼 ● 在国内或国外教育培训机构进行系统培训

其次，内生泛化替代跃迁就是不事先锁定候选人，而是通过设置晋升锦标赛机制或接班人培养机制，让员工（包括企业家子女等）参与到公平的胜任力角逐中来，经过从长期系统的不定向筛选到定向选拔，使符合企业成长相应标准的企业家替代者有计划地继任，进而实现企业家胜任力结构转换和提升的过程。内生泛化替代跃迁的实现路径、基本标准和胜任力获取方式如表8-14所示。

表8-14　　　　　　　　　内生泛化替代跃迁的实现路径、基本标准和胜任力获取方式

实现路径	基本标准	胜任力获取方式
基于绩效的优秀员工	继任时企业成长相应阶段的胜任力结构	● 自我学习和企业培训 ● 重要管理岗位轮岗 ● 商学院高级管理培训项目

我国民营企业家胜任力结构及其跃迁机理研究

再次，所谓外引替代跃迁是指企业采用外部聘任而非内部培养的方式，将企业所在行业或企业准备进入领域经验丰富的职业经理人吸纳进来，以替代原有企业家，进而实现弥补、转换或提升企业家胜任力结构的过程。外引替代跃迁的实现路径、基本标准和胜任力获取方式如表8-15所示。

表8-15　　　　　　　　　外引替代跃迁的实现路径、基本标准和胜任力获取方式

实现路径	基本标准	胜任力获取方式
从企业外直接引入职业经理人	企业成长相应阶段的胜任力结构（通常以学历、经历、经验等加以判断）	● 系统的高等教育或海外教育 ● 多年的管理从业或高级咨询顾问经历

总之，企业在创业、守业和展业成长过程中，从逻辑上分析，企业家首先会选择自主学习实现其胜任力结构的跃迁；但如果不能通过学习实现其胜任力结构的自我跃迁，企业家接下来通常会通过组织机制在自己周围配置助理或增加副职或聘请顾问等方式对其胜任力结构进行弥补、转换或提升；如果企业家胜任力通过自主学习和叠加方式都不能跃迁，就只能通过组织机制利用替代方式实现其胜任力结构的转换或提升。

二、本课题研究的不足

归纳起来，本课题研究主要存在以下2个方面的不足：

第一，研究方法存在不足。本课题主要采用文献研究法、访谈法、焦点小组讨论法、规范分析法、经验归纳法、问卷调查法和统计分析方法等方法对企业家胜任力结构及其跃迁机理进行了研究，并通过这些方法的综合运用，在对企业家胜任力结构的探索方面以及对基于企业成长不同阶段企业家胜任力结构的转换、提升机理的揭示方面，得出了不少新颖的结论。但由于受研究经费的限制，本研究没有开展田野调研，如果本研究能够基于田野调研获取一手资料并结合二手资料利用扎根理论进行研究，再结合大样本调查进行统计检验，可能会得出更多切合我国民营企业实际的新颖研究结论。

第二，研究样本有限。首先，无论是预试，还是正式测试，本研究的问卷量都显得不够充分，这一方面是由于研究经费有限决定了我们不能采取多渠道、大范围实地发放并回收问卷的方式进行调查，另一方面受企业家这个研究对象的特殊性影响，尽管本课题研究团队竭尽全力利用各种关系在厦门大学EMBA这个企业家集聚的平台实施调查，但不少被试还是没有反馈或没有很好地反馈。其次，对案例的选择，课题研究伊始，计划在中国长三角、珠三角和闽南三角等不同地区选择一些

第八章　本课题研究的结论、不足与未来研究展望

具有代表性的民营企业,通过田野调研后进行案例研究,但课题研究实施过程中发现,这个计划没有足够的资金支持。所以,只好通过各种媒体获取二手资料开展案例分析。最终呈现的案例从最早准备的12个缩减到了5个。显然,仅用这5个案例分析来诠释我国民营企业家胜任力结构及其跃迁机理,其代表性存在局限。

三、未来研究展望

前已述及,本课题主要围绕我国民营企业家胜任力结构及其跃迁机理进行了研究,研究结果表明,为了推进企业成长,我国民营企业家应当具有满足企业成长所有阶段需要的通用胜任力结构,以及与企业成长创业阶段、守业阶段和展业阶段相适应的企业家创业型胜任力结构、守业型胜任力结构和展业型胜任力结构,企业家的胜任力结构应当随着企业成长而跃迁,其跃迁方式有自我跃迁、叠加跃迁和替代跃迁。本课题的研究结果还表明,企业家胜任力结构不存在行业差异和地区差异,这与我们的经验判断有些不相符。所以,未来的研究可以考虑从不同行业企业和不同区域企业出发,使用基于田野调查的扎根理论方法和大样本调查方法,进一步探索我国民营企业家胜任力结构是否存在行业差异和地区差异以及具体存在什么差异。

另外,针对我国国有企业,其企业家胜任力情况怎样?我国国有企业家胜任力结构与民营企业家胜任力结构存在什么差异?与西方企业家胜任力结构的对比又如何?这些问题都值得进一步研究。

参考文献

（一）中文文献

[1]陈佳贵.关于企业生命周期与企业蜕变的探讨[J].中国工业经济，1995，(11):5-13.

[2]陈震红，董俊武.创业机会的识别过程研究[J].科技管理研究，2005，(2):133-136.

[3]陈明，孟鹰，余来文.基于企业家能力的企业成长模式演变分析[J].科技管理研究，2007，(9): 174-175.

[4]陈云川，雷轶.胜任力研究与应用综述及发展趋向[J].科研管理，2004，25(6):141-144.

[5]曹林.试论我国企业家成长中的教育问题[J].安徽工业大学学报(社会科学版)，2004，21(3): 50-53.

[6]崔瑜，焦豪.企业家学习对动态能力的影响机制研究——基于企业家能力理论的视角[J].科学学研究，2009，26(2):403-410.

[7]崔瑜，焦豪，丁栋虹.企业家学习研究方法现状评述与展望[J].上海科学管理，2009，31(1): 69-74.

[8]陈凌，应丽芬.代际传承:家族企业继任管理和创新[J].管理世界，2003，(6): 89-99.

[9]储小平.职业经理与家族企业的成长[J].管理世界，2002，(4):100-108.

[10]丁栋虹.企业家成长制度论[M].上海:上海财经大学出版社，2000.

[11]戴国富，程水源.中国企业家的胜任力模型研究[J].企业家天地，2007，(1): 53-54.

[12]德鲁克（美）著，彭志华译.创新与企业家精神[M]. 海口：海南出版社，2000.

[13]窦军生，贾生华.家族企业代际传承影响因素研究述评[J].外国经济与管理，2006，28(9): 52-58.

[14]何心展. 家族企业高层管理者的胜任特征与个性品质研究[J]. 浙江海洋学院学报（自然科学版），2004，23（3）： 233-236.

[15]贺小刚.企业家能力与企业成长：一个能力理论的拓展模型[J].科技进步与对策，2006，(9): 45-48.

[16]贺小刚.企业家能力、组织能力与企业绩效[M].上海:上海财经大学出版社，2006.

[17]贺小刚，李新春.企业家能力与企业成长基于中国经验的实证研究[J].经济研究，2005，(10): 101-110.

[18]贺小刚，沈瑜.基于企业家团队资本视角的新创企业成长理论探析[J].外国经济与管理，2007，29(12):30-37.

[19]贺小刚，沈瑜.创业型企业的成长:基于企业家团队资本的实证研究[J].管理世界，2008，(1): 82-96.

[20]侯锡林.中国企业家成长与激励约束机制研究[D].华中科技大学博士学位论文，2004(10).

[21]胡艳曦，官志华.国内外关于胜任力模型的研究综述[J].商场现代化，2008，(11):248-250.

[22]黄勋敬，李光远，张敏强.商业银行行长胜任力模型研究[J].金融论坛，2007，(7):3-10.

[23]贾生华.企业家能力与企业成长模式的匹配[J].南开学报哲学社会科学版，2004，(1):21-23.

[24]李华晶.创业环境、公司创业战略与组织绩效[J].经济管理，2008，30(20):44-48.

[25]李华晶，张玉利.创业型领导:公司创业中高管团队的新角色[J].软科学，2006，20(3):137-140.

[26]李明玉.企业生命周期各阶段的风险与规避[J].商业时代，2007，(11):37-39.

[27]李新春.经理人市场失灵与家族企业治理[J].管理世界，2003，(4):87-97.

[28]李新春，苏晓华.总经理继任:西方的理论和我国的实践[J].管理世界，2001，(4):145-152.

[29]李艳双，于树江.基于组织生命周期的企业战略及企业家角色探讨[J].现代管理科学，2005，(7):74-75.

[30]李业.企业生命周期的修正模型及思考[J].南方经济，2000，(2):47-50.

[31]李永峰，张明慧.论企业生命周期[J].太原理工大学学报2004，22(3):21-25.

[32]李志，郎福臣，张光富.对我国"企业家能力"研究文献的内容分析[J].重庆大学学报(社会科学版)，2003，9(3):116-118.

[33]黎赔肆.社会网络视角的企业家学习模式研究[D].复旦大学博士论文，2008(5).

[34]梁欣如，王勇.基于工作相关学习的类型与能力提高机理研究[J].研究与发展管理，2005，17 (3):83-89.

[35]林泽炎，刘理晖.转型时期中国企业家胜任特征的探索性研究[J].管理世界，2007，(1): 98- 104.

[36]林忠，王慧.胜任力研究的回顾与展望[J].北方经贸，2008，(5):14-15.

[37]刘海山，孙海法.CEO个性对民企高管团队组成与运作的影响[J].企业经济，2008，(5):86- 90.

[38]刘学方，王重鸣，唐宁玉，朱健，倪宁.家族企业接班人胜任力建模——一个实证研究[J].管理世界，2006，(5):96-106.

[39]陆百甫.大重组——中国所有制结构重组的六大问题[M].中国发展出版社，1998.

[40]马红民，李非.创业团队胜任力与创业绩效关系探讨[J].现代管理科学，2008，(12): 45- 47.

[41]马可一.民营企业高管团队信任模式演变与绩效机制研究[D].浙江大学博士论文，2005(12).

[42]苗青，王重鸣.企业家能力：理论、结构与实践[J].重庆大学学报(社会科学版)，2002，9(1): 129-131.

[43]苗青，王重鸣.基于企业竞争力的企业家胜任力模型[J].中国地质大学学报(社会科学版)，2003，3(3):18-21.

[44]庞涛，吴道友.高层后备计划——家族企业内部CEO接班问题[J].商业研究，2003，(18):50- 53.

[45]戚永红，宝贡敏.企业成长阶段及其划分标准:一个评论性回顾[J].商业研究，2004(4):31-33。

[46]邱桂贤.基于企业生命周期的企业家角色的探讨[J].商场现代化，2008，(6):76-77.

[47]瞿群臻.基于胜任力模型的中国职业经理人市场研究[D].厦门大学博士学士论文，2006(9).

[48]时勘，王继承，李超平.企业高层管理者胜任特征模型评价的研究[J].心理学报，2002，34(3): 306-311.

[49]宋培林.基于企业成长不同阶段的企业家胜任力结构辨析[J].管理学家(学术版)，2010:(2)：51-61.

[50]宋培林.试析企业成长不同阶段的企业家胜任力结构及其自我跃迁机理[J].经

济管理，2011(3)：183-190.

[51]宋培林.企业成长过程中的企业家胜任力结构余缺与叠加跃迁机理探析[J].管理世界，2011(11):180-181.

[52]宋培林.企业员工战略性培训与开发——基于胜任力提升的视角[M].厦门：厦门大学出版社，2011.

[53]宋培林.战略人力资源管理：理论梳理和观点述评[M].北京：中国经济出版社，2010.

[54]苏方国.企业家和企业家活动理论探讨[J].现代管理科学，2005，(7):40-42.

[55]孙建强，许秀梅，高洁.企业生命周期的界定及其阶段分析[J].商业研究，2003，(18):12-14.

[56]谭力文，夏清华.企业生命周期的比较分析[J].财贸经济，2001，(7):41-44.

[57]田晓霞，程秀生.民营企业家能力的动态变化分析[J].经济问题探索，2005，(10):47-51.

[58]王重鸣，陈民科.管理胜任力特征分析:结构方程模型检验[J].心理科学，2002，(5):315-615.

[59]王革，吴练达，张波.企业成长阶段模型评析[J].经济学动态，2008(6):75-78.

[60]王鲁捷，韩志成.企业生命周期界定方法探究[J].南京理工大学学报，2008，21(1):55-61.

[61]汪良军.企业家与企业家活动[J].现代管理科学，2003，(4):19-20.

[62]汪良军.企业成长与企业家活动分析——兼论企业成长的路径依赖及其超越[M].北京:经济科学出版社，2006.

[63]魏江，江豪.基于企业家学习的中小企业动态能力作用机理研究[J].商业经济与管理，2007，192(10):27-31.

[64]魏江，沈璞，樊培仁.基于企业家网络的企业家学习过程模式剖析[J].浙江大学学报，2005，35(2):150-157.

[65]魏江，沈璞，王新礼.中小企业企业家触发式非线性学习过程模式研究[J].中国地质大学学报，2004，4(5):24-28.

[66]邬爱其.企业网络化成长——国外企业成长研究新领域[J].外国经济与管理，2005，27(10):10-17.

[67]邬爱其，贾生华.产业演进与企业成长模式适应性调整[J].外国经济与管理，2003，25(4):15-20.

[68]邬爱其，贾生华，陈宏辉.企业成长过程中的企业家能力转换与家族企业组织演替[J].外国经济与管理，2003，25(6):20-24.

[69]吴道友，刘燕.家族企业CEO继任模式及其演化路径分析——以浙江民营企业为例[J].重庆大学学报(社会科学版)，2006，12(3):61-66.

[70]吴道友，赵晓东.家族企业CEO继任计划及其影响因素研究:以浙江民营企业为例[J].技术经济，2006，25(6):18-20.

[71]解冻.基于发展中心理论的企业领导胜任力开发研究[D].上海交通大学博士学位论文，2007 (7).

[72]谢茂拾.关于现代企业家团队制度建设问题的探讨[J].广东商学院学报，2004，(6):32-36.

[73]谢茂拾.现代企业家与企业家团队制度[J].电子科技大学学报社科版，2005，7(2):88-93.

[74]谢获宝，张勇涛，潘黎.企业家生命周期——阶段划分及其演变过程[J].经济管理，2006，(23):49-54.

[75]熊彼特（美）著，顾准译.资本主义、社会主义和民主主义[M].北京：商务印书馆，1990.

[76]熊彼特（美）著，邹建平译.经济发展理论[M].北京：商务印书馆，1997.

[77]熊义杰.企业生命周期分析方法研究[J].数理统计与管理，2002，21(2):36-39.

[78]薛红志，张玉利.公司创业研究评述——国外创业研究新进展[J].外国经济与管理，2003，25 (11):7-11.

[79]薛乐群，赵曙明.人力资本团队对企业成长的促进作用[J].现代管理科学，2007，(4):3-5.

[80]寻格辉.企业家团队与所有权分配中的长期合约[J].求索，2003，(1):16-23.

[81]杨建君，陈波.影响企业家能力的若干因素分析[J].中国工业经济，2001，(4):64-68，256-258.

[82]杨俊辉，宋合义，李亮.国外创业团队研究综述[J].科技管理研究，2009，(4):256-258.

[83]阳小华，曾健民.民营经济发展研究[M].武汉：湖北人民出版社，2000.

[84]姚凯.国有企业生命周期决定因素及其理论模型的构建[J].生产力研究，2007，(8):93-96.

[85]姚梅芳，葛宝山.生存型创业理论研究[M].北京:中国出版集团现代教育出版社，2008.

[86]伊查克·爱迪斯（美）著，赵睿译.企业生命周期[M].北京:华夏出版社，2004.

[87]伊迪丝·彭罗斯（英），赵晓译.企业成长理论[M].上海:上海人民出版社，

2007.

[88]尹育航，徐培卿，杨青.民营企业高管团队三维冲突模型研究[J].科技创业月刊，2008，(8): 101-103.

[89]于正东.论中小企业管理胜任力的培育[J].经济与管理，2005，19(12): 55-58.

[90]袁安府.我国企业家成长与激励研究[D].浙江大学博士论文，2000(3).

[91]袁安府，潘惠，汪涛.企业家能力提高的途径——企业家学习研究[J].自然辨证法通讯，2001，23(1):48-54.

[92]张必武，石金涛.国外高管团队人口特征与企业绩效关系研究新进展[J]外国经济与管理，2005，27(6):17-23.

[93]张兵，徐金发，章清.CEO继任模式及其与企业绩效的关系——研究综述和进一步研究的理论框架[J].科研管理，2005，26(1):53-59.

[94]张洪石，付玉秀.创业企业家与传统企业家的对比分析[J].商业研究，2004，(11): 47-51.

[95]张焕勇，杨增雄，张文贤，鲁德银.企业家能力与企业生命周期的适配性分析[J].华东经济管理，2008，22(12):99-103.

[96]张厚义，明立志.中国私营企业发展报告(1997)[M].北京：社会科学文献出版社，1999.

[97]张厚义，明立志.中国私营企业发展报告（2003）[M].北京：社会科学文献出版社，2004.

[98]张建琦，赵文.学习途径与企业家能力关系实证研究——以广东省中小民营企业为例[J].经济理论与经济管理，2007，(10):65-59.

[99]张瑾. 基于企业家能力的企业成长研究综述[J]. 产业经济评论，2007，6(1): 200-214.

[100]张学华，陈志辉.中小企业家的学习模式研究——基于学校、教育系统的企业家学习模式[J]. 企业经济，2005，(1):108-109.

[101]张学华、陈志辉.基于"关键事件——解决"的企业家学习模式[J].企业经济，2005，(2):85-87.

[102]张玉利.企业家型企业的创业与快速成长[M].天津:南开大学出版社，2003.

[103]张玉利.创新时代的创业教育研究与实践[M].北京，现代教育出版社，2006.

[104]张玉利，陈寒松.创业管理[M].北京:机械工业出版社，2008.

[105]赵曙明，杜娟.企业经营者胜任力及测评理论研究[J].外国经济与管理，2007，29(1): 33-40.

[106]中国企业家调查系统.经济快速增长中的民营企业：现状、问题及期望——2005千户民营企业问卷调查报告[A].企业家学习、组织学习与企业创新[C].北京：机械工业出版社，2006.

[107]仲理峰，时勘.胜任特征研究的新进展[J].南开管理评论，2003，(2):4–8.

[108]仲理峰，时勘.家族企业高层管理者胜任特征模型[J].心理学报，2004，36(1):110–115.

（二）英文文献

[1]Ahuja, G.&C.M.Lampert.Enterpreneurship in the large corporation: A longitudinal study of how firms established create breakthrough inventions[J]. Strategic Management Journal, 2001, 22(6/7): 521–543.

[2]Amboise, G.D.&M.Muldowney.Management Theory for Small Business: Attempts and Requirements[J]. The Academy of Management Review, 1988, 13(2): 226–240.

[3]Aronson.The social animal[M].New York:W.H. Freeman and Company, 1984.

[4]Baumol, W.J..Entrepreneurship: Productive, unproductive, and destructive[J]. Jounal of Business Venturing, 1990, (11): 3–22.

[5]Bbdullah, A.H., R.Musa, &J.Ali.The Development of Human Resource Practitioner Competency Model[J].International Journal of Business and Management, 2011, 6(11):240–255.

[6]Bird, B..Towards a theory of entrepreneurial competency, advances in entrepreneurship[J].Firm Emergence and Growth, 1995.

[7]Boussouara, M.&D.Deakins. Market-based learning, entrepreneurship and high technology small firm[J]. International Journal of Entrepreneurial Behaviour & Research, 1999, 5(4): 204–223.

[8]Boyatzis, R..The conmpetence manager: A model for effective performance[M]. New York:John Wiley, 1982.

[9]Brady, G.F., R.M.Fulmer&D.L.Helmich.Planning Executive Succession:The Effect of Recruitment Source and Organizational Problems on Anticipated Tenure[J]. Strategic Management Journal, 1982, 3(3): 269–275.

[10]Bray, J.D.&L.Mitchell.The competence manager: A model for effective performance[M].New York: John Wiley & Son, 1982.

[11]Bueno, C.M.&G.Antolin.Identifying global leadership competencies: An exploratory study[J]. The Journal of American Academy of Business, 2004, (9): 80–87.

[12]Clarysse, B.&N.Moray.A process study of entrepreneurial team formation: the case of a research-based spin-off[J]. Journal of Business Venturing, 2004, 19(1): 55–79.

[13]Collins, L.A., A.J. Smith & P.D.Hannon.An exploration of a tripartite approach to developing entrepreneurial capacities[J]. Journal of European Industry Training, 2006, 30(3): 188–205.

[14]Conger, J.A.& D. A.Ready.Rethinking leadership competencies Leader to Leader[R]. Volume2004, Issue32, Date:Spring, 41–47.

[15]Cope, J..Toward a dynamic learning perspective of entrepreneurship[J]. Entrepreneurship Theory and Practice, 2005(7):373–397.

[16]Cope, J, &G.Watts.Learning by doing–An exploration of experience, critical incidents and reflection in entrepreneurial learning[J]. International Journal of Entrepreneurial Behaviour & Research, 2000, 6(3): 104–124.

[17]Crady, R.L., &T.T.Selvarajan .Competencies:Alternative frameworks for competitive advantage[J]. Business Horizons, 2006, 49(3):235–245.

[18]Dahlin, K.B., L. R. Weingart&P.J.Hinds.Team diversity and information use[J]. Academy of Management Journal, 2005, 48 (6):1107–1123.

[19]Dan, C.&W.Michael.The successor's dilemma[J]. Harvard Business Review, 1999, 77(6): 161–169.

[20]Davidsson, P. &J.Wiklund.Levels of analysis in entrepreneurship research:current practice and suggestions for future[J].Entrepreneurship Theory and Practice, 2001, 26(2): 81–99.

[21]Deakins, D..Entrepreneurial learning and the growth process in SMEs[J] The Learning Organization, 1998, 5(3): 144–15.

[22]Durkan, P., R.Harrison, P.Lindsay&E.Thompson.Competence and executive education and development in an SME environment[J].Irish Business and Administrative, 1993.

[23]Dyck, B., M.Mauws, F.A.Starke&G.A.Mischke.Passing the Baton:The Importance of Sequence, Timing, Technique and Communication in Executive Succession[J]. Journal of Business Venturing, 2005, 47(2): 143–162.

[24]Ennis, M.R..Competency Models:A Review of the Literature and The Role of the Employment and Training Administration.ETA. 2008, 3–25.

[25]Finkelstein S.&D.C.Hambrick.Strategic leadership: top executives and their effects on organization[M].NM: West Publishing Company, 1996.

[26]Flamholtz, E.G..Managing the transition from an entrepreneurship to a professionally managed firm[M].San Francisco, 1986.

[27]Forbes, D.P., P.S.Borchert, M.E.Zellmer–Bruhn&H.J.Sapienza. Entrepreneurial team formation: An exploration of new member addition[J]. Entrepreneurship Theory and

Practice, 2006, 30(2): 225-248.

[28]Getty, C..Planning successfully for succession planning[J]. Training & Development, 1993, 47(11):31-33.

[29]Gray, B.&S.S.Ariss.Politics and strategic change across organizational life cycles[J]. The Academy of Management Review, 1985, 10(4): 707-723.

[30]Greiner, L.E..Evolution and revolution as organizations grow: A company's past has clues for management that are critical to future success[J]. Family Business Review, 1997, 10(4): 397-409.

[31]Gupta Yash, P. & C.W. Chin David. Organizational life cycle: A review and proposed directions[J]. The Mid-Atlantic Journal of Business, 1994, 30(3): 269-294.

[32]Hambrick D. C., T.S. Cho &M.Chen.The influence of top management team heterogeneity on firm's competitive moves[J].Administrative Science Quarterly, 1996, 41(6):659-684.

[33]Harveston, P.D., P.S.Davis&J.A.Lyden.Succession planning in family business: The impact of owner gender[J]. Family Business Review, 1997, 10(4): 373-396.

[34]Hayes, J., A.Rose-Quirie&C.W.Allinson. Senior managers' perceptions of the competencies they require for effective performance: implications for training and development[J].Personnel Review, 1998, 29(1):92-101.

[35]Hayes, R.H.&S.C.Wheelwright.Restoring our competitive edge, competing through manufacturing [M].New York:John Wiley & Sons, 1989.

[36]Hebert, R.F.&N.Albert.Link In search of the meaning of entrepreneurship[J]. Small Business Economics, 1989, (1): 39-49.

[37]Henry, C., F.Hill&C.Leitch.Entrepreneurship education and training: Can entrepreneurship be taught?[J]. Education + Training, 2005, 47(2):98-111.

[38]Hill, L.A..Becoming a manager[M].Boston:Harvard Business School Press, 1992.

[39]Holcomb, T.R., R.D.Ireland, R.M.Holmes&M.A.Hitt.Architecture of entrepreneurial learning: Exploring the link among heuristics, knowledge, and action[J]. Entrepreneurship Theory and Practice, 2009, 33(1): 167-192.

[40]Hood, J. N. &J. E.Young. Entrepreneurship's requisite areas of development: a survey of top executives in successful entrepreneurial firms [J], Journal of Business Venturing, 1993, 8(2):115-135.

[41]Hunt, J.M..Toward the development of a competency model for family firm leadership[R].Paper Presented to the 12[th]Annual National Conference, United States

Association for Small Business and Entrepreneurship, Clearwater, FL, 1998:15–18.

[42]Jansen, P.G.W.&L.L.G.M.Van Wees.Conditions for internal entrepreneurship[J]. Journal of Management Development, 1994, 13(9):34–51.

[43]Kazanjian, R.K..Relation of dominant problems to stages of growth in technology-based new ventures[J]. The Academy of Management Journal, 1988, 31(2): 257–279.

[44]Kelliher, F.&J.B.Henderson.A learning framework for the small business environment[J]. Journal of European Industry Training, 2001, 30(7): 515–528.

[45]Ken, G.S., R.M.Terence&E.S.Charles.The level management priorities in different stages of the organizational life cycle[J].The Academy of Management Journal, 1985, 28(4):799–820.

[46]Kim, D.H..The link between individual and organizational learning[J].Sloan Management Review, 1993, 35（1）: 37–61.

[47]King, A.W.&C.P.Zeithaml.Competencies and firm performance: Examining the causal ambiguity paradox[J]. Strategic Management Journal, 2001, 22(1): 75–99.

[48]Koeppen, k., J.Hartig, E. klieme, &D.Leutner..Current Issues in Competence Modeling and Assessment[J].Zeitschrift fur psychologie/Journal of Psychology, 2009(l):216, 61–73.

[49]Krueger, N. F. &D.V. Brazeal.Entrepreneurial potential and potential entrepreneurs[J].Entrepreneurship Theory and Practice, 1994, (19):91–104.

[50]Krueger, N.F., M.D.Reilly&A.L.Carsrud.Competing models of entrepreneurial intentions[J]. Journal of Business Venturing, 2000, 15: 411–432.

[51]Lado, A.A.&M.C.Wilson.Human resource systems and sustained competitive advantage: A competency-based perspective[J]. The Academy of Management Review, 1994, 19(4): 699–727.

[52]Lawler, E.E..From job-based to competency-based organizations[J]. Journal of Organizational Behavior, 1994, 15(1): 3–15.

[53]Lechler, T..Social Interaction: A Determinant of Entrepreneurial Team Venture Success[J]. Small Business Economics, 2001, (16): 263–278.

[54]Le Deist, F.D.&J.Winterton.What is competence?[J]. Human Resource Development International, 2005, 8(1): 27–46.

[55]Marrelli; A.F..An introduction to competency analysis and modeling[J]. Performance Improvement, 1998, 37(5): 8–17.

[56]Martin, G.&H.Staines.Managerial Competences in Small Firms[J]. Journal of

Management Development, 1994, 13(7): 23-34.

[57]McCarthy, B.. The cult of risk taking and social learning: A study of Irish entrepreneurs[J]. Management Decision, 2000, 38(8): 563-575.

[58]McClelland, D.C..Testing for competence rather than for intelligence[J].American Psychologist, 1973, 28:1-14.

[59]McClelland, D.C..Characteristics of successful entrepreneurs[J].Journal of Creative behaviour, 1987, 21(1):18-21, .

[60]McClelland, D.C..Identifying competencies with behavior-event interviews[J]. Psychological Science, 2002, 9(5): 331-339.

[61]Miller D.&P.H.Friesen. A longitudinal study of the corporate life cycle[J]. Management Science, 1984, 30(10): 1161-1183.

[62]Mitton, D.G..The compleat entrepreneur[J].Entrepreneurship: Theory and Practice, 1989, 13(3):9-19.

[63]Naveen L..Organizational Complexity and Succession Planning[J]. Journal of Financial and Quantitative Analysis, 2006, 41(3): 661-684.

[64]Penrose, E.T..The theory of growth of the firm[M].Basil Blackwell Publisher, Oxford, 1959.

[65]Piercy, N., D.Craven&N.Lane.Sales manager behavior-based control and salesperson performance[J].Journal of marketing Theory and Practice, 2012, 20(1):7-22.

[66]Politis, D..The process of entrepreneurial learning: A conceptual framework[J]. Entrepreneurship Theory and Practice, 2005, 29(4): 399-424.

[67]Priem R. L..Top management team group factors, consensus and firm performance[J].Strategic Management Journal, 1990, (11):469-479.

[68]Quinn, R.E.&K.Cameron.Organizational life cycles and shifting criteria of effectiveness: Some preliminary evidence[J]. Management Science, 1983, 29(1): 33-51.

[69]Rae, D.. Entrepreneurial learning: A practical model from the creative industries[J]. Education + Training, 2004, 46(8): 492-500.

[70]Rae, D.&M.Carswell.Using a life-story approach in researching entrepreneurial learning: The development of a conceptual model and its implications in the design of learning experiences[J]. Education + Training, 2000, 42(4/5): 220-228.

[71]Rae, D.&M.Carswell.Towards a conceptual understanding of entrepreneurial learning[J]. Journal of Small Business and Enterprise Development, 2001, 8(2): 150-158.

[72]Ravasi, D.&C.Turati.Exploring entrepreneurial learning: A comparative study

of technology development projects[J]. Journal of Business Venturing, 2005, 20(11): 137-164.

[73]Sandberg, J.. Understanding human competence at work: An interpretative approach[J]. Academy of Management Journal. 2000, 43(1): 9–26.

[74]Sharma, P., J.H.Chua&J.J.Chrisman.Perceptions About the Extent of Succession Planning in Canadian Family Firms[J]. Canadian Journal of Administrative Sciences, 2000, 17(3): 233–244.

[75]Shippmann, J.S., R.A.Ash, M.Batjtsta, L.Carr, L.D.Eyde, B.Hesketh, J.Kehoe, K.Pearlman, E.P. Prien & J.I.Scanchez. The practice of competency modeling[J]. Personnel Psychology, 2006, 53(3): 703–740.

[76]Smith, K. G., K. A. Smith, J. D. Olian, H. P. Sims, Jr. D. P. O'Bannon, & J. A. Scully.Top management team demography and integration and communication[J]. Administrative Science Quarterly, 1994(3):412–438.

[77]Smith K.G., T.R.Mitchell&C.E.Summer. The level management priorities in different stages of the organizational life cycle[J]. The Academy of Management Journal, 1985, 28(4): 799–820.

[78]Sparks, T.E.&W.A.Gentry. Leadership competencies: An exploratory study of what is important now and what has changed since the terrorist attacks of 9/11[J]. Journal of Leadership Studies, 2008, 2(2): 22–35.

[79]Spencer, L.M.&S.M.Spencer.Competence at work:Models for superior performance[M]. New York:John Wiley&Sons, 1993.

[80]Spoth, R.&C.Redmond.A theory-based parent competency model incorporating intervention attendance effects[J]. Family Relations, 1996, 45(2): 139–147.

[81]Sullivan, R.. Entrepreneurial learning and mentoring[J]. International Journal of Entrepreneurial Behaviour & Research, 2000, 6(3): 160–175.

[82]Taylor, D.W.&R.Thorpe.Entrepreneurial learning: A process of co-participation[J]. Journal of Small Business and Enterprise Development, 2004, 11(2): 203–211.

[83]Thomas, W.Y.Man&T.Lau.The context of entrepreneurship in Hong Kong: An investigation through the patterns of entrepreneurial competencies in contrasting industrial environments[M].Journal of Small Business and Enterprise Development, January, 2005, 12(4):464–481.

[84]Thomas, W.Y.Man, T.Lau&K.F.Chan.The competitiveness of small and medium enterprises:a conceptualization with focus on entrepreneurial competencies[J].Journal of

Business Venturing, 2002, 17:123-142.

[85]Thompson, J.E., R.Stuart & P.R.Lindsay. The competence of top team members: A framework for successful performance[J]. Team Performance Management, 1997, 3(2): 57-75.

[86]Trow, D.B..Executive succession in small companies[J]. Administrative Science Quarterly, 1961, 6(2): Vol. 6, No. 2: 228-239.

[87]Tung-Chun Huang. Who shall follow? Factors affecting the adoption of succession plans in Taiwan[J]. Long Range Planning, 1999, 32(6): 609-616.

[88]Tutu, A.&T.Constantin.Understanding job performance through persistence and job competency[J].Procedia-Social and Behavioral Sciences, 2012, 33(3), 612-616.

[89]Victor, D.&H.Peter.Predicting advancement to senior management from competencies and personality data[J]. British Journal of Management, 1999, 10(2):236-251.

[90]Watson, T.J..Entrepreneurship and professional management:A fatal distinction[J]. International Small Business Journal, 1995, 13(2): 34-47.

[91]Wiersema, M.F.&K.A.Bantel.Top management team demography and corporate strategic change[J]. The Academy of Management Journal, 1992, 35(1): 91-121.

[92]Wing Yan Man T.. Exploring the behavioural patterns of entrepreneurial learning: A competency approach[J]. Education + Training, 2006, 48(5): 309-321.

[93]Winter, S. G..The satisfying principle in capability learning[J].Strategic Management Journal, 2000, (21):981-996.

附录一：民营企业家胜任力结构访谈大纲

一、访谈对象

通过社会关系在珠三角、长三角和闽（南）三角选择9～12位民营企业家，对"民营企业家胜任力结构"相关问题进行访谈。

二、访谈时间

事先与被访者预约，对每位企业家访谈约120分钟。

三、访谈方式、地点

事先与被访者预约访谈方式和地点。优先选择面谈方式访谈，如果被访谈者不便，则采取电话方式访谈。

四、访谈内容

（一）成功企业家的典型特征

1. 作为成功企业家，请您谈谈您是怎么取得成功的？
2. 有哪些个性特征因素助您成功？
3. 有哪些能力因素助您成功？
4. 有哪些行为因素助您成功？
5. 还有其他哪些重要因素助您成功？
6. 在中国有哪些民营企业家值得您钦佩，为什么？
7. 其他在访谈过程中产生的与探索企业家胜任力结构相关的问题。

（二）企业家通用胜任力结构访谈

围绕本课题前期基于已有文献初拟的"企业家通用胜任力结构"要项与被访谈者进行深度沟通交流。

（三）企业家创业型胜任力结构访谈

围绕本课题前期基于已有文献初拟的"企业家创业型胜任力结构"要项与被访谈者进行深度沟通交流。

（四）企业家守业型胜任力结构访谈

围绕本课题前期基于已有文献初拟的"企业家守业型胜任力结构"要项与被访谈者进行深度沟通交流。

（五）企业家展业型胜任力结构访谈

围绕本课题前期基于已有文献初拟的"企业家展业型胜任力结构"要项与被访谈者进行深度沟通交流。

课题组
2010.12

附录二：企业成长不同阶段民营企业家胜任力结构调查
（预试问卷）

尊敬的企业家：您好！

您所创立或经营的企业，从诞生到发展壮大过程所取得的每一份业绩，都见证和展现了您及前任者们所具备的经营管理企业的胜任素质。为了能够准确理解民营企业家的胜任力，我们在前人研究的基础上，通过对企业家的访谈，得到了一份企业不同成长阶段的民营企业家胜任力调查结构问卷。

我们希望借助您的经验、体会和判断，回答这份问卷，帮助我们对民营企业家胜任力进行科学界定。您的回答对我们的研究具有非常重要的价值。如果您愿意了解本研究的成果，我们将随时给您反馈！

衷心感谢您的支持和帮助！

关于填写问卷的说明

1. 所有调查数据仅供研究之用，有关资料绝对保密。
2. 烦请通过直觉或判断，填写完问卷所有题项。
3. 如果您现在不在公司任职，请以您曾任职企业的情况为准填写问卷。

（一）基本资料

1. 您所在的企业位于：_____省（自治区）_____市（县）
2. 您所在的企业主营业务所属行业：代码—_____具体行业名称_____

A．农、林、牧、渔业　B．采矿业　C．制造业　D．电力、燃气及水的生产和供应业　E．建筑业　F．交通运输、仓储和邮政业　G．信息传输、计算机服务和软件业　H．批发和零售业　I．住宿和餐饮业　J．金融业　K．房地产业　L．租赁和商务服务业　M．科学研究、技术服务和地质勘查业　N．水利、环境和设施管理业　O．居民服务和其他服务业　P．教育　Q．卫生、社会保障和社会福利业　R．文化、体育和娱乐业　S．公共管理与社会组织　T．国际组织

3. 您所在企业的性质是（股份公司以控股方为准）_____

A.国有　B.集体　C.私营　D.港澳台商投资　E.外商独资　F.中外合资　G.其他（请说明）_____

4. 您所在企业的是_____

A.单体企业　B.企业集团

5. 您的最高学历是_____

A.高中及以下　B.大专　C.本科　D.硕士及以上

6. 您在企业担任的职位是_____

您在现有任职企业任该职多长时间？_____

7. 您所在的企业处于下面哪个发展阶段？_____

A.创业阶段　B.守业阶段　C.展业阶段

● 备注：

企业成长不同阶段的特征

特征维度 \ 成长阶段	创业阶段	守业阶段	展业阶段
总体特征	孕育、生存	成长、稳定	危机、蜕变
组织结构	松散	正式、规范	趋于臃肿
管理状况	粗放	规范	趋于僵化
经营业务	单一、不成熟	有限、成熟	多元化、成熟度不同
财务状况	不稳定	稳定	现金趋紧

附录二

（二）民营企业家在"创业、守业和展业"过程中的"通用胜任力结构"调查

请在相应数字框内划"√"。其中：1表示"非常不重要"；2表示"不太重要"；3表示"一般水平"，4表示"比较重要"，5表示"非常重要"。

序号	特征描述	1 不重要	2	3	4	5 重要
1	主动发现并解决问题	□	□	□	□	□
2	积极行动并对可能发生的事情提出预案	□	□	□	□	□
3	相信自己所做的事情都正确	□	□	□	□	□
4	相信自己一定能够成功	□	□	□	□	□
5	相信所有的困难都有解决办法	□	□	□	□	□
6	对各种信息的敏感度高	□	□	□	□	□
7	凭直观快速洞察事物变化	□	□	□	□	□
8	通过本能获得对事物的整体认知	□	□	□	□	□
9	能够潜心解决难题	□	□	□	□	□
10	将自己认准的事情做到底	□	□	□	□	□
11	能长时间专注于完成枯燥但重要的事情	□	□	□	□	□
12	渴望获得成功	□	□	□	□	□
13	采用各种方法以达成目标	□	□	□	□	□
14	喜欢面对并克服困难	□	□	□	□	□
15	善于从书本、培训等正规教育中获得知识	□	□	□	□	□
16	善于从社会关系中丰富知识	□	□	□	□	□
17	善于从实践活动中整合知识	□	□	□	□	□
18	脑子里经常涌现新想法	□	□	□	□	□
19	善于发现解决问题的新方法、新手段	□	□	□	□	□
20	敢于打破常规做事	□	□	□	□	□
21	善于从多种渠道搜集各类信息	□	□	□	□	□
22	能根据需要筛选出关键信息	□	□	□	□	□
23	能根据需要对信息进行加工	□	□	□	□	□
24	将各类资源按某种目的合理组合起来	□	□	□	□	□
25	能用科学方法和手段在多方案中选择最优方案	□	□	□	□	□
26	在复杂条件下做正确决定	□	□	□	□	□
27	善于寻找人才	□	□	□	□	□
28	善于识别人才	□	□	□	□	□
29	善于使用和激励人才	□	□	□	□	□
30	有很强的时间观念	□	□	□	□	□
31	使用各种方法和手段来提高工作效率	□	□	□	□	□
32	注重投入与产出的比较	□	□	□	□	□
33	协调股东、员工与客户之间的关系	□	□	□	□	□
34	与政府部门、公众媒体建立良好关系	□	□	□	□	□
35	与金融机构建立良好关系	□	□	□	□	□

谢谢您的支持！

（三）民营企业家在"创业"时需要具备的"胜任力结构"调查

请根据您的判断在相应数字框内划"√"。其中：1表示"非常不重要"；2表示"不太重要"；3表示"一般水平"，4表示"比较重要"，5表示"非常重要"。

序号	特征描述	重要程度 1	2	3	4	5
		不重要 → 重要				
1	能将复杂问题简单化	□	□	□	□	□
2	能剖析复杂事项的规律性	□	□	□	□	□
3	能自如地应对和化解难题	□	□	□	□	□
4	能察觉到潜在需求	□	□	□	□	□
5	能察觉到未被使用并可满足潜在需求的资源	□	□	□	□	□
6	能通过各种方法获得财务资源	□	□	□	□	□
7	能通过各种途径获得信息资源	□	□	□	□	□
8	能通过各种途径寻找到合作伙伴	□	□	□	□	□
9	让员工理解并认同企业未来蓝图	□	□	□	□	□
10	向媒体、合作者和客户描绘企业未来蓝图	□	□	□	□	□
11	向合伙人描绘企业未来蓝图	□	□	□	□	□
12	向员工表明企业发展将为其带来什么利益	□	□	□	□	□
13	向合伙人表明企业发展将为其带来什么利益	□	□	□	□	□
14	树立自己的威信	□	□	□	□	□
15	以自己为中心做决定	□	□	□	□	□
16	借助个人权力推动工作执行	□	□	□	□	□
17	重视行动，有工作激情	□	□	□	□	□
18	以自己的行动为他人树立榜样	□	□	□	□	□
19	喜欢做新奇、有挑战的事情	□	□	□	□	□
20	喜欢有风险的活动，不怕失败	□	□	□	□	□

谢谢您的支持！

（四）民营企业家在"守业"时需要具备的"胜任力结构"调查

请根据您的判断在相应数字框内划"√"。其中：1表示"非常不重要"；2表示"不太重要"；3表示"一般水平"，4表示"比较重要"，5表示"非常重要"。

序号	特征描述	1 不重要	2	3	4	5 重要
1	能够找准主营业务	□	□	□	□	□
2	能够在主营与非主营业务之间合理分配资源	□	□	□	□	□
3	能够根据需要合理调整资源的使用方向	□	□	□	□	□
4	能根据任务、职责搭建团队和配置人才	□	□	□	□	□
5	能为团队指明目标和方向	□	□	□	□	□
6	善于沟通协调，培养团队合作精神	□	□	□	□	□
7	协调物质文化和精神文化建设	□	□	□	□	□
8	明确企业宗旨、使命和价值观	□	□	□	□	□
9	塑造典范引导员工行为	□	□	□	□	□
10	调整组织结构和岗位设置	□	□	□	□	□
11	规范各项管理制度和标准	□	□	□	□	□
12	完善各项业务流程	□	□	□	□	□
13	制定战略规划与分步目标	□	□	□	□	□
14	明确战略重点与战略措施	□	□	□	□	□
15	指导并培养下属	□	□	□	□	□
16	明确职责分工与授权	□	□	□	□	□
17	持续反馈，有效控制	□	□	□	□	□
18	为客户提供满意产品和周到服务	□	□	□	□	□
19	打造产品品牌	□	□	□	□	□
20	宣传企业形象	□	□	□	□	□
21	对下属友善、关心	□	□	□	□	□
22	做决策时征求并尊重下属的建议	□	□	□	□	□
谢谢您的支持！						

（五）民营企业家在"展业"时需要具备的"胜任力结构"调查

请根据您的判断在相应数字框内划"√"。其中：1表示"非常不重要"；2表示"不太重要"；3表示"一般水平"，4表示"比较重要"，5表示"非常重要"。

序号	特征描述	重要程度 1	2	3	4	5
		不重要 ————→ 重要				
1	优化已有资源的配置	□	□	□	□	□
2	与战略合作伙伴共享资源	□	□	□	□	□
3	调整企业战略，有进有退、有取有舍	□	□	□	□	□
4	挖掘饱和市场上的新需求	□	□	□	□	□
5	合理营销，引导市场需求	□	□	□	□	□
6	不断开拓新市场	□	□	□	□	□
7	利用发行股票、债券等方式优化资本结构	□	□	□	□	□
8	利用拆分转让、收购、重组等方式，优化经营结构	□	□	□	□	□
9	进行投资组合，分散投资风险	□	□	□	□	□
10	密切关注企业内、外环境变化	□	□	□	□	□
11	敏锐察觉可能发生的危机	□	□	□	□	□
12	预先建立危机应对机制	□	□	□	□	□
13	出现危机时反应迅速	□	□	□	□	□
14	出现危机时积极应对	□	□	□	□	□
15	危机过后总结反思	□	□	□	□	□
16	善于让下属按自己的意愿行事	□	□	□	□	□
17	能以自己的言行改变他人思想与行为	□	□	□	□	□
18	有个人魅力，受他人尊重	□	□	□	□	□
19	采用新技术、新工艺、新方法降低各项成本	□	□	□	□	□
20	熟知财务状况，注重开源节流	□	□	□	□	□
21	精简机构，裁减冗员	□	□	□	□	□
	谢谢您的支持！					

附录三：企业成长不同阶段民营企业家胜任力结构调查
（正式问卷）

尊敬的企业家：您好！

　　您所创立或经营的企业，从诞生到发展壮大过程所取得的每一份业绩，都见证和展现了您及前任者们所具备的经营管理企业的胜任素质。为了能够准确理解民营企业家的胜任力，我们在前人研究的基础上，通过对企业家的访谈，并使用预测试调查和统计检验，得到了一份企业不同成长阶段的民营企业家胜任力结构正式调查问卷。

　　我们希望借助您的经验、体会和判断，回答这份问卷，帮助我们对民营企业家胜任力进行科学界定。您的回答对我们的研究具有非常重要的价值。如果您愿意了解本研究的成果，我们将随时给您反馈！

　　衷心感谢您的支持和帮助！

关于填写问卷的说明

1. 所有调查数据仅供研究之用，有关资料绝对保密。
2. 烦请通过直觉或判断，填写完问卷所有题项。
3. 如果您现在不在公司任职，请以您曾任职企业的情况为准填写问卷。

（一）基本资料

1. 您所在的企业位于：_____省（自治区）_____市（县）
2. 您所在的企业主营业务所属行业：代码—_____具体行业名称_____

A.农、林、牧、渔业　B.采矿业　C.制造业　D.电力、燃气及水的生产和供应业　E.建筑业　F.交通运输、仓储和邮政业　G.信息传输、计算机服务和软件业　H.批发和零售业　I.住宿和餐饮业　J.金融业　K.房地产业　L.租赁和商务服务业　M.科学研究、技术服务和地质勘查业　N.水利、环境和设施管理业　O.居民服务和其他服务业　P.教育　Q.卫生、社会保障和社会福利业　R.文化、体育和娱乐业　S.公共管理与社会组织　T.国际组织

3. 您所在企业的性质是（股份公司以控股方为准）_____

A.国有　B.集体　C.私营　D.港澳台商投资　E.外商独资　F.中外合资　G.其他（请说明）_____

4. 您所在企业的是_____

A.单体企业　B.企业集团

5. 您的最高学历是_____

A.高中及以下　B.大专　C.本科　D.硕士及以上

6. 您在企业担任的职位是_____

您在现有任职企业任该职多长时间？_____

7. 您所在的企业处于下面哪个发展阶段？_____

A.创业阶段　B.守业阶段　C.展业阶段

● 备注：

企业成长不同阶段的特征

成长阶段 特征维度	创业阶段	守业阶段	展业阶段
总体特征	孕育、生存	成长、稳定	危机、蜕变
组织结构	松散	正式、规范	趋于臃肿
管理状况	粗放	规范	趋于僵化
经营业务	单一、不成熟	有限、成熟	多元化、成熟度不同
财务状况	不稳定	稳定	现金趋紧

附录三

（二）民营企业家在"创业、守业和展业"过程中的"通用胜任力结构"调查

您认为下列特征对民营企业家而言重要性如何？请在相应数字框内打"√"。

其中：1表示"非常不重要"；2表示"不太重要"；3表示"一般水平"，4表示"比较重要"，5表示"非常重要"。

序号	特征描述	重要程度 1 不重要 → 重要 5
1	主动发现并解决问题	□ □ □ □ □
2	积极行动并对可能发生的事情提出预案	□ □ □ □ □
3	相信自己所做的事情都正确并能够取得成功	□ □ □ □ □
4	相信所有的困难都有解决办法	□ □ □ □ □
5	将自己认准的事情做到底	□ □ □ □ □
6	能长时间专注于完成枯燥但重要的事情	□ □ □ □ □
7	凭直观快速洞察事物变化	□ □ □ □ □
8	通过本能获得对事物的整体认知	□ □ □ □ □
9	强烈渴望获得成功	□ □ □ □ □
10	采用各种方法以达成目标	□ □ □ □ □
11	喜欢面对并克服困难	□ □ □ □ □
12	善于从书本、培训等正规教育中获得知识	□ □ □ □ □
13	善于从社会关系中丰富知识	□ □ □ □ □
14	善于从实践活动中整合知识	□ □ □ □ □
15	脑子里经常涌现新想法	□ □ □ □ □
16	善于发现解决问题的新方法、新手段	□ □ □ □ □
17	敢于打破常规做事	□ □ □ □ □
18	对各种信息的敏感度高	□ □ □ □ □
19	善于从多种渠道搜集各类信息	□ □ □ □ □
20	根据需求加工并筛选出关键信息	□ □ □ □ □
21	将各类资源按某种目的合理组合起来	□ □ □ □ □
22	善于寻找人才	□ □ □ □ □
23	善于识别人才	□ □ □ □ □
24	善于使用和激励人才	□ □ □ □ □
25	有很强的时间观念	□ □ □ □ □
26	能用科学方法和手段在多方案中选择最优方案	□ □ □ □ □
27	协调股东、员工与客户之间的关系	□ □ □ □ □
28	与政府部门、公众媒体建立良好关系	□ □ □ □ □
29	与金融机构建立良好关系	□ □ □ □ □

谢谢您的支持！

（三）民营企业家在"创业"时需要具备的"胜任力结构"调查

您认为下表描述的特征对民营企业家"创业"而言重要性如何？请根据您的判断在相应数字框内打"√"。

其中：1表示"非常不重要"；2表示"不太重要"；3表示"一般水平"，4表示"比较重要"，5表示"非常重要"。

序号	特征描述	重要程度 1 不重要	2	3	4	5 重要
1	能将复杂问题简单化并剖析出其规律性	□	□	□	□	□
2	能自如地应对和化解难题	□	□	□	□	□
3	能察觉到潜在需求	□	□	□	□	□
4	能察觉到未被使用并可满足潜在需求的资源	□	□	□	□	□
5	能通过各种方法获得财务资源	□	□	□	□	□
6	能通过各种途径获得信息资源	□	□	□	□	□
7	能通过各种途径寻找到合作伙伴	□	□	□	□	□
8	让员工理解并认同企业未来蓝图	□	□	□	□	□
9	向媒体、合作者和客户描绘企业未来蓝图	□	□	□	□	□
10	向合伙人描绘企业未来蓝图	□	□	□	□	□
11	向员工表明企业发展将为其带来什么利益	□	□	□	□	□
12	向合伙人表明企业发展将为其带来什么利益	□	□	□	□	□
13	重视行动，有工作激情	□	□	□	□	□
14	以自己的行动为他人树立榜样	□	□	□	□	□
15	树立自己的威信	□	□	□	□	□
16	以自己为中心做决定	□	□	□	□	□
17	借助个人权力推动工作执行	□	□	□	□	□
18	喜欢做新奇、有挑战的事情	□	□	□	□	□
19	喜欢参加有风险的活动，不怕失败	□	□	□	□	□

谢谢您的支持！

（四）民营企业家在"守业"时需要具备的"胜任力结构"调查

您认为下表描述的特征对民营企业家"守业"而言重要性如何？请根据您的判断在相应数字框内打"√"。

其中：1表示"非常不重要"；2表示"不太重要"；3表示"一般水平"，4表示"比较重要"，5表示"非常重要"。

序号	特征描述	重要程度 1 不重要	2	3	4	5 重要
1	能够找准主营业务	□	□	□	□	□
2	能够在主营与非主营业务之间合理分配资源	□	□	□	□	□
3	能够根据需要合理调整资源的使用方向	□	□	□	□	□
4	能根据任务、职责搭建团队并指明团队目标和方向	□	□	□	□	□
5	善于沟通协调，培养团队合作精神	□	□	□	□	□
6	协调物质、精神文化建设，明确企业宗旨、使命和价值观	□	□	□	□	□
7	塑造典范引导员工行为	□	□	□	□	□
8	调整组织结构和岗位设置，明确职责分工	□	□	□	□	□
9	规范各项管理制度、标准及业务流程	□	□	□	□	□
10	指导并培养下属	□	□	□	□	□
11	合理授权，并持续反馈，有效控制	□	□	□	□	□
12	为客户提供满意产品和周到服务	□	□	□	□	□
13	制定战略规划与分步目标	□	□	□	□	□
14	明确战略重点与战略措施	□	□	□	□	□
15	打造产品品牌，宣传企业形象	□	□	□	□	□
16	对下属友善、关心	□	□	□	□	□
17	做决策时征求并尊重下属的建议	□	□	□	□	□
	谢谢您的支持！					

（五）民营企业家在"展业"时需要具备的"胜任力结构"调查

您认为下表描述的特征对民营企业家"展业"而言重要性如何？请根据您的判断在相应数字框内打"√"。

其中：1表示"非常不重要"；2表示"不太重要"；3表示"一般水平"，4表示"比较重要"，5表示"非常重要"。

序号	特征描述	重要程度 1	2	3	4	5
		不重要 ——————→ 重要				
1	优化已有资源的配置	□	□	□	□	□
2	与战略合作伙伴共享资源	□	□	□	□	□
3	挖掘需求并引导需求，不断开拓新市场	□	□	□	□	□
4	利用发行股票、债券等方式优化资本结构	□	□	□	□	□
5	利用拆分转让、收购、重组等方式，优化经营结构	□	□	□	□	□
6	进行投资组合，分散投资风险	□	□	□	□	□
7	密切关注内外环境变化，调整企业战略，有进有退、有取有舍	□	□	□	□	□
8	敏锐察觉可能发生的危机并建立应对机制	□	□	□	□	□
9	出现危机时反应迅速，积极应对	□	□	□	□	□
10	危机过后总结反思	□	□	□	□	□
11	善于让下属按自己的意愿行事	□	□	□	□	□
12	能以自己的言行改变他人思想与行为	□	□	□	□	□
13	有个人魅力，受他人尊重	□	□	□	□	□
14	采用新技术、新工艺、新方法降低各项成本	□	□	□	□	□
15	熟知财务状况，注重开源节流	□	□	□	□	□
16	精简机构，裁减冗员	□	□	□	□	□
	谢谢您的支持！					

问卷结束！再次感谢您的支持！

图书在版编目（CIP）数据

我国民营企业家胜任力结构及其跃迁机理研究 / 宋培林著. -- 北京：企业管理出版社，2013.10

ISBN 978-7-5164-0553-6

Ⅰ.①我… Ⅱ.①宋… Ⅲ.①民营企业—企业家—领导能力—研究—中国 Ⅳ.①F279.245

中国版本图书馆CIP数据核字(2013)第237966号

书　名：我国民营企业家胜任力结构及其跃迁机理研究

作　者：宋培林

责任编辑：宋可力

书　号：ISBN 978-7-5164-0553-6

出版发行：企业管理出版社

地　址：北京市海淀区紫竹院南路17号　邮编：100048

网　址：http://www.emph.cn

电　话：编辑部（010）68701408　发行部（010）68701638

电子信箱：80147@sina.com　　zbs@emph.cn

印　刷：北京博艺印刷包装有限公司

经　销：新华书店

规　格：710mm×1000mm　1/16　17印张　313千字

版　次：2013年10月第1版　2013年10月第1次印刷

定　价：59.90元

版权所有　翻印必究·印装有误　负责调换